Willem F. G. Mastenbroek
Verhandeln

WILLEM MASTENBROEK

VERHANDELN

STRATEGIE · TAKTIK · TECHNIK

Frankfurter Allgemeine
ZEITUNG FÜR DEUTSCHLAND
GABLER

CIP-Titelaufnahme der Deutschen Bibliothek

Mastenbroek, Willem F. G.:
Verhandeln : Strategie, Taktik, Technik / Willem F. G. Mastenbroek. [Aus dem Engl. übers. von Ingrid Hyland] – Frankfurt am Main : Frankfurter Allg. Zeitung ; Wiesbaden : Gabler, 1992
Einheitssacht.: Onderhandelen <dt.>
ISBN 3-409-19153-4

Aus dem Englischen übersetzt von Ingrid Hyland

Der Originaltitel ist erschienen bei Uitgeverij Het Spectrum BV, Utrecht 1984
Satz: Femoset GmbH, Wiesbaden
Druck: Wilhelm & Adam, Heusenstamm
Buchbinderei: Fikentscher, Darmstadt

ISBN 3-409-19153-4

Vorwort

In meiner Eigenschaft als Consultant interessierten mich bei der Verhandlungsführung zunächst die praktischen Möglichkeiten, wie man mit unterschiedlichen Interessen umgeht; als Sozialwissenschaftler war ich überrascht über die verschiedenen Erkenntnisse über und Einsichten in den Prozeß des Verhandelns. Dies bewog mich dazu, mich eingehender mit der Entwicklung von Bezugsrahmen und Modellen des Verhandelns zu beschäftigen, und veranlaßte mich schließlich, dieses Buch zu schreiben.

Als Organisationsberater habe ich an zahlreichen Diskussionen und Besprechungen in einer Vielzahl von Organisationen teilgenommen. Obwohl es nie jemand in den Sinn gekommen wäre, diese Besprechungen als Verhandlungen zu bezeichnen, waren sie aber doch genau das. Einige von ihnen wurden so schwerfällig geführt, daß die Gefahr einer Sackgasse bestand. In anderen Fällen verschlechterte sich die Situation zusehends, so daß eine verdeckte oder gar offene Feindseligkeit entstand, eine Entwicklung, die oft nicht nur unbeabsichtigt, sondern auch unnötig war. Diese Erfahrungen haben mir gezeigt, daß Verhandlungstechniken eine dominierende und konstruktive Rolle spielen müssen. Ich habe auch gesehen, wie rasch die Beteiligten dazulernen können. Verhandeln ist ein Verhalten, mit dem jedermann täglich konfrontiert wird. Ob wir es wollen oder nicht, ob wir es erkennen oder nicht, wir alle verhandeln.

Angesichts dieser Tatsache bin ich immer wieder darüber erstaunt, wie ungeschickt manchmal Leute an ihre „Verhandlungsführung“ herangehen. Zum Beispiel

- verwechseln sie Verhandeln mit Punktesammeln;
- vernachlässigen sie das Klima („Laßt uns nun zur Sache kommen“);

- übersehen sie die Tatsache, daß ihre Beziehung zu den „Auftraggebern" eine Verhandlungsbeziehung ist;
- glauben sie, daß Verhandlungen gescheitert sind, wenn sie in eine Sackgasse geraten sind;
- verwechseln sie beharrliches Verhandeln mit Dickköpfigkeit;
- sind sie blind gegenüber ihrem Verhandlungsstil und seinen Auswirkungen auf andere;
- erkennen sie nicht, wenn sie selbst manipulieren oder von anderen manipuliert werden;
- betrachten sie eine Vertagung als Zeichen der Schwäche;
- haben sie keine Vorstellung davon, welche Körpersignale sie aussenden und welches nonverbale Verhalten sie an den Tag legen;
- betrachten sie eine gemeinsame Suche nach Lösungen als Nachgeben.

Es ist ebenso erstaunlich zu sehen, wie schnell die Beteiligten in diesen Fragen dazulernen können. Das hat mich ermutigt, mein Werk über Verhandeln in Form des vorliegenden Buches zu veröffentlichen.

Dieses Buch hätte nie ohne die Anregungen anderer entstehen können. Ich möchte hier vor allem meinen Kollegen von der Holland Consulting Group für ihre Vorschläge danken. Großer Dank gebührt auch den Klienten. Sie waren es, die mich mit vielfältigen Verhandlungsproblemen und Erfahrungen konfrontierten. Ihre ständigen kritischen Bemerkungen und kreativen Vorschläge trugen dazu bei, dieses Werk in seine endgültige Form zu bringen.

Willem F.G. Mastenbroek

Inhalt

Teil 1

Einführung

Das Verhandlungsmodell, das in den folgenden Kapiteln beschrieben wird, ist im Laufe von zehn Jahren gewachsen und hat seinen Ursprung in meiner Tätigkeit als Organisationsberater. Viele Organisationsprobleme haben Verhandlungsaspekte. Eine Organisation besteht aus voneinander abhängigen Einheiten, von denen jede eigene Interessen verfolgt. Jede wichtige Entscheidung in Organisationen beinhaltet ein gewisses Tauziehen zwischen den beteiligten Parteien. Die Formulierung der Strategie, Einsparungen, die Zuteilung von Personal, Budgets, Autorität, wichtige Projekte, Raumverteilung in Gebäuden, die Zuweisung von Sekretärinnen, Automatisierungseinrichtungen – all dies sind Fragen, in denen Verhandeln eine Rolle spielt.

Hintergrund und Struktur

Hintergrund

Die jüngsten Entwicklungen in den Unternehmen haben die Notwendigkeit einer konstruktiven Verhandlungsführung noch verstärkt. Ich meine damit die vorherrschenden Trends der Dezentralisierung, der Schaffung von kleineren und autonomeren Einheiten, einer stärkeren Marktorientierung und eines Klimas, in dem die unternehmerische Eigeninitiative Vorrang hat. Organisationseinheiten sind in zunehmendem Maße auf ihre eigenen Ressourcen angewiesen. Weniger Interventionen seitens der höheren Organisationsebenen gehen Hand in Hand mit stärkeren Rivalitäten zwischen Einheiten, die sich auf einer vergleichbaren Ebene befinden. Dieser Trend zu größerer Autonomie und größerer Verantwortung erfordert die Fähigkeit, mit „rivalisierenden" Interessen innerhalb und außerhalb der Organisation umzugehen.

Im Laufe der Zeit bin ich dazu gekommen, Verhandeln als eine Fertigkeit zu betrachten, durch die die Verfolgung des Eigeninteresses mit den Gegebenheiten einer Interdependenz kombiniert werden kann. Darüber hinaus kann Verhandeln den Wert gegenseitiger Abhängigkeit in dem Sinne verstärken, daß die Beteiligten lernen, wie man daraus Vorteile ziehen kann.

Nachdem mein Interesse am Verhandeln erst einmal geweckt worden war, stellte sich heraus, daß es gar nicht so leicht war herauszufinden, was darunter eigentlich zu verstehen ist. Die Literatur war dabei keine große Hilfe. Die mehr praktisch orientierten Werke erwiesen sich im wesentlichen als eine Auflistung taktischer Faustregeln, und obwohl sie eine spannende Lektüre boten, sah ich bald vor lauter Bäumen den Wald nicht mehr. Der mehr wissenschaftlich orientierten Literatur, bestehend aus etwa 400 bis 500 umfassenden Studien, mangelte es an der Behandlung praktischer Probleme und am Realitätsbezug. Es gab darunter auch einige Versuche, recht abstrakte Modelle zu formulieren. Ich erkannte, daß weitere Nachforschungen und mehr praktische Arbeit notwendig sein würden, um ein wirklich nützliches Werk zu schreiben.

Meine ersten Vorträge und Artikel über das Verhandeln riefen ein sehr unterschiedliches Echo hervor: Die große Zahl der Reaktionen und Fragen aus einem großen Spektrum von Organisationen war eine enorme Ermutigung. Diese Bekundungen des Interesses brachten mich mit zahlreichen Menschen in Kontakt, die Verhandlungen führen: mit Diplomaten, Führungskräften, Personalleitern, Bankleuten, Funktionären von Verbänden und Kaufleuten, um nur einige wenige zu nennen. In meiner eigenen Consulting-Arbeit sah ich immer deutlicher die Notwendigkeit, Fertigkeiten zu entwikkeln, die sowohl der gegenseitigen Abhängigkeit als auch dem Eigeninteresse an zwischenmenschlichen Beziehungen gerecht werden würden.

Schließlich führten die folgenden drei Schritte zu dem Verhandlungsmodell, das in diesem Buch beschrieben wird.

1. Aus meinem Studium der vorhandenen Literatur wählte ich fünf Perspektiven aus, die den Weg zu einem besseren Verständnis des Verhandelns zu weisen schienen:

   - Verhandeln als eine Reihe von *taktischen Faustregeln*. Es gibt zahlreiche Dinge, die man tun oder lassen sollte und die allesamt ein interessantes und nützliches Material ergeben, aber eines, das in einem strukturierenden Rahmen geordnet werden muß. In diesem Buch wird ein solcher Rahmen entwickelt.

   - Verhandeln als Fertigkeit, die auf der Bewältigung einer Anzahl von *Dilemmas* basiert. Material über dieses Thema findet sich verstreut in der ganzen Literatur. Dies ist eine Perspektive, die ich sehr ausführlich behandelt habe.

   - Verhandeln als *Prozeß* mit einer zeitlichen Struktur. Es gibt sehr viel Material darüber, das, mit einigen Abänderungen, recht nützlich war.

   - Verhandeln als Komplex verschiedener *Arten von Aktivitäten*. Eine klassische Studie (Walton und McKersie, 1965) basiert auf dieser Perspektive. Das Grundprinzip wurde hier aufgenommen, aber es wurde eine weitgehend andere Typologie der grundlegenden Aktivitäten erarbeitet.

- Ein Verständnis der historischen Entwicklung des Verhandelns lenkte unsere Auswahl der Konzepte und des integrativen Rahmens.

2. Dieses Material wurde im Laufe der Jahre weiterentwickelt. Ein wesentliches Anliegen war, daß die hierin vorgestellten Konzepte und Prinzipien leichter zu erkennen, zu bestimmen und anzuwenden sein sollten. Durch systematische Interviews und Gruppendiskussionen mit erfahrenen Verhandlungspartnern und auf zahlreichen Konferenzen, an denen sehr unterschiedliche Verhandlungspartner teilgenommen haben, bekam das ursprüngliche Material Form und Kohärenz. Schwer verständliche Begriffe wurden ausgesondert, ebenso Erkenntnisse, deren praktischer Wert als gering erachtet wurde. Das Wissen und die Erfahrung kompetenter Unterhändler sowie ihre kritischen Fragen und Anmerkungen zeigten, daß Verbesserungen sowie Modifikationen möglich und auch wünschenswert waren. Zum Beispiel ist die ursprüngliche Liste von zwölf Dilemmas in Verhandlungen auf vier zusammengestrichen worden, und diese vier wurden wiederum gründlich umformuliert.

   Eine zweite wichtige Herausforderung war die Integration des Materials, dessen Vielfalt zunächst ein Handicap war. Es mangelte an Systematik und innerer Logik: Die verschiedenen Perspektiven blieben voneinander getrennt. Das Ganze war einfach zu kompliziert. Um die Sache zu vereinfachen, mußte ich das Material auf folgende Art und Weise bearbeiten:

   - Die Zahl der Grundbegriffe sollte so gering wie möglich sein.
   - Diese Begriffe sollten einen Komplex von Verhaltensweisen und Problemen in bestimmte Muster ordnen; sie sollten eine Orientierung bieten, wie zum Beispiel die Phasenstruktur von Verhandlungen oder das „Kooperation-Verhandlung-Kampf"-Muster. Diese und andere Begriffe beschreiben

Merkmale zwischenmenschlicher Beziehungen und die Art und Weise, wie die Menschen mit ihnen umgehen.

- Die Begriffe sollten sich so unmittelbar wie möglich auf das tatsächliche Verhalten von Verhandlungspartnern beziehen.
- Die Begriffe sollten ein integratives Modell bilden.

3. Nur ein transparentes und kompaktes Konstrukt kann sowohl eine Orientierung als auch die Erfassung von tatsächlichen Verhandlungssituationen bieten. Schritt für Schritt wurde das Material auf dieses Ziel hin entwickelt. Man könnte diesen Prozeß kaum als logisch bezeichnen; er lief eher auf einer „Trial-and-Error"-Basis ab. Varianten wurden entwickelt und ausprobiert, manchmal aufgrund von Erfahrungen und Beobachtungen, manchmal in Diskussionen mit Fachleuten, manchmal bei Konferenzen. Durch eine Reihe von Simulationen „echter" Verhandlungssituationen kristallisierten sich die Vorstellungen über die wesentlichen „Hebelfunktionen" immer klarer heraus. Ein direktes Feedback auf diese Ideen sollte erweisen, wie realistisch sie waren. Die Richtung, in die ich blickte, mag vielleicht klar gewesen sein, aber es war eine Frage des Sondierens. Allmählich bildete sich ein transparentes und funktionierendes Modell heraus, das zwei grundlegende Dimensionen des sozialen Verhaltens umschloß:

- die Dimension von Kooperation und Kampf,
- die Dimension von Exploration und Vermeidung.

Diese beiden Dimensionen haben ihre Grundlagen in einem strukturellen Faktor: der *Interdependenz*. Die Entscheidungen, die zwangsläufig in bezug auf beide Dimensionen getroffen werden müssen, sind beeinflußt durch das Wesen dieser Abhängigkeit oder vielmehr durch das Machtverhältnis zwischen den Partnern. Zusammen zeigen diese beiden Dimensionen die Möglichkeiten, wie man mit verschiedenen Formen der Abhängigkeit umgehen kann.

Die erste Dimension koordiniert und integriert die wichtigsten *Dilemmas* und *Arten von Aktivitäten* bei der Verhandlungsführung. Die zweite Dimension umfaßt die Phasen des Verhandlungsprozesses und die damit verbundenen *Vorgehensweisen*, deren sich die Partner bedienen können.

Dieses Modell ermöglicht es nicht nur, Verhandlungen besser zu beschreiben und zu verstehen; es liefert auch zahlreiche Hinweise, wie man effektiv verhandeln kann. Außerdem wirkt es sich auf eine breite Palette von bestimmten Aspekten des Verhandelns aus, wie etwa auf die Vorbereitung von Verhandlungen, persönliche Verhandlungsstile und die Leitung von Verhandlungen.

Das Kernstück dieses Modells ist die Differenzierung des Verhandelns in meherere Aktivitätentypen. Diese Differenzierung bezieht sich auf eine immer noch stattfindende historische Entwicklung, wobei ein großer Unterschied zwischen Individuen und kulturellen Einheiten besteht. Diese historische Entwicklung ist keineswegs nur von akademischem Interesse, sondern für das Erlernen der Verhandlungsführung von wesentlicher Bedeutung. Ein reifer, gleichermaßen „erwachsener" Unterhändler zu werden, bedeutet, daß wir ebendiese historische Entwicklung in komprimierter Form durchlaufen.

Struktur

In Teil 2 dieses Buches wird ein *integratives Modell der Verhandlungsführung* erklärt. Eine Zusammenfassung des Modells findet sich im Kapitel „Effektiv verhandeln – Schlußfolgerungen", das in sich abgeschlossen ist. Der Leser kann auch mit diesem Kapitel beginnen, um sich mit dem Modell vertraut zu machen, dessen Bestandteile im gesamten Teil 2 behandelt werden.

Das Modell in Teil 2 läßt sich auf viele verschiedene Verhandlungsarten anwenden. Eine Art, das Verhandeln innerhalb von Organisationen, wird gesondert im Kapitel „Emotionale Manipulationen bei Verhandlungen" behandelt; hier ist die Verhandlungsführung mit einem bestimmten Typ der Organisationsstruktur verknüpft, die die Motivation verbessern und einen unternehmerischen Geist unter den Mitarbeitern fördern kann.

In Teil 3 werden mehrere spezifische Probleme und Situationen behandelt. Es sind Fragen, mit denen ich im Laufe der Jahre so oft konfrontiert worden bin, daß ich mich gezwungen fühlte, sie im Detail zu erörtern. Sie umfassen die Vorbereitung von Verhandlungen, Verhandlungsführung aus einer abhängigen Position heraus, persönliche Verhandlungsstile und den Verhandlungsvorsitz.

Der Anhang enthält einen Überblick über die Literatur, in dem die wichtigsten Lehrmeinungen aufgeführt sind. Inzwischen ist die Literatur sehr umfassend geworden. Um dem Leser eine Vorstellung von den verschiedenen Sichtweisen zu geben, habe ich diese Werke klassifiziert und jeden Typus mit einem Kommentar versehen.

Verhandeln ist eine Fertigkeit, die man hauptsächlich durch Übung erlernt; deshalb ist in Teil 4 Trainingsmaterial aufgeführt. Mehrere Übungen mit Rollenspielen und Simulationen sind darin enthalten. Um sie effektiver zu machen, wird angegeben, auf welchen Aspekt der Verhandlungsführung es bei den einzelnen Übungen ankommt. Als zusätzliche Hilfe werden verschiedene Bewertungsformulare und Zusammenfassungen präsentiert.

In meinem Buch habe ich versucht, meine Ideen immer so übersichtlich wie möglich zu präsentieren; dazu habe ich zahlreiche Tabellen und Diagramme aufgenommen, die den Leser dazu anregen sollen, sein eigenes Verhalten und das seines Gegenspielers einzuordnen und zu bewerten. Außerdem sollen sie als Zusammenfassungen dienen, die ein schnelles Verständnis und eine leichte Anwendung ermöglichen.

Schließlich sollte ich darauf hinweisen, daß ich zum Zwecke der Einheitlichkeit und Einfachheit im Text durchgehend das männliche Personalpronomen verwendet habe. Dies soll so verstanden werden, daß damit Verhandlungspartner beider Geschlechter gemeint sind.

Teil 2

Ein Modell der Verhandlungsführung

Mit welcher Einstellung gehen Sie in eine Verhandlung? Sie sind bestens vorbereitet und gerade darum unerschütterlich davon überzeugt, daß Ihr Vorschlag die einzig richtige Lösung des gemeinsamen Problems darstellt? Und was erleben Sie? Ihr Gegenüber kommt mit eben derselben Vorstellung an den Verhandlungstisch. Die Sackgasse ist vorprogrammiert. Die meisten Verhandlungen beginnen so und verlaufen deswegen so schwierig, weil den Verhandlungspartnern nicht bewußt ist, daß sie letztlich einen Kompromiß erzielen müssen, daß es also einfach nicht sein kann, daß eine Seite ihre Forderungen hundertprozentig durchsetzt. Der einzige Ausweg aus diesem Dilemma ist eine genaue Analyse dessen, was in einer Verhandlung abläuft und an welchen „Stellschrauben" Sie drehen können.

Verhandeln: Eine erste Orientierung

Die Beziehungen zwischen Verhandlungspartnern weisen die folgenden Merkmale auf:

- die Partner sind voneinander abhängig;
- sie haben unterschiedliche Interessen;
- es gibt keinen ausgeprägten Machtunterschied.

Wie können wir solche Situationen bewältigen? Immer weniger durch Kontrolle von oben, da Machtstrukturen, formelle Hierarchien und anerkannte Autorität oft nicht mehr den Stellenwert einnehmen, den sie früher hatten. Weder das Harmonie- noch das Konfliktmodell ist auf diese Situationen anwendbar. Ein Modell der leichten Konfrontation oder, genauer gesagt, ein Verhandlungsmodell ist besser. Warum? Weil Verhandeln sowohl der Verteidigung des Eigeninteresses als auch der Berücksichtigung der Interdependenz dient. Es ist eine Alternative zwischen kooperativem und kämpfendem Verhalten; darüber hinaus ist es eine bestimmte, eigenständige soziale Fertigkeit, die sich ganz deutlich von anderen Fertigkeiten wie Kooperation oder Kampf unterscheidet.

Kooperation ist angemessen unter Menschen, die ähnliche gemeinsame Interessen und Ziele verfolgen. Es ist die Lösung, die sich anbietet, wenn der Nutzen für die Beteiligten unmittelbar von dem Umfang abhängt, in dem sie ihre Ressourcen gemeinsam nutzen können, das heißt in einer Situation starker Interdependenz.

Verhandeln eignet sich in dem Fall als Strategie, in dem unterschiedliche, manchmal sogar miteinander konkurrierende Interessen auftreten, jedoch die beiden Parteien gleichzeitig in einem solchen Maße voneinander abhängen, daß eine Übereinkunft beiden Vorteile brächte. Die Parteien sind unterschiedlicher Meinung, aber sie würden gerne eine Übereinkunft erzielen, weil es für sie beide nachteilig wäre, wenn sie einerseits die Dinge schleifen ließen oder aber andererseits gegeneinander kämpften.

Kämpfen ist die wahrscheinlichste Strategie, solange eine Partei im Falle von entgegengesetzten Interessen glaubt, sie könne durch Kämpfen mehr erreichen als durch Verhandeln. Manchmal wird kämpfen als Strategie eingesetzt, um als ernsthafter Verhandlungspartner anerkannt zu werden. Eine Kampfstrategie hat zum Ziel, das Machtverhältnis zu beeinflussen. Die eine Partei versucht, den Gegenspieler in die Knie zu zwingen, während sie selbst alle möglichen Gelegenheiten wahrnimmt, um ihre eigene Machtposition zu stärken.

Die Grenzen zwischen diesen drei Methoden sind fließend. Es ist vielleicht nützlich, sie als Muster zu betrachten. Je ausgeprägter die Abhängigkeit, desto größer ist die Chance eines kooperativen Verhaltens. Tabelle 1 soll dazu dienen, diese drei Strategien klarer darzustellen.

Verhandlungssituationen beinhalten manchmal schwierige Entscheidungen aufgrund der Verknüpfung von Eigeninteresse und gegenseitiger Abhängigkeit. Zu oft sind die Menschen für alles andere blind außer für ihre eigenen offenkundigen Interessen, und dies veranlaßt sie, für eine härtere Strategie zu optieren, als es aufgrund der starken Interdependenz angemessen wäre. Wenn sie später feststellen, daß sie die nachteiligen Konsequenzen nicht vorhergesehen haben, ist bereits so viel gegenseitiges Mißtrauen entstanden, daß eine Kooperation fast unmöglich wird.

Andererseits optieren Menschen manchmal zu rasch für eine kooperative Strategie in Situationen, die ein hohes Maß an Vorsicht in bezug auf ihre eigene Position erfordern. Wenn Kooperationsversuche nicht die erwartete Wirkung haben, fühlen sie sich enttäuscht und manipuliert; dann besteht die starke Tendenz, sich entweder auf ein Kampfverhalten zu verlegen oder aber nachzugeben.

Drittens ist bemerkenswert, wie leicht sich Menschen in ein Kampfverhalten hineinziehen lassen, oft, indem sie auf das „weniger konstruktive Verhalten" des Gegenspielers abheben. Doch der Gegner sieht dies genauso, und so schließt sich der Teu-

Tabelle 1: Taktiken, die bei Kooperation, Verhandeln und Kampf benutzt werden

Kooperation	*Verhandeln*	*Kampf*
Der Konflikt wird als gemeinsames Problem betrachtet	Der Konflikt wird als Aufeinanderprallen von unterschiedlichen, aber voneinander abhängigen Interessen betrachtet	Der Konflikt wird als eine Frage des „Gewinnens oder Verlierens“, „Überwältigens oder Unterliegens“, „wir oder sie“ betrachtet
Die Beteiligten präsentieren ihre eigenen Ziele so präzise wie möglich	Die Beteiligten stellen ihre eigenen Interessen übertrieben dar, achten jedoch auf mögliche Bereiche der Übereinstimmung	Die Beteiligten betonen die Vorrangigkeit ihrer eigenen Ziele
Schwachpunkte und persönliche Probleme können offen diskutiert werden	Persönliche Probleme werden verborgen gehalten oder sehr umständlich dargestellt	Persönliche Probleme werden so behandelt, als ob sie nicht existieren
Die gegebenen Informationen sind ehrlich	Die gegebene Information ist nicht falsch, aber einseitig. Die Tatsachen, die für eine eigene Position günstig sind, werden bewußt betont	Wenn es dazu beitragen kann, den Gegenspieler in die Knie zu zwingen, werden gezielt falsche Informationen verbreitet
Diskussionsthemen werden in Form von	Tagesordnungspunkte werden als	Punkte, über die keine Übereinstimmung

Tabelle 1 (Forts.)

Kooperation	*Verhandeln*	*Kampf*
grundlegenden Problemen präsentiert	alternative Lösungen formuliert	herrscht, werden entsprechend der eigenen Lösung formuliert
Mögliche Lösungen werden in bezug auf ihre praktischen Konsequenzen getestet	Gelegentlich werden Lösungen mit Prinzipien verknüpft, um etwas Druck auf die Gegenseite auszuüben	Die eigenen Lösungen sind nicht nur „richtig", sondern eng mit höheren Prinzipien verknüpft
Die Befürwortung einer möglichen Lösung wird absichtlich so lange wie möglich hinausgezögert	Eine starke Präferenz für eine bestimmte Lösung wird gezeigt, aber Spannen und Konzessionen gelten als selbstverständlich	Eine absolute und bedingungslose Präferenz für die eigene Lösung wird bei jeder Gelegenheit zum Ausdruck gebracht
Drohungen, Verwirrung und Ausnutzen der Fehler anderer werden als schädlich betrachtet	Gelegentlich werden Drohungen, Verwirrung und Überraschungseffekte mässig und sorgfältig kalkuliert eingesetzt	Drohungen, Verwirrung, Schockeffekte etc. können jederzeit benutzt werden, um den Gegenspieler zu unterwerfen
Die aktive Beteiligung aller betroffenen Parteien wird gefördert	Die Kontakte zwischen den Parteien sind auf wenige Sprecher begrenzt	Kontakte zwischen den Parteien finden indirekt über „Erklärungen" statt
Es wird versucht, die Machtverhältnisse	Die eigene Machtposition wird gelegent-	Beide Parteien lassen sich auf einen

Tabelle 1 (Forts.)

Kooperation	*Verhandeln*	*Kampf*
möglichst auszugleichen und sie keine weitere Rolle mehr spielen zu lassen	lich getestet, oder Versuche werden unternommen, um die Machtverhältnisse zu eigenen Gunsten zu beeinflussen	ständigen Machtkampf ein, indem sie ihre eigenen Organisationen stärken, ihre Unabhängigkeit vergrößern und die gegnerische Partei spalten und isolieren
Die Beteiligten versuchen, einander zu verstehen und ihre persönlichen Belange zu berücksichtigen	Das Verständnis der Ansichten der Gegenseite wird als taktisches Instrument eingesetzt	Niemand macht sich die Mühe, den Gegner zu verstehen
Persönliche Irritationen werden zum Ausdruck gebracht, um die Luft von Spannungen zu reinigen, die eine weitere Kooperation beeinträchtigen könnten	Persönliche Irritationen werden unterdrückt oder indirekt ausgedrückt (z.B. mit Humor)	Irritationen bestätigen negative und feindselige Vorstellungen. Feindseligkeit wird zum Ausdruck gebracht, um die Gegenseite in die Knie zu zwingen
Beide Parteien haben keine Schwierigkeiten damit, ein Gutachten von aussen einzuholen, um die Entscheidungsfindung zu erleichtern	Dritte Parteien werden nur hineingebracht, wenn die Verhandlungen völlig festgefahren sind	Außenstehende sind nur willkommen, wenn sie die eigene Position „blind" unterstützen

felskreis. Solche Prozesse, in denen die Parteien so schwerfällig manövrieren, daß sie sich in Konflikten und Prestigekämpfen verfangen, entstehen oft spontan und sind in gewissem Sinn unbeabsichtigt. Im Rückblick sind die Parteien darüber entsetzt, wenn sie entdecken, daß sie in eine Spirale wachsender Feindseligkeit geraten sind. Das Erkennen dieser „spontanen" Dynamik und ein großes Arsenal von Verhaltensalternativen können verhindern helfen, daß ungewollte Verhandlungstendenzen entstehen, die zu destruktiven Konflikten führen. In diesem Arsenal sind Verhandlungsmethoden zu lange vernachlässigt worden. Um die Möglichkeit des Verhandelns richtig nutzen zu können, ist es wichtig, es als eine Aktivität zu betrachten, die für bestimmte Arten von Abhängigkeitsbeziehungen angemessen ist, in denen sowohl Konflikt als auch Kooperation ihren Platz haben. Wenn man sich in solchen Fällen allein auf Kooperation verläßt, kann dies einen erbitterten Kampf hervorrufen, der schwer zu kontrollieren sein wird.

Hier liegt das, was ich als das Paradoxon der Kooperation bezeichnen möchte: Wenn man sich in Situationen gegensätzlicher Interessen dafür entscheidet, in Offenheit und Vertrauen zu kooperieren, kann man damit in der Tat die Möglichkeit eines destruktiven Konflikts vergrößern!

Es gibt Beispiele, in denen ein Partner denkt, er könne den Verhandlungen einen reibungslosen und freundschaftlichen Verlauf geben, indem er zu Beginn einen großzügigen Vorschlag macht. Was nun geschieht, ist, daß die andere Partei schnell ihre Gewinne einheimst und sich dann hinsetzt, um zu verhandeln. Natürlich werden die Verhandlungen nun extrem schwierig, weil eine der Parteien sich gründlich betrogen fühlt. Und doch hat ein Verhandlungspartner in einer solchen Situation kaum eine Alternative. Er hat nicht nur den Eindruck gewonnen, daß sich noch mehr erreichen ließe, sondern das Leben würde ihm auch von seinen Auftraggebern schwergemacht, wenn es ihm nicht gelänge, daß Äußerste „herauszuholen".

Die Vorstellung, daß die eine Partei eine kooperative Haltung einnimmt, wenn die andere Seite dies ebenfalls tut, ist hier unhaltbar.

Ganz im Gegenteil besteht hier die Tendenz, dies als notwendiges Nachgeben oder aber als Schwäche und Unvernunft zu betrachten. Diese Art von Verhalten ruft auf der anderen Seite ein durch nichts zu bremsendes Forderungs-Verhalten hervor, was wiederum Widerstand und Vergeltung fördert. So kann sich der Versuch, ein kooperatives Modell auf Situationen mit gegensätzlichen Interessen anzuwenden, sehr destruktiv auswirken.

Es scheint uns noch immer schwerzufallen, die Tatsache zu begreifen, daß Kämpfen und Kooperation kombiniert werden können. Unser Denken und Handeln wird schon seit langem durch eine scharfe Unterscheidung zwischen Harmonie und Konflikt beherrscht. Und dennoch ist es sehr wohl möglich, Interdependenz mit einer starken Verfolgung von Eigeninteressen zu kombinieren. Man könnte sogar sagen, daß eine solche Kombination den Beziehungen eine produktive Spannung und Vitalität verleiht. Kampf und Kooperation müssen als komplementär angesehen werden; Verhandeln beinhaltet ein dynamisches Gleichgewicht zwischen beiden.

Dieser Balanceakt zwischen Kooperation und Kampf verlangt von uns die Fähigkeit, mit verschiedenen Dilemmas fertig zu werden. „Stelle ich meine Position zu offen dar, oder gebe ich zu wenig preis?“ „Würde ein Zeichen des Mißtrauens dem Verhandlungsklima schaden?“ „Muß ich so hart sein, wie es meine Auftraggeber von mir erwarten, oder sollte ich etwas Verständnis zeigen, um die Chance eines Kompromisses zu vergrößern?“ Alle diese Fragen machen die Spannungen zwischen Kooperation und Kampf auf unterschiedliche Weise deutlich. Manchmal manifestieren sich die Dilemmas selbst sehr vage als Unsicherheit und Zweifel, manchmal erscheinen sie ganz deutlich im Bewußtsein der Schwere einer Wahlentscheidung. Man ist entweder zu offen oder zu verschlossen, zu hart oder zu entgegenkommend, zu dominierend oder zu bescheiden, zu formell oder zu freundlich.

Diese Dilemmas können als Aspekte der Polarität zwischen Kooperation und Kampf betrachtet werden. Jedes Dilemma weist auf ein subtiles Gleichgewicht hin, das zwischen Zuviel und Zuwenig erreicht werden muß. Ein differenziertes Herangehen an dieses Gleichgewicht beinhaltet Spannung und Zweifel. Die Versuchung, der Tendenz in Richtung auf einen dieser Pole nachzugeben, mag groß sein: Es mag den Anschein haben, daß die Situation dadurch viel leichter zu bewältigen wäre. Deshalb mögen es geschickte und erfahrene Unterhändler nicht, wenn sie es mit unerfahrenen Gegnern zu tun haben, weil diese im allgemeinen unberechenbar sind. Bevor die Grenzen dessen, was auf beiden Seiten erreichbar ist, sondiert worden sind, bekommt der Neuling möglicherweise einen Gefühlsausbruch oder manövriert sich in aller Unschuld selbst in eine Ecke. Eine besondere und echte Gefahr besteht in der Tendenz, eine „Alles-oder-Nichts"-, „Gewinnen-oder-Verlieren"-Haltung einzunehmen. Dies kann passieren, ohne daß sich der Betreffende darüber im klaren ist: Er nimmt eine „Punktesammel"-Haltung ein, wird mißtrauisch und beginnt, mehr Informationen zurückzuhalten, als notwendig ist.

Verhandeln ist eine Frage des vorsichtigen und flexiblen Umgangs mit mehreren Dilemmas. Diese fügen sich in eine Analyse des Verhandelns als Komplex von fünf Arten von Aktivitäten ein (siehe unter „Hinweis" S. 31):

1. Erzielen von *inhaltlichen Ergebnissen*, Aufteilung von Kosten und Nutzen, Erreichen der Ziele, die von den Interessen eines jeweiligen Verhandlungspartners bestimmt sind.

2. Beeinflussung des *Machtverhältnisses* zwischen den Parteien: es im Gleichgewicht halten oder zum eigenen Vorteil ausschlagen lassen.

3. Beeinflussung der *Atmosphäre*: Förderung eines konstruktiven Klimas und positiver persönlicher Beziehungen.

4. Einflußnahme auf die *Auftraggeber*: Stärkung der eigenen Position in bezug auf die Mandanten, in deren Auftrag man verhandelt.

Diesen vier Aktivitäten liegen unterschiedliche Absichten zugrunde, und sie haben unterschiedliche Auswirkungen. Alle vier sind am Verhandlungstisch wichtig. Jede dieser Aktivitäten wird in den folgenden Kapiteln getrennt behandelt werden. Alle sind sie auf unterschiedliche Weise durch die Spannung zwischen Kooperation und Kampf charakterisiert.

Schließlich ist noch eine fünfte wichtige Aktivität zu nennen:

5. Beeinflussung der *Vorgehensweisen*: Entwicklung von Methoden, die Flexibilität erlauben, während gleichzeitig die Chancen der Erzielung eines günstigen Kompromisses verbessert werden.

Diese fünfte Aktivität ist nicht durch die Polarität zwischen Kampf und Kooperation charakterisiert, sondern, wie wir sehen werden, durch die Spannung zwischen explorierendem/aktivem und vermeidendem/passivem Verhalten.

Im Kapitel „Effektives Verhandeln – Schlußfolgerungen" werden die fünf Aktivitäten zu einem integrativen Modell verbunden.

Hinweis

Das bahnbrechende Werk, das Verhandeln als einen Komplex verschiedener Aktivitäten darstellt, stammt von Walton und McKersie (1965). Die Verfasser unterscheiden zwischen den Aktivitäten

1. des distributiven Verhandelns, ausgerichtet auf die Maximierung des eigenen inhaltlichen Nutzens,
2. des integratives Verhandelns, ausgerichtet auf Problemlösen und die Vermehrung von gegenseitigem Nutzen,
3. der Strukturierung von Haltungen und
4. dem Verhandeln innerhalb von Organisationen.

Das in diesem Buch vorgestellte Modell unterscheidet auch die beiden letztgenannten als Aktivitäten 2 und 4.

Meiner Meinung nach ist die Beschäftigung mit den Machtverhältnissen zwischen den Parteien von so zentraler Bedeutung, daß sie einen eigenen Platz im Modell erfordern. Ich unterscheide nicht zwischen distributivem und integrativem Verhandeln als getrennten Aktivitäten. Hier sind sie integriert in solche, die auf das Erzielen inhaltlicher Ergebnisse ausgerichtet sind. Schließlich ist das „verbindende Element" der vier wesentlichen Arten von Aktivitäten die Beeinflussung der Vorgehensweisen.

Es ist faszinierend zu sehen, wie Walton und McKersie sich mit dem Wesen des „gemischten Motivs" im Verhandlungsprozeß abmühten: Anfänglich teilten sie Verhandlungen in distributive und integrative Aktivitäten ein, die jeweils das Wesen des Kampfes oder der Kooperation hatten. Jedoch beinhaltet das Wesen des gemischten Motivs im Verhandeln, daß es gleichzeitig distributiv und integrativ ist; die Vermischung ist so stark, daß eine Unterscheidung nicht aufrechterhalten werden kann. Walton und McKersie führten somit den Begriff des „gemischten Verhandelns" ein. Sie erkannten klar mehrere der Dilemmas, die hier eine Rolle spielen, und es gelang ihnen, ganz pointiert das „gemischte" Verhalten zu beschreiben, das sie beinhalten. In einer späteren Studie jedoch versuchte Walton, das gemischte Verhandeln zu „eliminieren", indem er eine Trennung zwischen distributiven und integrativen Elementen empfahl – zum Beispiel durch die Tagesordnung, Verlegung des Zeitpunktes, Verlegung des Verhandlungs-ortes, andere Unterhändler (Walton 1972, S. 104).

Abgesehen von der Frage, ob dies überhaupt praktikabel ist, zeigt ein solcher Versuch ganz klar die Schwierigkeit, die wir offenbar immer noch mit der Gleichzeitigkeit von Kampf und Kooperation, von Eigeninteresse und Interdependenz haben. Wie wir jedoch wiederholt gesehen haben, sind diese Gleichzeitigkeit und dieses „gemischte" Wesen in Verhandlungssituationen völlig normal. Sie beinhalten ein dynamisches Gleichgewicht zwischen Kampf und Kooperation, keine Entweder-oder-Entscheidung. Dieses dynamische Gleichgewicht verschiebt sich in Richtung auf einen der beiden Pole, entsprechend der jeweiligen Situation (dem Grad der Abhängigkeit, der Divergenz der Interessen, der Verhandlungsphase und dem persönlichen Stil). Ein Merkmal bleibt jedoch bestehen: Es findet ein ständiger Balanceakt zwischen den beiden Polen statt.

Das Erzielen inhaltlicher Ergebnisse

Im allgemeinen wird denjenigen Aspekten der Verhandlungsführung, die auf das Erreichen greifbarer Ergebnisse abzielen, die meiste Aufmerksamkeit geschenkt. Ich meine damit Aktivitäten, die sich auf den Inhalt von Verhandlungen konzentrieren: Argumente, Fakten, Standpunkte, Ziele, Interessen, grundlegende Annahmen, Kompromißvorschläge, Zugeständnisse und Bedingungen. Die Verhandlungspartner versuchen, die Verteilung von Kosten und Nutzen auf eine Art und Weise zu beeinflussen, die für sie inhaltlich von Vorteil ist, zum Beispiel,

- indem sie Spielraum zum Manövrieren schaffen;
- indem sie ihre Vorschläge als völlig einleuchtend und selbstverständlich präsentieren;
- indem sie Fakten vorlegen, die für sie selbst günstig sind;
- indem sie nur geringfügige Zugeständnisse machen.

Die wichtigsten Aktivitäten sind:

- ein taktischer Austausch von *Informationen* über Ziele, Erwartungen und akzeptable Lösungen;
- die Präsentation der eigenen *Position* auf eine Art und Weise, die einen Einfluß darauf ausübt, was die andere Partei für erreichbar ansieht;
- die schrittweise Erarbeitung eines Kompromisses, wobei auf beiden Seiten *Zugeständnisse* gemacht werden.

Bei den taktischen Entscheidungen, die ein Unterhändler hier treffen muß, geht es um das Erreichen eines Gleichgewichts zwischen einem nachgiebigen und einem beharrlicheren oder sogar hartnäkkigen Verhalten. Abbildung 1 stellt dieses Dilemma dar.

Nachgiebig		*Hartnäckig*
1 — 2	3	4 — 5
Nachgiebig, milde	Beharrlich, testend	Hart, starrsinnig
Informationen und Argumente werden offen zur Diskussion gestellt	Feste Präsentation von Fakten und Argumenten, aber Spielräume gelten als selbstverständlich	Informationen und Argumente werden als selbstverständlich und unantastbar präsentiert
Die Interessen der anderen Seite werden so akzeptiert, wie sie sind	Die Interessen der anderen Partei werden getestet, um deren Prioritäten herauszufinden	Die Interessen des Gegenspielers werden in Frage gestellt
Großzügige Konzessionen erleichtern die Ausarbeitung von Kompromissen	Konzessionen gehören zum Spiel, aber man läßt es zu, daß die Verhandlungen in eine Sackgasse geraten	Man hält an seinen Interessen fest, selbst wenn man unter großem Druck steht

Abbildung 1: Das Dilemma „nachgiebig vs. hartnäckig“

Die Bewältigung dieses Dilemmas kann noch erheblich durch die Tatsache kompliziert werden, daß sich ein Unterhändler oft noch nicht ganz sicher ist, welche Ziele realistischerweise erreichbar sind. Um dies in Erfahrung zu bringen, muß er zuerst mehr über die Prioritäten und Möglichkeiten herausfinden, die der anderen Seite zur Verfügung stehen. Wenn sie zu Ergebnissen kommen wollen, müssen die Verhandlungspartner Informationen über ihre gegenseitigen Ziele haben. Die Partei, die hierin einen Vorsprung besitzt, ist im Vorteil. Für ihren Unterhändler ist es leichter, eine gute Strategie festzulegen und sich eine günstige Ausgangsposition zu verschaffen. Er weiß besser, was erreichbar ist, und so weiß er auch, wie weit er in seinen Forderungen gehen kann. Dies erhöht die Chance, daß er nicht zu extrem weitreichenden Konzessionen bereit sein muß. Beide Parteien sind sich dessen bewußt, so daß sie bei der Preisgabe von Informationen vorsichtig sind. Beide Parteien sind sich aber auch bewußt, daß ein zu starkes Zurückhalten von Informationen effektives Verhandeln unmöglich macht.

Ein zweiter verkomplizierender Faktor bei der Bewältigung dieses Dilemmas ist die Tendenz, die Erwartungen des Gegners auf einem niedrigen Niveau zu halten, die eigenen Wünsche hingegen als selbstverständlich und unantastbar darzustellen. Ein Unterhändler weiß, daß die Entschlossenheit, die er an den Tag legt, einen gewissen Einfluß haben wird, aber er sieht die Entschlossenheit seines Gegners im gleichen Licht. Beide Partner wissen, daß Spielräume eingebaut sind. Beide müssen bereit sein, diese Tatsache zu akzeptieren, wenn überhaupt Resultate erzielt werden sollen.

Es gibt mehrere Möglichkeiten, diesem Dilemma zu entgehen. Diese Möglichkeiten werden hier unter drei Kategorien behandelt, und zwar im Hinblick auf den *taktischen Gebrauch von Informationen*, die *Positionswahl* und *Konzessionen.*

Der taktische Gebrauch von Informationen

Der taktische Austausch von Informationen hat zwei Zielsetzungen:

1. das niedrigste Angebot des Gegners herauszufinden und noch weiter zu drücken;
2. die eigenen Forderungen so zu erklären, daß der Gegner sie als realistisch und unvermeidlich betrachtet.

Zusammenfassend gesagt, geht es hier um die *Beeinflussung des „Erreichbaren“.*

Taktische Informationen können auf mehrere Arten geliefert werden. Hierzu gehören:

- Informationen, die letztlich „auch dem Gegenspieler wehtun werden". Die Gewerkschaft sagt zum Beispiel: „Wenn der Hauptsitz der Firma nach Frankfurt verlegt wird, so wird sich mindestens ein Viertel der Belegschaft nach neuen Arbeitsplätzen umsehen müssen. Und es sind die qualifiziertesten Mitarbeiter, die am schnellsten einen neuen Arbeitsplatz finden werden."
- Informationen, in denen ein Zugeständnis „aufgeblasen" wird in der Hoffnung, daß man dadurch keine weiteren Konzessionen zu machen braucht. Die Betriebsleitung sagt zum Beispiel: „Der Verzicht auf die Betriebsferien kostet die Firma Millionen. Sie werden einsehen, daß dies wirklich ein sehr großes Zugeständnis unsererseits ist."
- Informationen liefern, indem man die Beispiele selektiv auswählt. So kann die Betriebsleitung zum Beispiel sagen: „Sie wollen Vertrauensleute in allen Abteilungen. Ein ähnliches System wurde in Holland eingeführt, und die Ergebnisse waren verheerend."

Es ist das gute Recht einer Partei, taktische Informationen zu liefern. Aber solche Informationen werden nur effektiv sein, wenn die Behauptungen durch Fakten untermauert oder durch Quellen belegt werden können, die auch für den Gegner eine gewisse Autorität darstellen. Wenn dies den Verhandlungspartnern nur selten oder nie gelingt, werden sie zur bloßen Karikatur und verlieren ihre Glaubwürdigkeit.

Die Grenze zwischen taktischer und falscher Information ist ziemlich fließend. Wer offensichtlich falsche Informationen gibt, bewirkt damit im allgemeinen, daß er seine eigene Verhandlungsposition schwächt und die Beziehung zwischen den Parteien erheblich verschlechtert. Das Interpretieren und Liefern von Informationen aus einem Blickwinkel, der für die eigene Partei günstig ist, gilt als normal; die Beziehung braucht darunter überhaupt nicht zu leiden.

Dies sind recht milde Taktiken zur Beeinflussung von Interessen und Positionen. Um die Position des Gegners zu testen, gibt es auch härtere, zum Beispiel:

- Verhandlungen vertagen oder abbrechen;
- den Standpunkt der anderen Partei ignorieren;
- ein Zeitlimit setzen (eine Variante davon ist, die Verhandlung bis in die Nacht fortzusetzen);
- sich auf seine Auftraggeber zu beziehen: „Das kann ich meinen Leuten nicht verkaufen“;
- auf persönliche Konsequenzen hinweisen: „Wenn das so ist, dann gehe ich“;
- ein Ultimatum setzen;
- bluffen – indem man zum Beispiel überhaupt kein Interesse zeigt, oder, wenn eine Forderung nicht akzeptiert wird, sie bei einer späteren Gelegenheit erneut vorbringt. Es besteht die Chance, daß die andere Partei Sie dann dazu auffordert, „vernünftig“ zu sein; das heißt, die anderen zeigen, daß sie bereit sind, über die anfängliche Forderung zu sprechen. Eine Variante davon ist, zunächst „vernünftig“ zu sein, aber neue Forderungen zu stellen, sobald der Gegenspieler die vorherigen akzeptiert hat. Wenn diese List regelmäßig angewendet wird, um zusätzliche Konzessionen zu erzielen, wird sie als „Salamitaktik“ bezeichnet;
- einen Vertreter schicken. Die Person, die die eigentliche Entscheidungsbefugnis hat, sorgt dafür, daß sie bei den Verhandlungen nicht anwesend ist. Sie sendet einen Vertreter und lehnt sich dann gelassen zurück, um zu sehen, welchen Verlauf die Verhandlungen nehmen. Auf diese Weise läßt sie sich freie Hand und geht keine Verpflichtung ein. Die andere Partei kann darauf nur so reagieren, daß sie den Verhandlungspartner als den kompetenten Entscheider betrachtet, und wenn sie das Gefühl hat, daß dies unbefriedigend ist, verlangen, mit der Person zu verhandeln, die die Entscheidungen auch tatsächlich treffen kann;

- der gute und der böse Unterhändler. Manchmal bedient sich ein Verhandlungsteam einer wohlbekannten Verhörmethode. Ein Mitglied des Teams übernimmt die harte Linie bis zu dem Punkt, an dem es „unvernünftig" wird, während der andere ganz rational bleibt. Eine Partei wird dann versuchen, mit dem „Vernünftigen" Geschäfte zu machen, dessen „vernünftige" Position sich hinterher inhaltlich als knallhart erweisen kann.

Diese Taktiken müssen mit Vorsicht angewendet werden. Wenn sie den Eindruck vermitteln, daß die Situation als Kampfsituation definiert wird, erhöht sich die Gefahr einer destruktiven Eskalation. Sie müssen im richtigen Verhältnis zur Bedeutung der Sache stehen. Man muß wissen, wie man sie *richtig dosiert*: Sie sind nur effektiv, wenn sie nicht zu oft benutzt werden. Setzt man sie dann wirklich ein, so werden sie als Möglichkeit akzeptiert, um zu sondieren, wie weit man gehen kann und welche greifbaren Resultate erreichbar sind. Ein Unterhändler, der sie übermäßig stark strapaziert, wird in den Ruf kommen, eigensinning und aggressiv zu sein, und möglicherweise seine Glaubwürdigkeit verlieren.

Die Wahl einer Position

Im allgemeinen empfiehlt es sich, die Verhandlung mit einem Austausch von Informationen über Interessen und Prioritäten zu beginnen.

Legen Sie sich nicht zu früh auf eine Position fest, indem Sie Ihren Vorschlag, Ihre Lösung oder Ihre Wahlentscheidung darlegen!

Wir müssen unterscheiden zwischen der Taktik einer definitiven und einer offenen Position.

Definitive Position

Die Taktik der definitiven Position hat mehrere Varianten:

- „friß oder stirb";
- das Ultimatum;

- die vollendete Tatsache;
- das letztgültige Angebot zuerst.

Die letzte ist die härteste Variante. Sie beinhaltet, daß eine der Parteien gleich bei Beginn der Verhandlungen ihre Vorschläge als endgültig und als letztes Wort präsentiert. Eine solche Taktik hat einige sehr klare Vorteile: Die eine Partei ergreift die Initiative und zwingt die andere in die Defensive; eine Partei schiebt die Verantwortung für ein mögliches Scheitern der Verhandlungen der anderen Partei zu. Außerdem erzeugt die sofortige Wahl einer Position den Ruf von entschlossener Seriosität und Glaubwürdigkeit. Dies kann für künftige Verhandlungen sehr wichtig sein. Allerdings enthält ein solches Verhalten auch ein beträchtliches Risiko: Es macht einen Rückzug sehr schwer, selbst wenn sich später herausstellt, daß manche Dinge übersehen worden sind. Vor allem, wenn die Beziehung zwischen den Verhandlungspartnern schlecht ist, hat die andere Partei das Gefühl, keine Wahlmöglichkeiten zu haben, und dies an sich kann schon sehr viel Widerstand hervorrufen.

Diese Taktik hat die beste Erfolgschance, wenn man genau weiß, wo die Untergrenze für den Gegner liegt. Dann kann oft ein zusätzliches Zugeständnis erreicht werden, weil die andere Partei nicht das Risiko eingehen will, daß die Verhandlungen wegen dieser einzigen Frage abgebrochen werden.

Offene Position

Die Parteien treten häufig mit einer offenen Position in Verhandlungen ein, indem sie ihre eigenen Interessen darlegen und ihre eigene Meinung äußern, was getan werden soll, aber gleichzeitig einen maximalen Verhandlungsspielraum lassen. Mitunter eröffnet man die Verhandlungen auch mit einer extremen Position, während man gleichzeitig zu verstehen gibt, daß man bereit ist, flexibel zu sein. Wenn die Eröffnungsvorschläge sehr unrealistisch sind, wird diese Taktik auch als „blue-sky bargaining" („Feilschen um den blauen Himmel") bezeichnet. Im allgemeinen ist dieses Vorgehen nicht sehr vernünftig, weil es die Glaubwürdigkeit in

Frage stellen und als opportunistisch angesehen werden kann. Wenn wirklich Position bezogen werden muß, ist es im allgemeinen am besten, mit „dem höchsten vertretbaren Anspruch" zu beginnen. Dies bedeutet, daß der Unterhändler seine Ansprüche untermauern kann und daß er Spielraum zum Manövrieren geschaffen hat.

Allmählich werden mehr Informationen über die Position des Gegners offenbart, und die eigene Position kann fester vertreten werden. Die Verhandlungspartner halten Zugeständnisse in Reserve, so daß die Gespräche, wenn sie völlig festgefahren sind, wieder in Gang gebracht werden können, indem man eine kleine Konzession macht oder bei einem bestimmten Punkt ein Tauschgeschäft vornimmt.

Wichtige *Vorteile* dieser Methode sind:

- Die Parteien sind nicht völlig abhängig von Vorab-Informationen.
- Es wird eine Atmosphäre des Gebens und Nehmens geschaffen; die Beziehung zwischen den Parteien wird sich vermutlich nicht verschlechtern.
- Das Risiko, das dem Verlassen einer vorher eingenommenen Position innewohnt, ist nicht so groß; die Gefahr, sich selbst auf eine unhaltbare Position zu versteifen, wird verringert.

Ein *Nachteil* besteht darin, daß die Chance, die andere Partei in der Wahl ihrer Position zu beeinflussen, geringer wird. Um dies so weit wie möglich zu kompensieren, können die beschriebenen Informationslieferungs-/Such-Taktiken benutzt werden. Ein weiterer Nachteil ist, daß durch ständige Konzessionen eine Partei jede neue Positionswahl im voraus etwas in Mißkredit bringt. Eine solche Art der Verhandlungsführung kann für die Teilnehmer ziemlich frustrierend sein, weil sie leicht das Gefühl haben, mit jedem Zugeständnis ein wenig ihr Gesicht zu verlieren.

Konzessionen

Nach der Explorationsphase und nach der Präsentation der verschiedenen Vorschläge entspricht es dem normalen Ablauf, kleine Zugeständnisse zu machen und dafür zu sorgen, daß man dafür eine Gegenleistung bekommt. Einige Verhandlungspartner sind äußerst geschickt darin, gleichsam beiläufig auf eine mögliche Konzession anzuspielen. Sobald sie bemerken, daß sie nicht das bekommen werden, was sie als Gegenleistung erwartet haben, ziehen sie die Konzession sofort zurück oder leugnen sogar glattweg, daß sie es überhaupt in Betracht gezogen haben, ein solches Zugeständnis zu machen.

Um Konzessionen zu erreichen, muß man spezifizieren, was man von der anderen Partei will. Fragen wie „Kann die andere Seite uns auf halbem Wege entgegenkommen?" oder „Ist das alles, was Sie tun können?" führen nicht zu Konzessionen, sondern nur zu langatmigen Erklärungen, warum man leider nur so weit und nicht weiter gehen könne. Es versetzt die andere Seite in die Defensive, wie der Käufer eines Gebrauchtwagens, der fragt, ob der Verkäufer mit dem Preis nicht ein bißchen heruntergehen könne. Mit dieser Frage übt er weniger Druck aus, als wenn er klipp und klar sagt: „Ich will 1000 DM Nachlaß." Ähnlich ist es, wenn man Zugeständnisse verlangt und dabei eine Ober- und Untergrenze festsetzt. Aussagen wie „Der Preis muß noch um 3000 bis 4000 DM gesenkt werden" oder „Wir stellen uns einen Nachlaß von 2 bis 3 Prozent vor", veranlaßt die Gegenpartei sofort dazu, die günstigere Zahl zu schnappen und dann weiterzuverhandeln und damit die Spanne für sich einzuheimsen.

In solchen Fragen gehört es zu den Spielregeln, eine bestimmte Entschlossenheit an den Tag zu legen. Eine lasche Haltung, die bedeutet, daß ständig Wasser in den Wein geschüttet wird, tut der Glaubwürdigkeit des Verhandlungspartners nicht gut, nicht nur in den Augen seines Gegners, sondern in den Augen seiner Auftraggeber, die er vertritt. Seien Sie also vorsichtig bei der Formulierung eines „endgültigen Vorschlags". Wenn Sie zu oft bei Ihrem endgültigen Vorschlag nachgeben müssen, erwecken Sie den Eindruck, sie seien unbeständig. Andererseits führt eine zu große Angst vor einem Gesichtsverlust dazu, daß die Verhandlungen ins Stocken geraten. Konzessionen sind in der Regel unvermeidbar: Verhandeln bedeutet ja nicht, alles zu bekommen, was möglich ist, gleichgültig, wie hoch der Preis ist.

Die Sackgasse als Ausweg

In bezug auf Zugeständnisse gibt es eine weitere Taktik, die wir noch nicht erwähnt haben: die Verhandlungen in eine *Sackgasse* geraten zu lassen. Wenn man diesen Zustand eine Weile andauern läßt, so kann man damit klarmachen, daß nicht viele weitere Zugeständnisse zu erwarten sind. Umgekehrt kann eine solche Sackgasse dazu dienen, die Konzessionsbereitschaft der anderen Seite auszuloten und damit deren Entschlossenheit zu testen. Eine Sackgasse kann auch dazu beitragen, neue Informationen auf den Tisch zu bringen.

Resümee

Verhandeln ist ein Prozeß des Informationsaustausches, der so lange andauert, bis sich Kompromisse herauszubilden beginnen, die für beide Parteien vorteilhaft sind. Es ist eine Kunst, diesen Prozeß des Informationsaustausches behutsam Schritt für Schritt in Gang zu bringen, so daß die Interessen und Erwartungen beider Seiten allmählich sichtbar werden. Erst wenn die Parteien sich gegenseitig gestattet haben, einen Blick hinter ihre erklärten Positionen und Argumente zu werfen, beginnen sich mögliche Lösungen herauszukristallisieren.

Die Beeinflussung des Machtverhältnisses

Der Verlauf, den Verhandlungen nehmen, hängt mit den Macht- und Abhängigkeitsbeziehungen der beteiligten Parteien zusammen. Der Grad der Abhängigkeit kann bei den beiden Parteien unterschiedlich sein, aber beim Verhandeln wird von einer gewissen Gleichheit der beiden Seiten ausgegangen. Wenn es klare Machtunterschiede gibt, tritt ein anderes Verhalten auf: Manipulierend und ausbeuterisch auf der einen Seite, unterwürfig und nachgiebig auf der anderen. *Ein gewisses Machtgleichgewicht und das Bewußtsein, daß beide Parteien einander brauchen, sind notwendige Voraussetzungen für konstruktives Verhandeln.*

Dennoch stellen die Parteien gegenseitig ihre Kraft auf die Probe und wollen genau wissen, in welchem Maße sie voneinander abhängig sind. Das Dilemma besteht darin, daß eine stärkere Position einen Vorteil am Verhandlungstisch schaffen kann, aber der Gegenspieler es nicht gern sieht, wenn seine eigene Machtposition geschwächt wird, und alles nur Mögliche tun wird, um dies zu verhindern. Wenn es zu einem Aufeinanderprallen der Kräfte kommt, werden die Verhandlungen nur wenige Ergebnisse erbringen, sich in einen Machtkampf verwandeln und zu einem Kampfverhalten führen. Deshalb ist eine vorsichtige Strategie erforderlich. Sie darf jedoch wiederum nicht zu vorsichtig sein, da sonst der Gegenspieler eine Chance wittert, daraus einen Vorteil zu ziehen; er wird geradezu dazu aufgefordert, die Situation auszunutzen. Dieses Dilemma wird anhand der Beispiele für Taktiken in Abbildung 2 zusammengefaßt und erklärt.

Obwohl das Bestreben, die Machtverhältnisse grundlegend zu ändern, im allgemeinen eine Kampfsituation auslösen kann, gibt es immer noch eine gewisse Spanne für Machtverschiebungen am Verhandlungstisch. Für die Beteiligten besteht immer die Versuchung, auf diesen sehr wichtigen Faktor Einfluß nehmen zu wol-

Nachgiebig		*Dominierend*
1 2	3	4 5
Minimaler Widerstand	Aufrechterhalten eines gewissen Gleichgewichts	Aggressiv, versucht zu dominieren
Selektiver Einsatz von „günstigen Fakten“, Druck wird vermieden	Versuch, das Gleichgewicht durch Fakten und mäßigen Druck zu beeinflussen	Beeinflussung des Gleichgewichts mit Hilfe von Drohungen, Manipulationen, Verwirrung und Arroganz
Wenig Widerstand gegenüber Herausforderungen	Reagiert in richtigem Verhältnis auf Herausforderungen	Greift an, wenn er herausgefordert wird
Kein aktives Interesse an den Alternativen zur gegenwärtigen Qualität der Beziehung	Aufmerksam gegenüber Alternativen zur Verbesserung der eigenen Position innerhalb der derzeitigen Beziehung	Gibt vor, sehr viele Alternativen zur gegenwärtigen Beziehung zu haben, die aufgegriffen werden, sobald die geringsten Anzeichen von Schwierigkeiten auftreten

Abbildung 2: Das Dilemma „nachgiebig vs. dominierend“

len: Wenn es Ihnen gelingt, Ihren Gegenspieler stärker abhängig und sich selbst unabhängiger zu machen, kann dies einen unmittelbaren Vorteil bringen.

Es gibt verschiedene Möglichkeiten, die eigene Machtposition am Verhandlungstisch zu stärken. Diese werden im folgenden zusammengefaßt und mit ihren Auswirkungen diskutiert.

Taktiken zur Stärkung der eigenen Machtposition

Kampf

Die folgenden Taktiken zielen unmittelbar darauf ab, den Gegenspieler zu unterwerfen, zum Beispiel:

- die Informationen und Argumente der anderen Partei zu ignorieren;
- Gefühle wie Wut und Ungeduld vorzutäuschen;
- nicht zuzuhören, oder nur den „schwachen Punkten" zuzuhören;
- eine absolute Präferenz für die eigene Lösung zu bekunden;
- der anderen Partei keine andere Wahl zu lassen;
- Zwist unter den Mitgliedern der anderen Partei zu säen.

Diese Taktiken führen im allgemeinen zur Eskalation: Die andere Partei wird bald beginnen zurückzuschlagen. Es ist am besten, diese Taktiken – wenn überhaupt – in kleinen Dosen anzuwenden. Sie sollten nicht als Methode eingesetzt werden, um Dominanz zu erzielen. Vielmehr sollten sie dazu dienen, Informationen darüber zu gewinnen, wie beharrlich die andere Seite ihre Ansichten weiterhin vertreten wird. Man kann sie vielleicht einsetzen, um ein wenig gesunden Widerstand gegen das Kampfverhalten der anderen Seite zu zeigen. Dabei sollte nur zeitweilig Druck ausgeübt werden; keinesfalls sollte dieser Druck einen Prozeß der wachsenden Feindseligkeit auf beiden Seiten in Gang setzen. Eine kurze, direkte und harte Konfrontation ist besser als eine Reihe von Scharmützeln.

Manipulation

Manchmal ist es möglich, Autorität in den Verhandlungen aufzubauen, indem man zum Mittel der Manipulation greift. Dies ist eine heikle Strategie, die sehr stark vom individuellen Verhandlungspartner abhängt. Bei ihr wird eine besondere Art von Druck angewendet – eine besondere Art deshalb, weil dieser Druck an

Tabelle 2: Herabsetzende Manipulationen

Manipulatives Verhalten	*Beabsichtigte Wirkung auf den Gegenspieler*	*Reaktion*
Hinweise des Gegenspielers auf mögliche Kritik durch seine Auftraggeber oder die öffentliche Meinung	Das Gefühl der Bedrohung und Unsicherheit hervorzurufen	Sie zeigen Empörung darüber, daß der andere solche Taktiken ins Feld führt
Demonstration von Unbezwingbarkeit und unerschütterlichem Selbstvertrauen	Den anderen in eine Rolle zu zwingen, in der er um einen Gefallen bitten muß, weil er sieht, daß sein Einsatz von Macht keine Wirkung hat	Seien Sie skeptisch gegenüber der Position des anderen, zeigen Sie allmählich mehr Selbstvertrauen
Wortreicher Hinweis darauf, daß die Argumentation des Gegenspielers nicht stichhaltig ist	Ein Gefühl der Machtlosigkeit zu erwecken, weil darin impliziert ist, daß auch andere Argumente in Frage gestellt werden	Weisen Sie höflich darauf hin, daß der andere das nicht richtig verstanden habe
Stellen rhetorischer Fragen über das Verhalten oder die Argumentation des Gegenspielers	Der Gegenspieler soll die Frage in der erhofften Art beantworten beziehungsweise nicht antworten und sich dadurch machtlos fühlen	Antworten Sie nicht, sondern sagen Sie einfach nur, daß der andere das Problem nicht richtig dargestellt hat

Tabelle 2 (Forts.)

Manipulatives Verhalten	*Beabsichtigte Wirkung auf den Gegenspieler*	*Reaktion*
„Nett und gemein“ sein, Alternative: freundlich und empört sein	Unsicherheit hervorzurufen, den anderen zu desorientieren und einzuschüchtern	Zeigen Sie eine lauwarme Reaktion auf freundliches wie auch auf empörtes Verhalten
„Bluffen beim Pokern“, vorgeben, daß die eigene Unabhängigkeit stärker ist als in Wirklichkeit	Durch dick aufgetragenes Selbstvertrauen den anderen sich seiner selbst unsicher werden zu lassen, so daß er den Boden unter den Füßen verliert	Stellen Sie weiterhin kritische Fragen, reagieren Sie mit demonstrativer Lauheit

den Normen und Wertvorstellungen eines Menschen ansetzt, an seiner Beziehung zu den Auftraggebern, die er vertritt, an seinen persönlichen Eigenschaften wie Intelligenz und Integrität, sowie an der Art und Weise, wie er sich selbst am Verhandlungstisch verhält.

Diese Strategie birgt kein geringes Risiko. Wenn man nämlich wirklich Erfolg haben will, muß man im wahrsten Sinne des Wortes manipulieren, das heißt den anderen unterwerfen, ohne daß er es merkt. Dies mag bei einem naiven Gegenspieler möglich sein, aber selbst dann besteht die große Gefahr, daß sich in ihm ein unbestimmter Zorn aufbaut, der künftige Verhandlungen beeinträchtigen wird.

Der Grund, weshalb die Manipulation hier überhaupt behandelt wird, ist, daß sie trotz der damit verbundenen Risiken oft versucht wird. Dies mag ganz beiläufig und verdeckt geschehen, so daß das

Tabelle 3: Manipulationen, basierend auf „Anstand" und „Fairneß"

Manipulatives Verhalten	*Beabsichtigte Wirkung auf den Gegenspieler*	*Reaktion*
„Freundlich sein", zeigen, daß man den Gegenspieler schätzt	Nach den Regeln der gesellschaftlichen Etikette eine freundliche (und damit unterwürfige) Reaktion hervorzurufen	Seien Sie entweder freundlich (nicht unterwürfig), oder ignorieren Sie es einfach
„Pathetische" Bitten, die eigene Position zu verstehen	Die Neigung, einen „großzügigen" und uneigennützigen Gefallen zu tun	Lehnen Sie jegliche Verantwortung ab
Vorgeben der Unfähigkeit, die „komplizierte" Situation des Gegenspielers zu verstehen	Das Gefühl, Dinge erklären zu müssen und damit zu viele Informationen preiszugeben	Spezifische Fragen darüber stellen, was nicht verstanden wurde
„Geschäftsmäßige" Orientierung, Probleme werden als beiläufige Fragen behandelt	Ein Gefühl der „Eintracht der alten Knaben", die es sich gegenseitig nicht zu schwer machen sollten	Weisen Sie nachdrücklich darauf hin, daß es immer noch einige Hindernisse gibt
„Rational-seriöse" Haltung: Darstellung von Autorität, die auf „Beweisen" und „konstruktiven" Ideen basiert	Die Angst, dumm, unseriös oder unkonstruktiv zu erscheinen	Machen Sie darauf aufmerksam, daß einige wichtige Aspekte noch nicht berücksichtigt worden sind

„Opfer“ gar nicht den Grund für die Machtlosigkeit, Abneigung oder Irritation, die es empfindet, entdecken kann. Ein rasches Erkennen dessen, was sich genau abspielt, kann einem Verhandlungspartner aber helfen, angemessen zu reagieren und damit die Verhandlungen auf eine solidere Grundlage zu stellen.

Tabelle 2 zeigt sechs Beispiele von emotionalen Manipulationen, ihre beabsichtigten Auswirkungen auf den Gegenspieler und Möglichkeiten, wie man sich dagegen zur Wehr setzt. Diese emotionalen Manipulationen haben zum Ziel, den Gegenspieler herabzusetzen. Subtiler noch und schwerer zu kontern sind solche, die sich auf sogenannte soziale Konventionen beziehen (Tabelle 3). Wenn die letzteren mit genügend Überzeugungskraft eingesetzt werden, kann sich der Gegenspieler ihnen kaum entziehen. Ohne es zu wollen, fühlt er sich schuldig, beschämt und sogar minderwertig. Er wird unsicher. Er zögert und beginnt, Fehler zu machen. Solche Manipulationen sind in Wirklichkeit „Kampfmethoden“. Indem der Verhandlungspartner sie benutzt, verpaßt er seinem Gegenspieler einen Schlag und erzielt damit vorübergehend den Vorteil, daß er seine eigene Position stärkt. Letztlich erhöht dies jedoch die Möglichkeit einer Eskalation, weil die Auswirkung auf den anderen Irritation über dessen eigene ohnmächtige Position ist.

Fakten und Fachwissen

Fachwissen, Hintergrundinformationen, Fakten und Materialien zur Hand zu haben: All dies kann die eigene Position stärken. Es kommt auf die Art und Weise an, wie man versucht, die Machtverhältnisse zu ändern. Zum Beispiel kann eine triumphierende Haltung viele ungute Gefühle hervorrufen und möglicherweise die künftige Beziehung stark belasten.

Manchmal gibt es „neue Fakten“, die unmittelbar mit den Machtverhältnissen zu tun haben. Beispiele für solche „neuen Fakten“ sind die Bildung einer stärkeren Koalition oder das Auftauchen von *Alternativen* zu den gegenwärtig vorhandenen Abhängigkeitsbeziehungen. Das Vorhandensein von Alternativen fällt dabei sehr stark ins Gewicht.

In jeder Organisation wirken sich Veränderungen der Politik auf die Machtverhältnisse zwischen den verschiedenen Einheiten aus. Beispiele hierfür sind: Betonung einer bestimmten Personal- und Organisationspolitik, die Einräumung von Prioriäten für technische Innovation oder für wirtschaftliche Aspekte. Die Veränderungen des Machtverhältnisses, die aus solchen Entwicklungen resultieren, werden früher oder später zu einer Umverteilung von knappen Ressourcen wie Personal, Geldmitteln, Investitionen, Raum in Gebäuden und anderen Einrichtungen führen.

Exploration

Diese Methode, die wir später ausführlicher behandeln werden, kann die Position des Verhandlungspartners auf verschiedene Arten stärken. Explorieren bedeutet, die Initiative zu ergreifen: Fragen zu stellen, Informationen zu präsentieren, Vorschläge zu machen, einen möglichen „Package-deal" zusammenzustellen. Indem man solche Initiativen ergreift, kann man den eigenen strategischen Freiraum vergrößern. Explorieren bedeutet auch, die Interessen des Gegenspielers zu sondieren, wobei die Einstellung lautet: „Wie finden wir *gemeinsam* eine Lösung?" Dies legitimiert den Verhandlungspartner und verleiht ihm Autorität.

Stärkung der Beziehung

Die Beziehung zum Gegenspieler kann durch Entwicklung von Akzeptanz und Vertrauen gestärkt werden (wie oben beschrieben). Andere Möglichkeiten, dies zu erreichen, sind die Entwicklung eines stärkeren gemeinsamen Interesses und die Schaffung einer größeren gemeinsamen Basis mit dem Gegner. Dadurch können Lösungen entwickelt und realisiert werden, die für beide Parteien in vielen Bereichen von Interesse sind. Diese Methoden verstärken die gegenseitige Abhängigkeit: Eine Seite kann sie nicht einseitig benutzen, um die eigene Position auszubauen. Im besten Falle macht eine erhebliche Vergrößerung der Abhängigkeit die Beziehung für denjenigen, der in der weniger mächtigen Position ist, etwas symmetrischer.

Überzeugungskraft

Die Elemente effektiver Überzeugungskraft sind:

- die Fähigkeit, die eigene Meinung klar und strukturiert zum Ausdruck zu bringen;
- eine angemessen entspannte, aber nicht nonchalante Haltung;
- Variationen in Tonhöhe und Tempo, in konkreten Beispielen und in der allgemeinen Argumentation; Gebrauch von visuellen Hilfsmitteln;
- ein emotionales Engagement für den eigenen Standpunkt; es darf jedoch nicht in bloße Rhetorik abgleiten.

Manipulation und Kampf können einen vorübergehenden Vorteil bringen, aber sie bergen das Risiko der Eskalation und gereizter persönlicher Beziehungen in sich. Die anderen Möglichkeiten sind konstruktiver.

Stärkung der Ausgangsposition

Sobald man einmal am Verhandlungstisch Platz genommen hat, sind die Möglichkeiten, das Machtverhältnis zu beeinflussen, gering. Ein Verhandlungspartner muß seine Position konsolidiert haben, bevor er an diesem Punkt angelangt ist. Wichtige Quellen der Macht sind hier:

- über Fachkenntnisse auf bestimmten Gebieten zu verfügen, insbesondere über Kenntnisse, die rar und von entscheidender Bedeutung sind.
- Ein umfassendes Wissen zu haben. Machen Sie Ihre Hausaufgaben; sorgen Sie dafür, daß Sie einen guten Überblick über die

Situation haben, die Vorgeschichte kennen, über politische Veränderungen Bescheid wissen; alle wichtigen Unterlagen sollten griffbereit sein.

- Alternativen parat zu haben: nicht nur alternative Lösungen für die Punkte auf der Tagesordnung, sondern auch verschiedene Wege, wie Sie Ihre eigenen Ziele erreichen, vielleicht gemeinsam mit anderen.
- „Politischer" Zugang und politisches Einfühlungsvermögen. Ein guter Zugang zu relevanten Machtzentren ist von ausschlaggebender Bedeutung.
- Status, der sich in Form von greifbarem Erfolg, informeller Autorität, hierarchischer Position, persönlicher Glaubwürdigkeit äußern kann – all dies trägt zur Stärkung der Ausgangsposition bei.
- Unterstützung durch andere: Während des Gesprächs Verbündete haben, auf Hilfe und Unterstützung anderer, nicht anwesender Gruppen zurückgreifen können; nicht isoliert handeln.

Dies sind Faktoren, die sich am Verhandlungstisch als nützlich erweisen werden.

Es ist auch möglich, die eigene Ausgangsposition am Verhandlungstisch im voraus auf eine mehr manipulative Art und Weise zu stärken. Interessant in diesem Zusammenhang sind Kordas (1975) Anweisungen, wie man von Beginn an unauffällig die Oberhand gewinnt. Seine Anweisungen für die Ausstattung von Büros und detaillierte Zeichnungen der Anordnung des Mobiliars sind sehr amüsant. Korda zeigt, wie man die Möbel so aufstellt, daß der Besucher nur einen begrenzten Raum zur Verfügung hat; Sessel, in denen er so tief einsinkt, daß er eine Reihe von akrobatischen Übungen absolvieren muß, um zum Aschenbecher zu kommen, der natürlich vom Sessel aus unerreichbar ist. Dabei spinnt Korda seine Ideen manchmal bis in ihre lächerlichsten Konsequenzen aus. Er beschreibt Büros, die nur über einen Weg zugänglich sind, auf dem der abgebrühteste Geschäftsmann so zahm wie eine Maus wird, bis er an die Tür klopft. Die Tür zum Büro ist dann aus glattem Holz und völlig kahl; es gibt weder einen Türknauf noch ein Schlüsselloch. Sie läßt sich nur über einen Summer auf dem Schreibtisch des Chefs oder dessen Sekretärin öffnen.

Kordas typische Machtbeweise sind deshalb so amüsant, weil sie uns so vertraut vorkommen.

- Mächtige Menschen machen sich nie naß oder schmutzig. Selbst wenn es draußen gießt und alle anderen triefend naß und wie aufgelöst hereinkommen, ist ihre Erscheinung makellos, wie durch Zauberhand. Außerdem strahlen sie Gesundheit und Vitalität aus. Sie schwitzen auch nie.

- Mächtige Menschen warten nie, sondern lassen andere warten. Wie selbstverständlich sind sie immer von Komfort und einem angenehmen Ambiente umgeben. Bei einer Verabredung zum Mittagessen bekommen sie – selbst in einem vollbesetzten Restaurant – immer sofort einen ausgezeichneten Tisch.

- Mächtige Menschen wählen nie Telefonnummern, machen nie Fotokopien oder addieren Zahlen. Sie tippen nicht auf der Schreibmaschine und spitzen keinen Bleistift. Das erste Zeichen der Macht ist oft eine schleichende Hilflosigkeit – Leute, die seit Jahren keine Fotokopien mehr gemacht haben, möchten das nicht nur nicht mehr, sondern tun sogar so, als ob sie es nicht könnten.

- Mächtige Menschen kommen und gehen unerwartet. Sie betreten den Raum ruhig und entschlossen. Sie nehmen ihre Geschäfte wahr, und plötzlich sind sie wieder weg. Aus unerfindlichen Gründen haben Portiers, Empfangsdamen und Sekretärinnen keine Gewalt über sie. Niemand stoppt sie; sie schreiten unangekündigt hinein, wo immer sie wollen.

Funktionieren solche Taktiken wirklich? Ich bin mir nicht sicher. Korda übertreibt zweifellos, aber er ist ein genauer Beobachter des Machtgehalts von einfachen, alltäglichen Handlungen und Vorfällen. Jedoch liegt in dieser Stärke Kordas auch eine gewisse Beschränkung. Er präsentiert ein einseitiges Bild der Macht, als ob es sich um etwas handelte, das auf Tricks, Symbole und Rituale reduziert werden könnte.

Resümee

Alle Aktivitäten am Verhandlungstisch sind eingebettet in das Wesen der Interdependenz – wie stark, wie einseitig, wie dauerhaft sie auch sein mag. Verhandlungen werden nur dann stattfinden, wenn es ein bestimmtes Maß an Interdependenz gibt: Wenn die Waage zu sehr nach der einen Seite ausschlägt, sehen wir völlig andere Verhaltenstendenzen: „Fordernd", befehlend und ausbeuterisch auf der einen Seite, unterwürfig und passiv oder aber aggressiv auf der anderen. Das Bewußtsein der Kontinuität der Beziehung mäßigt die Impulse, die zu einem Kampfverhalten führen können.

Alle Aktivitäten zwischen den Parteien sind durch das Machtverhältnis gefärbt und geprägt. Es ist also kein Wunder, daß die Verhandlungspartner sehr sensibel auf Veränderungen der Macht- und Abhängigkeitsverhältnisse reagieren. In einigen Verhandlungen führte ich ein Experiment durch, um die Momente von eindeutig zunehmender Spannung bei einzelnen Beteiligten aufzuspüren und zu analysieren; dabei zeigte es sich, in welcher Richtung sich die Machtverhältnisse verschoben. Manchmal handelte es sich um offene Herausforderungen, viel öfter jedoch um verdeckte Versuche, das Machtverhältnis zu verändern. Sowohl Machtverlust als auch Machtgewinn lösen starke emotionale Impulse aus. Wichtig ist es, die eigene „Radarantenne" auf diesem Gebiet zu entwickeln.

Manchmal sind die Ursachen vieler Spannungen am Verhandlungstisch schwer nachzuvollziehen, und wir neigen dazu, sie dem Zufall oder rein persönlichen Phänomenen zuzuschreiben. Die folgenden Fragen können dazu beitragen, ihre Wurzeln aufzuspüren:

- ☐ Ist meine Position in bezug auf Macht oder Einfluß jetzt auf irgendeine Weise in Frage gestellt?
- ☐ Werde ich meine Position stärken, oder werden die anderen die ihre stärken?
- ☐ Was passiert gerade mit dem Machtverhältnis zwischen den Beteiligten? – Werde ich vielleicht manipuliert oder sogar offen in die Enge getrieben?

☐ Manipuliere ich andere, ohne mir dessen bewußt zu sein, oder schüchtere ich sie sogar ganz offen ein?

Wie Verhandlungsprozesse durch deutlich ausgeprägte Machtunterschiede beeinflußt werden, wird ausführlich im Kapitel „Der Vorsitz bei Verhandlungen" behandelt.

Die Förderung eines konstruktiven Klimas

Gute Unterhändler halten es für wichtig, ein konstruktives Klima und eine gegenseitige Achtung in den persönlichen Beziehungen zu fördern. Eine gereizte oder sehr förmliche Atmosphäre beeinträchtigt ein effizientes Verhandeln. Deshalb versuchen sie, Vertrauen, Akzeptanz und Glaubwürdigkeit aufzubauen. Auf diese Art und Weise bringen sie die Interdependenz zum Ausdruck. Beispiele für Taktiken in diesem Bereich sind:

- den Meinungen der Gegenseite Aufmerksamkeit zu schenken;
- informelle und direkte Kontakte zu fördern;
- jeglichen Gesichtsverlust zu vermeiden;
- sich berechenbar und seriös zu verhalten, nicht auf Finten und Tricks zurückzugreifen oder den Gegner „über den Tisch zu ziehen";
- das Rollenverhalten (zum Beispiel eine feste Forderung) von persönlichem Goodwill und gegenseitigem Respekt zu unterscheiden.

Das Dilemma, dem der Verhandlungspartner hier ausgesetzt ist, bedeutet hier: Wenn er dem anderen ohne Vorbehalt Vertrauen schenkt, geht er das Risiko ein, seine eigene Position ernsthaft zu schwächen und übermäßige Kompromisse zu schließen. Hier ist ein wohlkalkuliertes Vertrauen erforderlich, wobei man sich voll bewußt bleibt, daß bei einer sehr persönlichen und vertrauensvollen Beziehung die Gefahr besteht, daß sie ausgenutzt wird. Vertrauen und Glaubwürdigkeit sind wichtig. Wenn jedoch allzu sehr auf Vertrauen und persönliche Beziehungen gesetzt wird, so kann dies leicht als anmaßend oder andererseits als schwach und unpassend angesehen werden. In Abbildung 3 werden diese Möglichkeiten zusammengefaßt: Dabei sollte man möglichst das Mittelfeld anstreben. Wenn man dies mit einer beharrlichen Haltung in bezug auf den Inhalt kombinieren kann, hat man ein klassisches Verhandlungsproblem gelöst. Dann kann man nämlich die eigenen Interessen verfolgen, ohne sich auf Machtspiele einzulassen und ohne daß sich die persönlichen Beziehungen verschlechtern.

Wir können die Taktiken zur Bewältigung dieses Dilemmas in drei Kategorien einteilen:

1. Unterscheiden Sie zwischen der Person des Verhandlungspartners und seinem Verhalten, das Spannungen hervorruft;
2. Vermeiden Sie ein Verhalten, das unnötige Spannungen hervorruft;
3. Nutzen Sie jede Chance, um Spannungen zu mindern.

Jovial — *Feindselig*

1 — 2 — 3 — 4 — 5

Jovial, vertrauensselig	Glaubwürdig, solide	Feindselig, gereizt
Einsatz des persönlichen Charmes, Tendenz, Witze zu erzählen, sucht große Nähe	Fördert zwanglose Diskussionen, zeigt Interesse an persönlichen Angelegenheiten, mäßiger Gebrauch von Humor, beständiges Verhalten	Hält den Gegenspieler auf Abstand, förmliches Verhalten, manchmal sarkastisch, zeigt sich gereizt, erscheint unberechenbar
Abhängig: „Ihr Interesse ist auch mein Interesse."	Interdependent: „Welche Lösung werden wir finden?"	Unabhängig: „Was springt für mich dabei heraus?"

Abbildung 3: Das Dilemma „jovial vs. feindselig"

Person und Verhalten voneinander trennen

Zunächst einmal muß man sich klar bewußt sein, daß jeder die Tendenz hat, auf Manndeckung zu gehen, statt den Ball zu spielen, vor allem, wenn der Mann einen starken Widerstand an den Tag legt. Die Versuchung, Spannung auf diese Weise zu beseitigen, ist groß. Sie läßt sich unter anderem dadurch vermeiden, daß man eine harte Haltung auf seiten des Gegenspielers als typisches Rollenverhalten betrachtet, das ein Mensch in dieser Position zwangsläufig vertreten muß. Einfacher gesagt: Es geht hier um den Ball, nicht um den Spieler.

Wenn Sie der Ansicht sind, daß Sie selbst eine harte Haltung vertreten müssen, gibt es verschiedene Möglichkeiten, wie Sie Ihrem Gegenspieler helfen können, persönliche Beziehungen von Verhandlungsverhalten zu trennen:

- ☐ Beziehen Sie sich auf Ihre Auftraggeber;
- ☐ verweisen Sie auf die Umstände;
- ☐ erwähnen Sie ausdrücklich, daß Ihre Bemerkungen nicht persönlich gemeint sind;
- ☐ rücken Sie „Vorfälle" aus der Vergangenheit in die richtige Perspektive;
- ☐ machen Sie im voraus klar, daß das, was Sie sagen werden, vielleicht hart „rüberkommt".

Erfahrenen Unterhändlern fällt es nicht schwer, diese Trennung vorzunehmen. Ganz im Gegenteil: Sie zeigen einen klaren Respekt vor einer beharrlichen Haltung (natürlich muß sie durch Fakten und Argumente untermauert sein). Es ist in diesem Zusammenhang sehr wichtig, Glaubwürdigkeit und Akzeptanz als Person zu entwickeln. Man kann dies erreichen, indem man sich um mehr Verständnis für- und Wissen übereinander bemüht. Dies kann durch informelle Gespräche über persönliche Dinge oder über das aktuelle Tagesgeschehen erreicht werden. Dabei ist es wichtig, daß man sich selbst offen zeigt und Interesse an anderen bekundet. Glaubwürdigkeit aufrechtzuerhalten, bedarf manchmal großer Umsicht; Integrität, Konsequenz, Beständigkeit und Berechenbarkeit sind wichtige Elemente eines guten persönlichen Verhaltens.

Ein Verhandlungspartner, der das Vertrauen, das in ihn gesetzt wird, enttäuscht – zum Beispiel, indem er beim Lügen erwischt wird –, hat das in ihn gesetzte Vertrauen für immer verspielt. Er hat mit einem Schlag seine Glaubwürdigkeit verloren. Glaubwürdigkeit und Vertrauen sind so wichtig, daß manches dafür spricht, Verhandeln als allmählichen Aufbau und Konsolidierung von genügend Vertrauen zu definieren, um einen Vertragsabschluß zu ermöglichen.

Unnötige Spannungen vermeiden

Unnötige Irritation wird zum Beispiel dadurch hervorgerufen, daß man den Begriff „vernünftig" verwendet, wenn man über die eigene Partei oder Vorschläge spricht. Solche Aussagen, mit denen wir uns selbst als vernünftig, konstruktiv, offen, freimütig, großzügig, positiv etc. bezeichnen, haben wenig Überzeugungskraft. Andererseits implizieren sie jedoch, daß der Gegenspieler durchaus unvernünftig und unkonstruktiv sein könnte. Ihr übermäßiger Gebrauch sollte deshalb vermieden werden.

Fragen zu stellen, ist in diesem Zusammenhang ebenfalls wichtig. Fragen können positiv wirken, weil sie Interesse bekunden. Eine Frage kann eine akzeptablere Alternative zu einer glatten Ablehnung darstellen.

Es gibt mehrere Möglichkeiten, wie Sie Takt bekunden können. Wenn Sie einen Vorschlag Ihres Gegenspielers ablehnen, ist es besser zu sagen, daß Sie diesem Vorschlag nicht zustimmen *können*, anstatt zu sagen, daß Sie dem nicht zustimmen *wollen*. „Wir wollen nicht" enthält ein Element einer willkürlichen Entscheidung, die ein „wir können nicht" nicht beinhaltet.

Auch *Drohungen* können viel unnötige Irritation und Widerstand hervorrufen. Es ist besser, die Konsequenzen so objektiv wie möglich zu schildern. „Drohen Sie nicht mit Donner und Blitz, sagen Sie nur das Wetter vorher."

Es kann auch hilfreich sein, vorher anzukündigen, was Ihr nächster Schritt in der Verhandlung sein wird:

„Ich möchte noch eine weitere Frage stellen ..."

„Ich möchte hier einen Vorschlag machen ..."

„Hierzu fällt mir etwas ein ..."

Allgemein gesagt, kann alles, was zu einem ordnungsgemäßen und vorhersehbaren Verlauf der Verhandlung beiträgt, helfen, unnötige Spannungen zu vermeiden. Ich wiederhole „unnötig", weil gewisse Spannungen zu Verhandlungen dazugehören und manches Verhalten, das Spannungen erzeugt, nicht vermieden werden kann – beispielsweise, wenn die Verhandlung in eine Sackgasse gerät, während man einander abtastet, wenn man klar sagt, wie die Sache steht, und wenn man mit Dilemmas innerhalb des Kooperation-Kampf-Musters umgeht. Ein Punkt, den Verhandlungspartner in diesem Zusammenhang beachten sollten, ist das Verursachen eines Gesichtsverlustes. Den Gegenspieler ohne Visier zu erwischen, durch Finten zu täuschen, ihm ganz subtil klarzumachen, daß man selbst genau weiß, welche Absichten die andere Partei hat, die „Fehler" des Gegenspielers auszunutzen, dies alles sind Beispiele eines Verhaltens, das dem Verhandlungsklima leicht schaden kann.

Schließlich noch eine kurze Bemerkung über nichtverbales Verhalten. Wie sitzen Sie? Eine leicht entspannte, aber wachsame Haltung ist am besten. Versuchen Sie, ein gewisses „Wir-Gefühl" auszustrahlen, im Sinne von „Wie können wir gemeinsam eine Lösung finden?". Manchmal neigt ein Verhandlungspartner dazu, eine übertrieben selbstbewußte und souveräne Haltung einzunehmen. Kleine Vorfälle können dann leicht Reaktionen von Gereiztheit, Ungeduld, Verletztheit und Irritation hervorrufen, was zu einer raschen Verschlechterung des Klimas führt.

Spannungen reduzieren

Abgesehen von der sorgfältigen Wahl der Worte bietet jede Verhandlungssituation bestimmte Chancen, die zur Schaffung einer positiven Atmosphäre genutzt werden können. Zum Beispiel:

- ☐ Wenn eine Würdigung der anderen Partei möglich ist, sollten Sie diese zum Ausdruck bringen.
- ☐ Versuchen Sie, auf persönliche Bedürfnisse Rücksicht zu nehmen.
- ☐ Hören Sie dem anderen zu; reagieren Sie auf seine Anmerkungen. Zeigen Sie Respekt für seine Argumentation, selbst wenn Sie anderer Meinung sind.
- ☐ Zeigen Sie Sinn für Humor; seien Sie in der Lage, Ihr eigenes Verhalten im richtigen Verhältnis zu sehen;
- ☐ Sprechen Sie bei geeigneter Gelegenheit zwanglos über persönliche Dinge und über das Tagesgeschehen.
- ☐ Nehmen Sie Bezug auf die gegenseitige Abhängigkeit; zeigen Sie, daß Sie beide gemeinsame Interessen haben.

Sehr wichtig in diesem Zusammenhang sind die Minuten unmittelbar vor der Verhandlung. Jeder ist etwas angespannt, vor allem, wenn zu erwarten ist, daß das Gespräch schwierig wird. Hier ein paar Tips:

- ☐ Nehmen Sie nicht sofort Platz, sondern legen Sie Ihre Aktentasche dorthin, wo Sie sich hinsetzen wollen, und gehen Sie umher.
- ☐ Suchen Sie informellen Kontakt, am besten auf persönlicher Ebene.
- ☐ Sprechen Sie über Ihre Hobbys, Urlaubspläne, frühere gemeinsame Erfahrungen.
- ☐ Bleiben Sie in Bewegung; versuchen Sie, möglichst viele Anwesende zu begrüßen und mit ihnen ins Gespräch zu kommen.

☐ Achten Sie auf Ihre Haltung beim Stehen und Sitzen; vermeiden Sie es, unnötig angespannt und steif zu sein.

☐ Vermeiden Sie, in großen Gruppen zusammenzustehen; in einer Gruppe von fünf oder mehr Leuten ist es äußerst ärgerlich, wenn zwei das Wort führen, während der Rest „im Abseits" steht.

Ein gutes Motto für den Beginn von Verhandlungen ist: *Erfahrungen austauschen, ein positives Klima aufbauen.*

Sobald die eigentlichen Verhandlungen begonnen haben, halte ich die folgenden beiden Punkte für wichtig.

1. Zeigen Sie Interesse. Versuchen Sie, die „Geschichte hinter der Geschichte" herauszufinden. Stellen Sie Fragen. Zeigen Sie, daß Sie zugehört haben, mit Fragen wie: „Wenn ich Sie richtig verstehe, meinen Sie ...", „Ihre Vorstellungen richten sich vor allem auf ...", „Die wichtigsten Punkten sind Ihrer Meinung nach ...". Denken Sie daran, daß das nichts mit „Nettsein" zu tun hat. Es ist in Ihrem Interesse, den Standpunkt Ihrer Gegenspieler zu kennen und zu verstehen.
2. Achten Sie aufmerksam darauf, welche Emotionen im Spiel sind. Seien Sie wachsam, welche emotionalen Signale von Ihnen selbst und von den anderen ausgehen. Wie angespannt sind Sie? Welche Arten von Signalen senden andere aus: Verärgerung, Furcht, Zorn, Zuversicht, Verwirrung? Woher stammen diese Gefühle? Manchmal können Emotionen zum Gegenstand der Diskussion werden. Das Schlüsselwort heißt hier „Dosieren"; Ausbrüche sollten vermieden werden. Es ist manchmal möglich, sehr nüchtern über unangenehme Gefühle zu sprechen und sie damit auszuräumen: „Bevor wir weitermachen, möchte ich etwas loswerden. Ich war etwas verärgert über ...; empfinden Sie das auch?". Oder: „Wir haben unsererseits das Gefühl, daß wir unter außergewöhnlich starkem Druck stehen; ob es rational ist oder nicht, unsere Reaktion tendiert zu Mißtrauen und Feindseligkeit. Ich meine, wir sollten etwas dagegen tun.".

Auch wenn dadurch keine Lösungen erreicht werden, kann schon das Sprechen über solche Empfindungen eine befreiende Wirkung haben und eine Eskalation verhindern. Der Umgang mit wirklichen Gefühlen muß von der Vorspiegelung von Gefühlen fein unterschieden werden, die benutzt werden können, um Druck auszuüben – Ungeduld zeigen, aus dem Fenster schauen, demonstrativ die Aktentasche packen. Vorgetäuschte Gefühle können eine gewisse Wirkung haben, wenn sie sparsam eingesetzt werden.

Das Erzielen von flexiblen Vorgehensweisen

Im Kapitel „Das Erzielen inhaltlicher Ergebnisse“, in dem wir uns mit dem Erreichen inhaltlicher Ziele beschäftigten, wurden verschiedene Taktiken besprochen, bei denen es um den Austausch von Informationen, die Wahl der Position und um Zugeständnisse ging. Abgesehen von der tatsächlichen Wahl der Position beinhalten diese Taktiken auch eine strategische Wahl: Man versucht, so lange wie möglich nichts aufzugeben und so viele Optionen wie möglich offenzuhalten. In diesem Kapitel möchte ich mich systematischer den *Vorgehensweisen* widmen, die sich auf die Exploration des Verhandlungsspielraums beziehen. So hart und unnachgiebig eine Position auch immer sein mag, so kann sie doch oft mit einer großen Flexibilität in den Vorgehensweisen bei der Suche nach günstigen Kompromissen kombiniert werden. Es gibt immer mehrere Wege, ans Ziel zu gelangen! Wir müssen die *Mittel* von den *Zielen* unterscheiden: Einige Verhandlungspartner sind sehr wohl in der Lage, eine Flexibilität der Mittel mit dem Festhalten an den eigenen Zielen zu kombinieren.

Eine weitere fundamentale Dimension des Verhandlungsverhaltens kommt hier ins Spiel, eine Dimension, die im rechten Winkel zu der Kooperations-Kampf-Achse verläuft, die wir ausführlich behandelt haben. Wir sprechen hier von der Explorations-Vermeidungs-Achse. Die Frage lautet: Wie explorativ ist ein Verhandlungspartner? Sowohl Praktiker als auch Wissenschaftler betonen die zentrale Bedeutung einer aktiv explorierenden Haltung. Erfolgreiche Unterhändler suchen immer mit Nachdruck nach weiteren Alternativen, die für beide Parteien relativ zufriedenstellend sind, ohne daß sie ihre eigenen Forderungen zurückschrauben müssen. Dies wird wesentlich erleichtert durch einen intensiven Informationsaustausch, das Ausprobieren von möglichen Lösungen, durch die Unterbreitung von provisorischen Vorschlägen, durch lautes

Explorierend		*Vermeidend*
1	2 3 4	5
Flexibel, suchend, aktiv	Ruhig, geduldig	Bleibt eingleisig, passiv
Nutzt Chancen, impulsiv	Nimmt sich Zeit, die Möglichkeiten abzuwägen und zu analysieren	Bleibt festen Vorgehensweisen verhaftet
Trägt neue Ideen vor, Improvisationstalent	Versucht, logisch und konsequent vorzugehen	Hält an der ursprünglichen Position fest, liefert weitere Beweise für deren Richtigkeit
Entwickelt Alternativen	Ist gegenüber Alternativen aufgeschlossen	Wiederholt sich ständig, ist starr

Abbildung 4: Flexibilität der Vorgehensweise „explorierend vs. vermeidend“

Denken, durch informelles Ausloten des gegnerischen Standpunkts. Das *integrative Potential* der Situation wird dadurch voll ausgenutzt. Explorieren bedeutet die Suche nach sich überschneidenden Interessen: Gibt es gemeinsame Voraussetzungen, sind relativ kleine Konzessionen möglich, die dem Gegenspieler sehr viel bedeuten? Und umgekehrt: Kann eine Kombination von gegenseitigen Vorteilen zu einem „Package-Deal“ zusammengefaßt werden? Die beiden Pole dieser Verhaltensskala werden in Abbildung 4 dargestellt.

Um diese Polarität zu verstehen, muß man erkennen, daß eine Person passiv sein kann, obwohl ihr Verhalten allem Anschein nach aktiv ist. Beispiele hierfür sind die Verwendung der gleichen Argumente, die aber immer anders formuliert werden, das zähe Festhalten an den ursprünglichen Ausgangspunkten, das Ignorieren neuer Informationen, die Verteidigung einer bestimmten Lösung, koste es, was es wolle, oder ihre Hochstilisierung zu einer Frage des Prinzips. Ein solches Verhalten kann manchmal taktisch zu rechtfertigen sein, solange man sich dessen bewußt ist, daß es ein starres „Immer-das-Gleiche“ ist und der Suche nach integrativem Potential zumindest zeitweise ein Ende setzt. Obwohl dieses Verhalten sehr aktiv erscheint und von vielen wortreichen Beteuerungen begleitet sein kann, handelt es sich hier in Wirklichkeit um eine Verschanzung und ähnelt leicht einem Kampfverhalten. Wir finden auch eine unschuldigere Variante dieses Verhaltens, bei der eine Person ruhig, fast abstrus, ihren eigenen Standpunkt beschreibt und es mehr oder weniger dabei beläßt. So bleiben die Dinge vage, niemand legt sich fest, und manchmal scheinen die Partner sogar völlig übereinzustimmen. Oder aber man schiebt die Dinge vor sich her und läßt ihnen damit ihren eigenen Lauf; in der Zwischenzeit geht man seinen Weg und vermeidet damit eine Konfrontation.

Wann man explorieren soll

Verhandlungen durchlaufen mehrere *Phasen*. Je nach Phase gibt es mehrere Gelegenheiten zur Exploration. Hartes Verhandeln kann durch eine Folge von vier Phasen charakterisiert werden:

1. Vorbereitung;

2. verbales Feuerwerk;

3. psychologische Kriegführung;

4. Krise und endgültiger Abschluß.

Diese Phasen treten in Verhandlungen auf, in denen es um inhaltliche Interessen geht und Probleme mit den Auftraggebern eine ständige Bedrohung darstellen. Dies erfordert großes Geschick und die Bereitschaft zur Exploration. Viele Verhandlungen nehmen einen weniger harten Verlauf, und die Phasen können in neutraleren Begriffen beschrieben werden, wie

1. Vorbereitung;
2. erste Wahl der Position;
3. Suchphase;
4. Sackgasse und Abschluß.

In diesen Situationen ist die Exploration leichter durchzuführen. Es muß jedoch betont werden, daß hartes Verhandeln trotz aller Probleme, die dabei entstehen können, sehr wohl mit Exploration kombiniert werden kann. Es sollte auch darauf hingewiesen werden, daß Exploration nichts damit zu tun hat, „soft“, freundschaftlich oder nachgiebig zu sein. Worum es hier geht, läßt sich sehr gut mit der folgenden Faustregel zusammenfassen: Bleiben Sie *fest*, aber *flexibel*!

Jede Phase im Verhandlungsprozeß bietet Gelegenheiten zum Explorieren. Wir werden sehen, daß ein Modell von verschiedenen Phasen als Verfahrensmethode benutzt werden kann, um die Flexibilität zu erhöhen. Die wichtigsten Vorgehensweisen werden im zweiten Teil dieses Kapitels, „Taktiken zur Exploration“, dargestellt.

Die Vorbereitungsphase

Erfahrene Verhandlungspartner betonen immer die Bedeutung dieser Phase, in der die Beteiligten nicht nur ihre Interessen und Positionen, sondern auch ihre Strategie bestimmen. Im extremsten Fall umfaßt dies ein Szenario von Maßnahmen, die ergriffen werden sollen, und Reaktionen auf alle nur möglichen denkbaren Alternativen. Ein solches Szenario kann durchgespielt und verändert werden, indem man unter den eigenen Beteiligten „Probe“-Verhandlungen führt. Eine gründliche Vorbereitung impliziert im allgemeinen die Tendenz, daß sich Positionen verhärten, wodurch die

Chancen einer Übereinkunft vermindert werden. Dies kann durch Exploration auf zweierlei Weise überwunden werden: durch informelle Konsultation oder durch die Erarbeitung von Alternativen.

Bei der informellen Konsultation arbeiten die Parteien auf einen Austausch von Ideen über Standpunkte, gemeinsame Interessen und Hintergrundsituationen hin. Sie sondieren Reaktionen, loten aus, was erreicht werden kann. Entscheidungen werden nicht getroffen. Die Parteien vermeiden es, unantastbare Positionen einzunehmen. Es wird kein Bericht geschrieben. Die Parteien bekommen ein Gefühl dafür, wieviel Platz zum Manövrieren da ist, während sich ihre Prioritäten herauskristallisieren. Informelle Konsultationen können in einer gemeinsamen Arbeitsgruppe, einem Tagesordnungskomitee oder in vorbereitenden Meetings stattfinden.

Wenn es uns gelingt, uns auf Alternativen während der Vorbereitungsphase zu konzentrieren, vermeiden wir es, daß sich die Beteiligten mit mehr oder weniger unveränderbaren Positionen an den Verhandlungstisch setzen. Ein Brainstorming kann an diesem Punkt sehr nützlich sein: Bemühen Sie sich nicht, den optimalen Standpunkt zu finden, sondern interessante Optionen aufzuzeigen. Je mehr Alternativen vorhanden sind, desto besser. Man sollte vermeiden, die Verhandlungen von einem internen Kompromiß aus zu beginnen, der unter großen Schwierigkeiten erreicht worden ist. Ein interner Kompromiß ist manchmal schnell überholt und führt zu Frustration und Kraftverschwendung.

Die erste Wahl der Position

Die eigentlichen Verhandlungen haben manchmal schon begonnen, bevor die Parteien am Verhandlungstisch Platz genommen haben. Die Parteien präsentieren Statements, die eine erste Positionswahl enthalten. Es besteht die Tendenz, die eigene Position als endgültig und völlig logisch darzulegen, oft in der Form von Erklärungen. Die Beteiligten präsentieren ihre Vorschläge, gut untermauert durch Fakten und Argumente, als recht und billig.

Es besteht manchmal die Tendenz, andere offen oder verdeckt zu kritisieren. Damit konfrontiert, befürchten Außenstehende oft das Schlimmste. Wie soll hier jemals ein Kompromiß zustande kommen? Erfahrene Unterhändler lassen sich hiervon nicht beeindrukken.

Diese Phase dient einem doppelten Zweck: Einerseits soll den Auftraggebern gezeigt werden, daß ihre Interessen wichtig genommen werden; andererseits soll das Spielfeld abgesteckt werden, während man gleichzeitig versucht, möglichst viel Spielraum für die eigene Partei zu reservieren. Die exploratorische Seite dieser Phase sollte darin bestehen, aufmerksam auf Signale der verschiedenen Parteien zu achten, die darauf hinweisen, wo die primären Belange und Interessen liegen.

Je mehr ein Beteiligter seine erste Positionswahl auf seine Sicht der Situation konzentriert – auf die zugrundeliegenden Interessen, auf die Engpässe, die er beseitigen will, auf Ziele, Vermutungen – und je weniger auf seinen spezifischen Standpunkt in Form bestimmter Forderungen, desto besser funktioniert dies. Im ersteren Fall schafft er sich Spielraum und mehr Gelegenheiten, um nach gegenseitigen Anknüpfungspunkten zu suchen. Im zweiten Fall können die Verhandlungen in eine Sackgasse geraten, in der Forderung gegen Forderung, Position gegen Position, Vorschlag gegen Gegenvorschlag steht. Dann wird die Verhandlung schnell zu einem Tauschhandel, ohne daß die integrativen Möglichkeiten berücksichtigt werden. Die Beteiligten müssen sich gegenseitig diese Möglichkeit lassen, ihre eigenen Ansichten zu klären, und dürfen nicht der Versuchung unterliegen, „die Angelegenheit in Ordnung bringen" zu wollen, denn dies wird nur zu zeitraubenden Auseinandersetzungen führen. Explorieren bedeutet hier Fragen zu stellen, um die zugrunde liegenden Belange und Ausgangspunkte zu erkunden und zu definieren.

Die Suchphase

Es folgen Diskussionen, in denen beide Seiten herauszufinden versuchen, wie ernsthaft die Gegenseite ihre Forderungen verteidigen wird. Die Beteiligten präsentieren weiterhin ihre eigene Positionswahl als logische Antwort, die im gemeinsamen Interesse liegt. Sie suchen nach Flexibilität, nach Öffnungen. Allgemein gesagt, gibt es in dieser Phase zwei Möglichkeiten der Exploration. Beide stehen sich jedoch fast diametral gegenüber.

Exploration mit Hilfe von Druck

Bluffen, Drohen, den Zeitdruck vergrößern, die Argumente der anderen Partei ablehnen, das Herausstellen des gemeinsamen Interesses sind Beispiele für eine Drucktaktik. Eine solche Taktik kann hart und gemein aussehen. Es besteht das Risiko der Eskalation. Und dennoch kann man während dieser Phase sehr viele Informationen sammeln. Die Reaktionen der Gegenseite weisen darauf hin, was erreichbar ist. Und die andere Seite hat das Recht, Ihre Prioritäten zu kennen. Deshalb kann ein bißchen zusätzlicher Druck durch die Gegenseite zur Erzielung von Konzessionen in bezug auf ihre eigenen Top-Prioritäten ein probates Mittel zur Informationsbeschaffung sein.

Exploration mit Hilfe einer „nicht-verpflichtenden Suche"

Fragen stellen, Ideen ausprobieren, laut denken, noch einmal die Konsequenzen einer bestimmten Idee beleuchten, einen Punkt „zum Spaß" durchgehen, einen provisorischen Vorschlag formulieren, „unausgereifte" Ideen für eine Lösung formulieren, Brainstorming: Dies sind alles Möglichkeiten, um den integrativen Spielraum zu sondieren.

Manchmal wird zwischen beiden Methoden gewechselt. Dadurch fühlen sich die Parteien gegenseitig auf den Zahn und sondieren die Möglichkeiten, wie sie ihre Wünsche und Interessen kombinieren können. Die Verhandlungen können manchmal sogar die Form einer gemeinsamen Suche annehmen, in der alle Arten von Ideen und Alternativen aktiv kombiniert und sondiert werden, ohne daß dadurch eine Verpflichtung entsteht. Absichtlich herbeigeführte Mißverständnisse schaffen Verwirrung. Äußerlich betrachtet, ist alles noch in Nebel gehüllt. Nichts Wichtiges ist abgeschlossen, alles scheint noch offen. Dennoch zeichnen sich ganz allmählich die Konturen einer möglichen Übereinkunft ab. Die Reaktionen ihrer Auftraggeber liefern den Verhandlungspartnern einen Anhaltspunkt, wie weit sie gehen können.

Während dieser Phase geschieht so viel, daß wir manchmal von drei Unterphasen sprechen können:

- zuerst lebhafte *detaillierte Überlegungen*, bei denen beide Seiten starken Druck ausüben können;
- dann eine *Reifephase*;
- schließlich die *Phase des kooperativen Suchens.*

Diese Unterphasen können sich wiederholen.

Sackgasse und Abschluß

Druck und Verwirrung können zu einer krisenähnlichen Atmosphäre führen. An einem gewissen Punkt – manchmal unter dem Druck einer zeitlichen Begrenzung – wird es klar, daß die Verhandlungen festgefahren sind. Oft müssen die Auftraggeber konsultiert werden. Eine Sackgasse kann notwendig sein, damit sich ein Kompromiß herauskristallisiert. Sie ist nötig, um endgültig zu testen, wie stark die unterschiedlichen Interessen und Positionen sind. Eine Sackgasse kann in verschiedenen Formen auftreten: Die Dinge sind schon seit einiger Zeit festgefahren; verschiedene Vorschläge liegen auf dem Tisch, aber es ist keine Übereinstimmung erzielt worden; immer wieder werden die Positionen vorgetragen.

Für unerfahrene Unterhändler ist es an diesem Punkt sehr schwer, nicht in ein Kampfverhalten zu verfallen. Erfahrene Unterhändler haben damit weniger Schwierigkeiten, obwohl dies noch keine Garantie dafür ist, daß sich eine Wendung zum Guten anbahnt. Eine Sackgasse bietet zwei exploratorische Möglichkeiten: Sie gibt Informationen darüber, wie rigoros die Standpunkte sind, und sie kann einen kreativen Impuls liefern. Eine Sackgasse ist eine Art Test, wie hartnäckig die Parteien sind; sie zwingt die Beteiligten, wieder einmal nach Spielraum zu suchen. Gleichzeitig nötigt sie die Beteiligten, nach neuen, kreativeren Lösungen Ausschau zu halten. Dies erfordert eine professionelle Einstellung. Man kann nicht der Tendenz der Verhärtung und Eskalation nachgeben, sondern muß weiter auf der Suche bleiben.

Diese Phasen können sich zu ungeschriebenen, aber sehr strengen *Spielregeln* entwickeln: Verhandeln wird zu einer Art Ritual. Manche Diplomatengespräche sind hierfür ein gutes Beispiel. Eine ritualisierte Form der Verhandlungsführung hat die Tendenz, Spannungen und Unsicherheiten zu vermindern. Ihr Verlauf wird ziemlich vorhersehbar. Ihr Vorteil besteht darin, daß dadurch Konflikte besser bewältigt und beigelegt werden können. Ihr Nachteil ist jedoch, daß ein solcher Prozeß sehr viel Zeit in Anspruch nehmen kann.

Taktiken der Exploration

Wir werden nun näher auf die verschiedenen Taktiken eingehen, die bei der Exploration angewandt werden. Alle Verhandlungspartner tragen hier ihre eigene Verantwortung. Indem der Vorsitzende die richtigen Vorschläge zur Vorgehensweise macht, kann er natürlich die Exploration erleichtern. Wie er dies am besten tun kann, wird im Kapitel „Vorsitz bei Verhandlungen“ erklärt.

Informelle Konsultationen zu Beginn

Die Parteien versuchen, ihre Ideen über ihre Standpunkte und Hintergründe auszutauschen. Tatsächliches Verhandeln ist tabu. Entscheidungen werden nicht getroffen, und es werden auch keine harten Positionen eingenommen. Es wird kein Bericht geschrieben.

Beginnen Sie immer mit einer exploratorischen Phase

Vor allem, wenn schon Vorschläge auf dem Tisch liegen, ist dies leichter gesagt als getan. Es besteht die starke Tendenz, schon jetzt auf die Vorschläge der anderen Seite zu reagieren. Verwechseln Sie nicht Argumentation mit Exploration! In der Debatte verteidigen die Beteiligten ihre eigenen Vorschläge und versuchen, die der anderen Partei zu schwächen. Langfristig gesehen, wird auf diese Weise so viel Energie auf die detaillierte Darlegung des eigenen Standpunkts verwendet, daß die Spielräume auf Null zusammenschmelzen. Die Beteiligten können noch nicht einmal eine andere Lösung in Betracht ziehen, ohne einen schwerwiegenden Gesichtsverlust zu erleiden.

Stellen Sie Fragen

Was möchten die Beteiligten erreichen? Welche Zielsetzung liegt dem zugrunde? Welche Möglichkeiten sind in Betracht gezogen worden? Wie ist man zu den Vorschlägen gekommen?

Gehen Sie mit gutem Beispiel voran

Geben Sie Informationen über Ziele, über andere Möglichkeiten, die diskutiert worden sind, über das, was Sie letztlich auf diese Weise zu erreichen hoffen, sowie über Ihre Ausgangspunkte.

Versuchen Sie, gemeinsame Kriterien zu finden

Gibt es Gemeinsamkeiten in den Ausgangspunkten? Gibt es Normen und Werte, die für beide Parteien gelten? Gibt es politische Aussagen, an die die Parteien gebunden sind?

Hierin liegt ein gewisses Risiko: Die Parteien beginnen vielleicht, lang und breit über Ausgangspunkte und Prinzipien zu verhandeln. Manchmal hoffen sie, konkrete Vorteile zu erzielen, indem sie bestimmte Aussagen auf die Ebene von Prinzipien erheben. Wenn man nicht aufpaßt, können sich daraus sehr langwierige Verhandlungen über hochstehende Ideale entwickeln. Denn die Parteien werden sich weigern, Kriterien und Prinzipien zu unterstützen, die für sie selbst ungünstig sind, es sei denn, sie wären in so komplexen oder abstrakten Begriffen formuliert, daß sie in den „wirklichen" Verhandlungen zu ihrem Vorteil ausgelegt werden können. In diesem Fall wird eine harte Verhandlungsrunde durchgestanden werden müssen, deren Wert nur gering ist. Hierin liegt ein großes Risiko, da die Parteien oft hervorragend in der Lage sind, ihre Wünsche mit höheren Prinzipien zu verknüpfen. So können bombastische Wortgefechte entstehen, die mit Verhandeln nichts mehr zu tun haben. Wenn keine klaren, funktionsfähigen Kriterien gefunden werden können, gibt es drei andere praktikable Möglichkeiten:

- Man konzentriert sich auf gemeinsame Interessen;
- man läßt die Parteien Alternativvorschläge präsentieren;
- man arbeitet mit einem „Plattform-Vorschlag".

Diese Möglichkeiten werden im folgenden näher erläutert.

Versuchen Sie, gemeinsame Interessen zu finden

Die Parteien sind voneinander abhängig, sie brauchen einander. Was sie verbindet, ist die „Überschneidung ihrer Interessen". Was wird für beide Parteien von Nutzen sein? Gibt es irgendwelche Gemeinsamkeiten in ihren Interessen? Bringen Sie Ihre eigenen Interessen klar zum Ausdruck. Mit Hilfe konkreter Details, spezifischer Informationen, möglicher Konsequenzen etc. können Sie Ihre Interessen plastisch schildern; solche Angaben helfen, Ihre Interessen zu legitimieren, auch in den Augen Ihres Gegenspielers. Selbst wenn Sie mit den Interessen der anderen Seite nicht übereinstimmen, sollten Sie versuchen, sie zumindest als *Teil des Problems* zu sehen. Hören Sie aufmerksam zu, wiederholen Sie, wenn nötig, das Gesagte mit eigenen Worten. Indem Sie Fragen stellen, prüfen Sie, ob Sie alles richtig verstanden haben.

Versuchen Sie, möglichst viele Alternativen auf den Tisch zu bekommen

- ☐ Legen Sie sich nicht schon in der Vorbereitungsphase auf eine Lösung fest. Diskutieren Sie, in welcher Richtung eine Lösung gesucht werden sollte. Diskutieren Sie mögliche Lösungen. Schaffen Sie Spielraum zum Manövrieren.
- ☐ Versuchen Sie, informelle oder „vorläufige Überlegungen" mit den anderen Parteien anzustellen. Sondieren Sie gegenseitig die Vorstellungen, und vermeiden Sie es, eine eindeutig definierte Position einzunehmen. Sie sollten höchstens versuchen, einige Alternativen zu nennen, ohne daß sich jemand festlegen muß.
- ☐ Informelle Kontakte während der Verhandlungen können dazu benutzt werden, mögliche Alternativen zusammenzustellen.
- ☐ Versuchen Sie, so viele Alternativen wie möglich während der eigentlichen Verhandlungen auf den Tisch zu bekommen. Halten Sie eine Bestandsaufnahme-/Brainstorming-Phase ab. Anregungen sind willkommen; geben Sie dazu kein vorschnelles Urteil oder Gegenargumente ab.
- ☐ Vergrößern Sie den Spielraum der Verhandlungen. Die Diskussion mehrerer Themen über einen längeren Zeitraum kann die Chance eines „Package-Deal", der für beide Parteien relativ günstig ist, vergrößern.
- ☐ Nutzen Sie das Fachwissen von Experten, auch aus anderen Disziplinen.
- ☐ Teilen Sie den Verhandlungsspielraum auf verschiedene Arten von Fragen auf. Wenn eine allumfassende Lösung nicht möglich ist, besteht immer noch die Möglichkeit einer Teillösung. Wenn keine Übereinstimmung über den Inhalt erreicht werden kann, so kann vielleicht über die Vorgehensweise eine Übereinkunft erzielt werden. Eine vorläufige Übereinkunft ist vielleicht nicht so gut wie eine definitive, aber es ist immerhin schon etwas. Obwohl sie nur ein winziger Teil des Ganzen sein mögen, gibt es immer Probleme, für die Lösungen gefunden werden

können. Eine Absprache „ohne Verpflichtung" ist nur ein bescheidener Gewinn im Vergleich zu einer bindenden Abmachung, aber oft besser als nichts.

Machen Sie einen „Plattform-Vorschlag"

Eine Vorgehensweise, die sehr gut funktionieren kann, besteht darin, einen Vorschlag zu unterbreiten und ihn dann mit den anderen Parteien abzuwandeln. Anstatt Ihren eigenen Vorschlag unter allen Umständen zu verteidigen, fragen Sie einfach, unter welchen Bedingungen er für die anderen akzeptabel wäre, welche Veränderungen die andere Partei gerne vornehmen würde. Dadurch bekommen Sie auch die Möglichkeit, eigene Anregungen einzubringen. Ein Vorschlag kann auf diese Weise ergänzt werden, bis ein akzeptabler Kompromiß erreicht worden ist. Diese Methode kann sehr erfolgreich sein, vor allem, wenn es um komplizierte Fragen geht und mehrere Parteien beteiligt sind.

Gestatten Sie sich gegenseitig, Punkte zu sammeln

Hierin liegt oft ein wichtiges integratives Potential. Je mehr Tagesordnungspunkte und Fragen es gibt, desto größer ist die Chance für interessante Kombinationen. Es wäre ein großer Zufall, wenn die Fragen, die für die eine Partei von primärer Bedeutung sind, für die andere genau die gleiche Priorität hätten. Eine relativ bescheidene Konzession seitens einer Partei bedeutet manchmal einen beträchtlichen Nutzen für die andere. Versuchen Sie, diese Punkte herauszufinden: Was kann die andere Seite gewinnen, was einen selbst wenig kostet? Die Kenntnis der Prioritäten der Auftraggeber kann hier von Vorteil sein.

Fortschritte mit Hilfe neuer Vorschläge

Wenn die Verhandlungen längere Zeit in eine Sackgasse geraten sind, kann ein neuer Vorschlag eine gute Taktik sein. Alternativen, die zu einem früheren Zeitpunkt entwickelt wurden, können sich hier als nützlich erweisen. Manchmal ist es eine gute Methode, die am wenigsten umstrittenen Elemente des letzten gegnerischen Vorschlags in den eigenen Vorschlag einzubeziehen.

Fortschritt mit Hilfe einer Arbeitsgruppe

Manchmal ist es möglich, drohende Sackgassen und fruchtlose Debatten durch die Gründung einer Arbeitsgruppe zu beenden. Die Parteien treffen sich in einer etwas anderen Zusammensetzung, um Alternativen zu erarbeiten und eine Initiative für einen möglichen Kompromiß zu entwickeln. Es wird kein Bericht verfaßt, niemand macht schriftliche Aufzeichnungen. Ein „Tagesordnungskomitee" kann zum gleichen Zweck eingesetzt werden.

Explorieren, wenn die Verhandlungen festgefahren sind

Wenn Verhandlungen in eine Sackgasse geraten, kann dies persönliche Beziehungen wie auch Positionen zum Einfrieren bringen. Damit sich die Dinge weiterhin bewegen, können die folgenden Taktiken benutzt werden. Beachten Sie, daß keine von ihnen eine Konzession beinhaltet. Vielmehr geht es dabei um ein Verhalten, das Veränderungen fördert, an Stelle eines Verhaltens, das zu Verhärtung und Abkühlung führt.

- ☐ Suchen Sie nach weiteren und neuen Informationen, anstatt Informationen zu korrigieren und sie negativ zu bewerten.
- ☐ Suchen Sie nach den Problemen, die die Ursache dafür sind, daß die Verhandlungen in eine Sackgasse geraten sind, und versuchen Sie, weder zu überreden noch zu drohen.

- ☐ Seien Sie spontan statt förmlich, kreativ, statt sich ständig zu wiederholen.
- ☐ Weisen Sie mit Nachdruck auf Gleichheit und gegenseitige Abhängigkeit hin (zum Beispiel, indem Sie die negativen Konsequenzen einer dauerhaften Sackgasse explorieren), statt sich überheblich zu verhalten oder zurückzuziehen.
- ☐ Bringen Sie Ihre Enttäuschung zum Ausdruck, anstatt so zu tun, als ob es Ihnen nichts ausmachen würde.
- ☐ Vertagen Sie, und suchen Sie informellen Kontakt, anstatt die Besprechung ewig auszudehnen.

Wenn Sie feststellen, daß Ihre Explorationsversuche wenig Resonanz finden, und wenn Sie ein bißchen Druck ausüben wollen, ist das „Kultivieren einer Sackgasse" manchmal eine gute Taktik. Seien Sie zugänglich, aber unternehmen Sie selbst wenig: Schweigen, lange Pausen, Herumspazieren, aus dem Fenster schauen, Kaffee trinken, die Pfeife reinigen, mit Kollegen über andere Dinge sprechen, sind hierfür geeignete Möglichkeiten.

Die drei wichtigsten taktischen Regeln

Zusammenfassend können die in diesem Kapitel besprochenen Taktiken zu drei strategischen Gruppen kombiniert werden:

1. *Behandeln Sie mehrere Fragen gleichzeitig.* Behandeln Sie sie nicht eine nach der anderen, sondern „jonglieren" Sie mit mehreren Fragen auf einmal, um einen optimalen „Package-Deal" bilden zu können. Gehen Sie bei den einzelnen Punkten der Tagesordnung, bei denen nicht so leicht eine Übereinkunft zu erzielen ist, *nicht in die Tiefe*, sondern *in die Breite*. Eine einfache Vorgehensweise, die dies erleichtert, besteht in der Forderung, daß nichts endgültig festgelegt werden soll, bis alle Punkte durchgearbeitet sind.
2. *Liefern Sie eine Übereinkunft aus der „Vogel"-Perspektive.* Das bedeutet, daß man auf Lösungen und Kompromisse hinarbeitet, nachdem eine Diagnose gestellt wurde, mit der so umfassend

wie möglich die zugrunde liegenden Interessen und gegenseitigen Abhängigkeiten ermittelt wurden. Das Durchleuchten möglicher Optionen und Alternativen gehört ebenfalls dazu. Oft empfiehlt es sich, einen umfassenden Plattform-Vorschlag zu machen. Er dient als Rahmen für weitere Abänderungen und Ausarbeitungen, bis ein Kompromiß erreicht worden ist.

3. *Seien Sie kreativ.* Brainstorming, lautes Denken, die ständige Suche nach leicht abgewandelten Kombinationen, erfinderische Formulierungen, Ideen zur Vorgehensweise bereithalten, damit die festgefahrenen Dinge wieder in Bewegung geraten, in der Lage sein, über das anfänglich abgesteckte Feld hinauszutreten – all dies erfordert viel Energie und *Vorstellungskraft.* Weniger phantasiebegabte Gemüter werden dies manchmal als Opportunismus bezeichnen. Sie vergessen, daß hinter dieser Flexibilität in der Regel ein zäh verfolgtes Eigeninteresse steht.

Resümee

Wir haben eine sehr wichtige Dimension des Verhaltens beim Verhandeln besprochen: die Explorations-Vermeidens-Dimension, die im rechten Winkel zur Kooperations-Kampf-Achse liegt. Die Exploration hat sich als Möglichkeit bewährt, Kooperation mit Konkurrenz, Abhängigkeit mit Interessen zu verknüpfen. Die Faustregel „Seien Sie fest, aber flexibel!" bringt dies zum Ausdruck.

Ausgehend von wechselseitigen, aber divergierenden Interessen, sollte man den integrativen Spielraum nutzen. Dies erfordert Kreativität und Flexibilität, verbunden mit der Einstellung „Wie finden wir gemeinsam einen Ausweg?" Ein Klima des Kampfes stellt ein Hindernis für eine solche Einstellung dar.

Routinierte Unterhändler arbeiten sehr bewußt daran, eine informelle Atmosphäre zu fördern und Spannungen zu reduzieren, nicht indem man sie unter Kontrolle hält, sondern indem man sie emotional durchsickern läßt und sich durch sie hindurcharbeitet. Es kann hilfreich sein:

- das Tempo zu verringern, zu vertagen;
- Spannung in der eigenen Haltung zu erkennen, sich eine kurze Zeit davon „mittragen zu lassen“, dann bewußt zu entspannen;
- den Humor zu bewahren, die Angelegenheiten in der richtigen Perspektive zu sehen;
- Spannungen und Emotionen maßvoll auszudrücken.

So zu tun, als ob man dem Ergebnis gleichgültig gegenüberstünde, führt zu nichts.

Die Einflußnahme auf die Auftraggeber

Die Beziehung zu seinen Auftraggebern ist für den Unterhändler sehr wichtig. Ein großer Teil des Verhaltens am Verhandlungstisch kann tatsächlich nicht erklärt werden, ohne auf diese Dimension Bezug zu nehmen. Oft gibt es eine Art „Gentlemen's Agreement" zwischen den Verhandlungspartnern über Punkte wie:

- Die eine Partei macht die andere vor deren Auftraggebern nicht lächerlich.
- Die eine Partei erlaubt der anderen hin und wieder eine eindrucksvolle „Show".
- Die eine Partei macht keine vorschnellen Konzessionen, um bei den Auftraggebern der anderen Partei keine unrealistischen Erwartungen hervorzurufen.

Das wesentlichste Merkmal der Beziehung zu den Auftraggebern liegt darin, daß auch hier eine Verhandlungssituation besteht. Manche naive Unterhändler sind sich dessen nicht hinreichend bewußt. Wir könnten sogar so weit gehen zu sagen, daß das Kernstück erfolgreichen Verhandelns darin liegt, bereit und in der Lage zu sein, mit seinen eigenen Auftraggebern zu verhandeln. Die Verhandlungen mit der gegnerischen Seite kommen erst an zweiter Stelle. Dies hört sich vielleicht etwas übertrieben an, aber es gibt Gefahren und Einschränkungen, die mit dieser Verhandlungsbeziehung im Zusammenhang stehen. Die fünf wichtigsten Gefahren sind die folgenden:

1. Wir betrachten die Beziehung nicht als Verhandlungsbeziehung; deshalb akzeptieren wir gutmütig, was die Auftraggeber von uns verlangen.
2. Wir sind unfähig, mit den Auftraggebern zu verhandeln, weil wir dort mit Personen umgehen müssen, die in hierarchischem oder formellem Sinne mächtiger sind als wir.

3. Wir sind nicht in der Lage, mit den Auftraggebern zu verhandeln, weil wir in die Position des Unterhändlers gekommen sind, nachdem wir ihnen große Versprechungen gemacht haben.
4. Wir sind unfähig, mit den Auftraggebern zu verhandeln, weil wir uns selbst in den Vorgesprächen mit diesen auf ein genau formuliertes Mandat haben festnageln lassen.
5. Wir haben uns von unseren Auftraggebern provozieren lassen. Dies betrifft nicht nur den tatsächlichen von uns eingenommenen Standpunkt, der selten von den Auftraggebern gemäßigt, sondern ganz im Gegenteil eher radikalisiert wird. Diese Gefahr betrifft auch das Klima und das Machtverhältnis. Die Auftraggeber können sehr leicht ein übermäßig vereinfachtes und stereotypes Bild des Gegenspielers entwickeln – eines, in dem die negativen Aspekte allmählich immer mehr Dominanz gewinnen. Das macht es schwer, eine realistische Sicht vom Gegenspieler zu gewinnen. Parallel zu diesem negativen Bild entsteht oft die Tendenz, mit dem Opponenten unnachgiebig umzugehen. Dies schließt die Eskalation zu einer Situation ein, in der die Auftraggeber darauf abzielen, den Gegenspieler zu unterdrücken. Oft haben die Unterhändler es dann schwer, einem solchen Druck seitens ihrer Auftraggeber standzuhalten, vor allem, weil ihre eigene Position in bezug auf die Auftraggeber gestärkt wird, wenn sie sich darauf einlassen. Ihre Führungsrolle ist dann weniger umstritten, und ihre Glaubwürdigkeit wird größer.

Das Dilemma bei diesen fünf Punkten besteht darin, daß es einerseits verlockend sein kann, aus diesen Gründen auf die Linie der Auftraggeber einzuschwenken. Andererseits können dadurch aber die Chancen verringert werden, gemeinsam mit dem Gegenspieler Ergebnisse zu erzielen. In Abbildung 5 wird dieses Dilemma gezeigt, zusammen mit Beispielen für die dazugehörigen Taktiken.

Das Verhandeln in Anwesenheit der Auftraggeber vermindert die Chancen einer Übereinkunft, die für die eigene Partei in Anbetracht der gegenseitigen Abhängigkeit vorteilhaft ist. Unterhändler, die von ihren Auftraggebern nicht allzu genaue Direktiven erhalten haben, erzielen im allgemeinen die besten Ergebnisse.

Wenig verpflichtet — *Übermäßig verpflichtet*

1 2 3 4 5

Mißachtet seine Auftraggeber	Vertritt die Auftraggeber und schafft es, Handlungsfreiheit zu bekommen	Kommt nur, um seine Anweisungen auszuführen
Nimmt sich Handlungsfreiraum, aber riskiert, daß er von seinen Auftraggebern nicht unterstützt wird	Vermeidet ein eingeengtes Mandat, aber beeinflußt aktiv die formellen und informellen Kreise	Bittet um ein genaues Mandat und führt es buchstabengetreu aus
Selbständige Meinung, aber ist distanziert von den Auftraggebern und „nicht einer von uns“	Vermeidet eine Stereotypisierung, mäßigt die Erwartungen	Nimmt teil an der Stereotypisierung, verstärkt Erwartungen

Abbildung 5: Das Dilemma „den Auftraggebern wenig verpflichtet vs. übermäßig verpflichtet“

Andererseits bedeutet eine allzu lockere Beziehung zu seinen Auftraggebern, daß ein Unterhändler seine Glaubwürdigkeit bei der gegnerischen Seite verliert: „In wessen Auftrag ist er eigentlich hier?“, „Hat er genug Einfluß, um seine Auftraggeber zu vertreten?“. Eine gute Beziehung zu den Auftraggebern bedeutet, daß der Unterhändler weiß, was diese wollen und von ihnen als ihr Vertreter betrachtet wird. Gleichzeitig muß er jedoch genügend Spielraum haben, um Kompromisse zu schließen, die sehr oft den Forderungen der Auftraggeber nicht entsprechen. Versuchen Sie das einmal als Unterhändler! Es kommt vor, daß ein Unterhändler, um Erfolg zu haben, mindestens ebenso entschlossen mit seinen Auftraggebern verhandeln muß wie mit seinen Gegnern. In der Tat ist all das, was in diesem Buch über Verhandeln mit Gegenspielern gesagt wird, im Prinzip auch auf die Auftraggeber anwendbar.

Es gibt mehrere Taktiken, die bei Verhandlungen mit den Auftraggebern besonders hilfreich sind. Die wichtigsten sind:

- ☐ Vermeiden Sie ein streng festgelegtes Mandat oder eine präzise formulierte Aufgabe, indem Sie die Vorbereitungszeit kurz und die Angelegenheit in der Schwebe halten.
- ☐ Mäßigen Sie die Forderungen Ihrer Auftraggeber, indem Sie taktische Informationen darüber geben, was erreichbar ist.
- ☐ Halten Sie Leute, deren Erwartungen zu hoch sind, von den tatsächlichen Verhandlungen fern, zum Beispiel, indem Sie das Verhandlungsteam klein halten oder sie in Ausschüssen einsetzen.
- ☐ Halten Sie die Verhandlungsergebnisse so vage oder so kompliziert, daß es keine konkrete Grundlage für kritische Äußerungen gibt.
- ☐ Übertreiben Sie die Konzessionen, die Sie dem Gegenspieler abgerungen haben.

Wenn dies alles nichts hilft, können Sie als Unterhändler immer noch Ihre persönliche Macht und Ihr Prestige einsetzen. Im äußersten Fall können Sie sogar soweit gehen, Ihr Verhandlungsmandat zur Verfügung zu stellen.

Effizient verhandeln – Schlußfolgerungen

Voneinander abhängig zu sein, während man gleichzeitig Interessen hat, die im Gegensatz zu denen der anderen Partei stehen: Mit diesem Problem werden alle Verhandlungspartner konfrontiert. Um es besser lösen zu können, habe ich ein *Verhandlungsmodell* ausgearbeitet. Der Kern dieses Modells besteht aus zwei charakteristischen Dimensionen des Verhandlungsverhaltens.

Diese beiden Dimensionen sind nicht nur für mein Verhandlungsmodell von fundamentaler Bedeutung, sondern auch für zahlreiche andere Forschungsarbeiten und Studien über zwischenmenschliches Verhalten. Zum Beispiel möchte ich hier Horney (1945) erwähnen, die zwischen „moving away", „moving against" und „moving towards" unterschied. Oder Schutz (1958) mit seinen fundamentalen zwischenmenschlichen Orientierungen „inclusion" (Verhalten, das von sehr intensivem Engagement bis zur völligen Distanz variiert), „control" und „affection". Schutz gab auch einen Überblick über mehr als 20 Autoren, die zu den gleichen fundamentalen Orientierung kamen. Zaleznik und Kets de Vries (1975) benutzten die gleichen beiden Dimensionen in ihrer Untersuchung über „managerial power". Sie finden sich ebenfalls in bekannten verhaltenswissenschaftlichen Instrumenten wie im „managerial grid" von Blake und Mouton (1969), mit dem Verhalten im Management dargestellt werden kann, und in Thomas' (1979) „conflict grid" zur Klärung von verschiedenen Stilen der Konfliktbewältigung.

Die beiden Dimensionen des Verhandlungsverhaltens sind in unserem Fall:

1. Wie bewältigt ein Unterhändler die Spannung zwischen Kooperation und Kampf? Sein Stil der Bewältigung ist bestimmt durch das Ausmaß, in dem seine Einstellung und sein Auftreten die

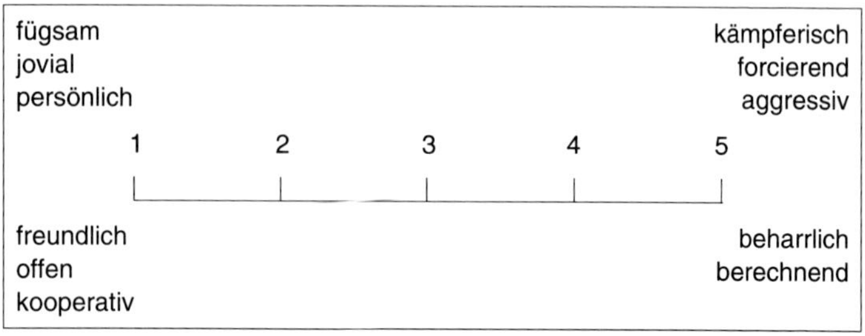

Abbildung 6: Verhalten bei Verhandlungen: Die „Nachgiebig-hartnäckig"-Achse

Interdependenz zum Ausdruck bringen, also die Beziehung zwischen den Partnern, im Gegensatz zu einer aggressiveren und dominierenderen Haltung. Die beiden Pole dieses Verhaltens sind in Abbildung 6 ersichtlich.

2. Wie explorativ ist ein Unterhändler? Wir haben bereits die zentrale Bedeutung einer aktiven Haltung in der Vorgehensweise der Verhandlungspartner erklärt. Wir haben auch gesehen, daß es in den einzelnen Verhandlungsphasen verschiedene Möglichkeiten der Exploration gibt. Die beiden Pole dieser Dimension des Verhandlungsverhaltens sind in Abbildung 7 dargestellt.

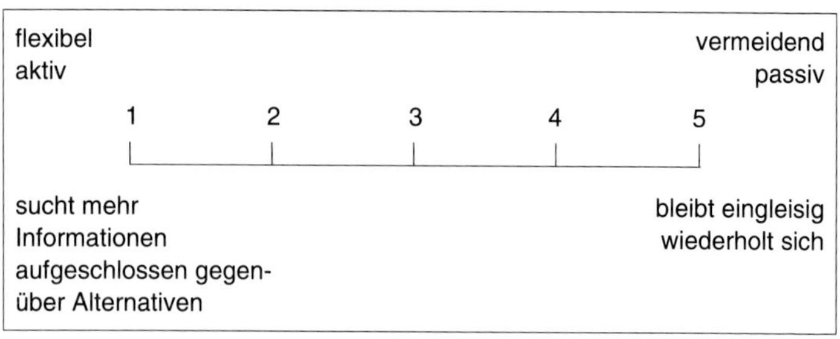

Abbildung 7: Verhalten bei Verhandlungen: Die „Explorierend-vermeidend"-Achse

Tabelle 4: Zusammenfassung des Verhandlungsmodells

Verhandeln als fünf Arten der Aktivitäten, jeweils mit unterschiedlichen Zielen	*Verhandeln als Dilemma-Verhalten*	*Taktikbeispiele*
I. Das Erzielen inhaltlicher Ergebnisse *Ziel:* günstiger Kompromiß	nachgiebig vs. hartnäckig 1 2 3 4 5 nachgiebig, fügsam – beständig – hartnäckig, starrsinnig	Feste Präsentation von Fakten und Argumenten, eine „Veränderung" schaffen, kleine Konzessionen groß darstellen, mit Fristen arbeiten, Sackgassen auftreten lassen, einen Vorschlag machen, wenn die Zeit dafür reif ist
II. Beeinflussung des Machtverhältnisses *Ziel:* Gleichgewicht oder leichte Dominanz	fügsam vs. dominierend 1 2 3 4 5 minimaler Widerstand – Erhalt eines gewissen Gleichgewichts – aggressiv, versucht zu dominieren	Präsentation von neuen Fakten, die für einen selbst günstig sind, wissen lassen, daß man Alternativen hat, manipulativ sein, die andere Partei ab und zu bluffen und unter Druck setzen, die Initiative ergreifen und behalten
III. Förderung eines konstruktiven Klimas *Ziel:* positive persönliche Beziehungen	jovial vs. feindselig 1 2 3 4 5 vertrauensselig, jovial – glaubwürdig solide – sarkastisch, formell, unberechenbar	Informelle Diskussionen fördern, Humor zeigen, ein Interesse an der Sache zeigen, konsequent sein, etwas von der Interdependenz zeigen. Aufpassen, daß man keinen Gesichtsverlust erleidet, Rollenverhalten von der betreffenden-Person selbst trennen

Tabelle 4 (Forts.)

Verhandeln als fünf Arten der Aktivitäten, jeweils mit unterschiedlichen Zielen	*Verhandeln als Dilemma-Verhalten*	*Taktikbeispiele*
IV. Das Erzielen von Flexibilität in der Vorgehensweise *Ziel:* Flexibilität	explorierend vs. vermeidend 1 2 3 4 5 flexibel, suchend, aktiv – ruhig, geduldig – eingleisig, wiederholend	Nach neuen Informationen suchen, alternative Lösungen aufzählen, vertagen, um Ideen „zwanglos“ zu überdenken, Brainstorming, laut über provisorische Vorschläge nachdenken, eine Arbeitsgruppe einberufen, mit einem Plattform-Vorschlag arbeiten
V. Einflußnahme auf die Auftraggeber *Ziel:* Die Auftraggeber für sich gewinnen	den Auftraggebern wenig verpflichtet vs. übermäßig verpflichtet 1 2 3 4 5 Achtet nicht auf seine Auftraggeber – Vertritt die Auftraggeber, während er Handlungsspielraum besitzt – Führt nur seine Instruktionen aus	Erwartungen mäßigen, eine Stereotypisierung vermeiden, Haarspalter aus der Delegation heraushalten, Gelegenheiten nutzen, um sich in Szene zu setzen, das Mandat vage halten, die Meinungsmacher beeinflussen

Die Nachgiebig-hartnäckig-Achse hat vier Aspekte, die alle, jeweils auf unterschiedliche Weise, charakterisiert sind durch die Spannung zwischen Kooperation und Kampf. In diesem Sinne sind sie Dilemmas. Die Aspekte unterscheiden sich, weil jeder von ihnen von verschiedenen Absichten ausgeht. Alle vier Arten von Aktivitäten sind am Verhandlungstisch wichtig. Sie werden in Tabelle 4 dargestellt, zusammen mit der Dimension der flexiblen Vorgehensweise als fünfte wichtige Aktivität. Diese Dimension richtet sich auch auf den Inhalt, aber hauptsächlich im Sinne der Vorgehensweise. Ihr Ziel liegt darin, die Art und Weise des Verhandelns, also die Vorgehensweisen, so zu beeinflussen, daß der integrative Spielraum exploriert werden kann.

Dieses Modell hilft, Verhandlungsprobleme besser zu verstehen und kennenzulernen. Außerdem läßt sich das Modell auch zur Therapie und Vorbeugung einsetzen: Es zeigt, wie wir Probleme lösen und vermeiden können.

Bisher haben wir das Wesentliche der verschiedenen Aktivitäten und Dilemmas erklärt. Wir haben versucht, die „Vielseitigkeit" des Lesers in diesen fünf Feldern zu vergrößern, indem wir eine große Zahl verschiedener Taktiken besprochen haben. Im folgenden möchte ich diese verschiedenen Stränge aufnehmen und miteinander verknüpfen, indem mehr oder weniger konstruktive Kombinationen von Aktivitäten dargestellt werden. Wir erarbeiten nun ausführlich Punkt für Punkt, wie dieses Verhandlungsmodell konkret und sinnvoll realisiert werden kann.

Richtlinien

Seien Sie fest, aber flexibel

Dies ist die goldene Faustregel der erfahrenen Unterhändler. Was bedeutet sie? Gemeint ist damit, daß Sie inhaltliche Standfestigkeit mit Flexibilität in der Vorgehensweise verbinden sollen. (Siehe Abbildung 8; darin und in den folgenden beiden Abbildungen 9 und 10 zeigen die Pfeile den wünschenswerten Verhaltensbereich an.)

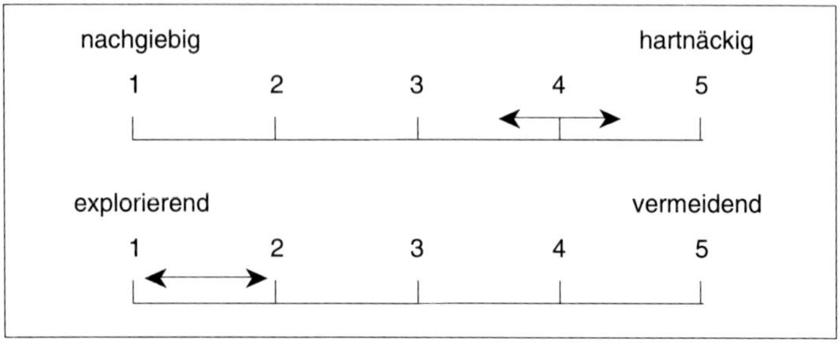

Abbildung 8: Verhalten bei Verhandlungen: fest aber flexibel

Respektieren Sie sich gegenseitig

Es ist durchaus möglich, eine beharrliche Verteidigung Ihrer eigenen Interessen mit gegenseitigem Respekt und einem guten Gesprächsklima zu kombinieren (siehe Abbildung 9).

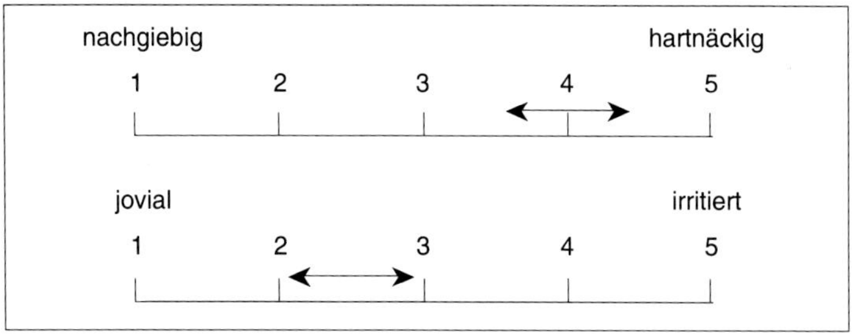

Abbildung 9: Verhalten bei Verhandlungen: beharrlich, aber mit Respekt für den anderen

Vermeiden Sie Machtkämpfe

Das konsequente Verfolgen der eigenen Interessen bringt nicht zwangsläufig einen Machtkampf mit sich. Punkte sammeln, hartnäckig sein, damit drohen, emotional zu werden, Fehler finden, den Gegenspieler mit Argumenten überschütten – dies alles hat wenig mit Verhandeln zu tun (siehe Abbildung 10).

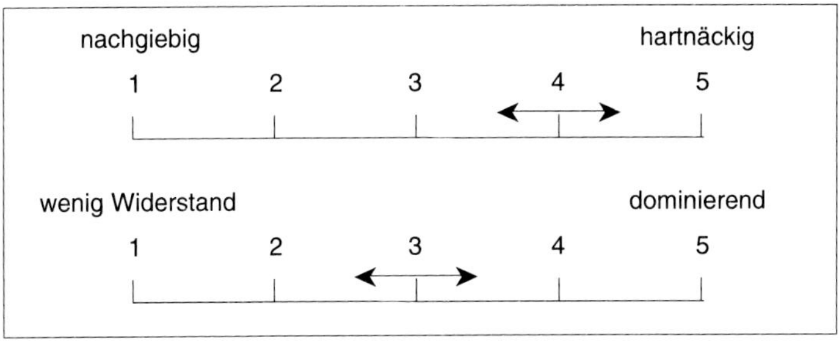

Abbildung 10: Verhalten bei Verhandlungen: beharrlich, aber kein Machtkampf

Schärfen Sie Ihren Sinn für die richtige Perspektive

Sehen Sie das Verhalten des Gegenspielers in den richtigen Proportionen. Zum Beispiel sind manche harten und kompromißlosen Aussagen primär an die Auftraggeber gerichtet. Gemäß Tabelle 4 sehen sie vielleicht aus wie I, II oder III, entsprechen in Wirklichkeit aber V. Erkennen Sie Schritte, die auf das Klima ausgerichtet sind, als das, was sie sind: als informellen Kontakt. Sie sollten es nicht zulassen, daß jemand über Sie hinwegtrampelt, doch sollten Sie Ihre Gegenspieler auch nicht mißbrauchen, indem Sie diese auf alles, was sie sagen, festnageln. Reagieren Sie nicht gereizt auf eine Person, die zähen Widerstand in bezug auf das Inhaltliche leistet. Vielleicht denken Sie: „Wenn nur ein anderer an seiner Stelle wäre!" Eine andere normale Reaktion könnte lauten: „Auf diesem Stuhl, in dieser Rolle, würde ich es auch nicht anders machen."

Verhandeln beinhaltet immer einen gewissen Wettkampf, eine gegenseitige Herausforderung. Wenn man herausgefordert wird, so tut man in der Regel gut daran, einen gewissen Widerstand zu leisten. Die Chance, einen Kompromiß über das Inhaltliche zu erreichen oder eine konstruktive Atmosphäre zu schaffen, braucht davon nicht beeinträchtigt zu werden. Ganz im Gegenteil: Wenn Sie keinen Widerstand zeigen, so fördern Sie nur die Maßlosigkeit der anderen Seite.

Manchmal ist das Verhalten auf der Machtachse sehr schwer zu erkennen. Es ist als etwas anderes verkleidet, eingehüllt in einen anderen Aspekt: Man spielt „die beleidigte Partei“ oder signalisiert: „Das können wir unseren Auftraggebern nicht verkaufen.“ Oder aber man lobt die gute Atmosphäre, während man gleichzeitig einen Punkt durchboxt. Oder ein Beteiligter versucht zu beweisen, daß er unbestreitbar „recht“ hat, indem er sich auf „ausgezeichnete Berichte“ und „erstklassige Fachleute“ bezieht. Erkennen Sie solche Schachzüge als Manipulationen, und lassen Sie sich davon nicht verwirren.

Erkennen Sie, daß Sackgassen unvermeidlich sind

Nimmt eine Partei im Kampf um ein Resultat, das für sie selbst günstig ist, eine starke Haltung ein, sind Sackgassen und Krisen unvermeidlich. Sie gehören einfach mit zum Spiel. Vorwürfe, Tiraden, den Beleidigten spielen – alle diese Verhaltensweisen mögen vielleicht Spannungen und Irritationen abbauen, aber sie vergrößern auch die Chancen der Eskalation. Wenn die Verhandlungen festgefahren sind, sollten Sie nicht zulassen, daß die gegensätzlichen inhaltlichen Interessen die anderen Aspekte der Verhandlung verderben.

Es gibt folgende Möglichkeiten, aus einer Sackgasse herauszukommen:

- Vertagen;
- die verschiedenen Standpunkte zusammenfassen;
- eine geringfügige Konzession machen oder die Aussicht auf eine Konzession anbieten;
- wenn die Situation weiterhin festgefahren bleibt, gemeinsam die Alternativen und ihre Konsequenzen explorieren;
- die Zusammensetzung der Delegation verändern;
- den Verhandlungsort wechseln;
- einen abgeänderten Vorschlag vorlegen;
- den schwierigen Aspekt der Verhandlungen auf einen späteren Zeitpunkt verschieben;

- eine dritte Partei hinzuziehen;
- eine informelle Arbeitsgruppe berufen: ein Brainstorming über Lösungsmöglichkeiten abhalten;
- einen kleinen Teil des Problems angehen und darüber eine Übereinstimmung erzielen;
- die Lösungen nochmals systematisch aufzeigen;
- während der Kaffeepause einer Schlüsselfigur der anderen Partei auf den Zahn fühlen.

Denken Sie an Ihre Auftraggeber

Seien Sie sich darüber im klaren, daß die Beziehung zu Ihren Auftraggebern ebenfalls eine Verhandlungsbeziehung ist. Beispiele von häufig benutzten Taktiken sind:

- ein strenges Mandat oder eine präzise formulierte Aufgabe zu vermeiden, indem man dafür sorgt, daß die Vorbereitungszeit kurz oder die Angelegenheit bis zu einem gewissen Grad in der Schwebe bleibt;
- die Forderungen der Auftraggeber zu mäßigen, indem man taktische Informationen darüber gibt, was machbar ist;
- Leute, deren Erwartungen zu hoch sind, aus den eigentlichen Verhandlungen herauszuhalten, zum Beispiel, indem man das Verhandlungsteam klein hält oder sie in „Ausschüssen" unterbringt;
- die Resultate der Verhandlungen vage oder sehr kompliziert darzustellen, so daß nur eine geringe Basis für Kritik vorhanden ist;
- die Konzessionen durch den Gegenspieler zu übertreiben.

Erkennen Sie Ihren eigenen Stil

Entwickeln Sie ein Bewußtsein für Ihren eigenen Stil, und entwikkeln Sie Ihre eigene Flexibilität auf den Gebieten, die Sie noch nicht wirklich beherrschen. Sind Sie zum Beispiel geschickt in den Explorationstaktiken, die im Kapitel „Das Erzielen von flexiblen Vorgehensweisen“ beschrieben werden?

Geben Sie sich selbst Punkte auf den Achsen in den Abbildungen! In welchem Bereich operieren Sie in der Regel, und zu welchem Verhalten tendieren Sie, wenn Sie unter Druck stehen? Wo, glauben Sie, würden Sie von Ihren Gegenspielern plaziert werden?

Erkennen Sie, daß Zweifel normal sind

Seien Sie sich dessen bewußt, daß Unterhändler ständig mit mehreren Dilemmas konfrontiert sind. Zweifel tauchen schnell auf, zum Beispiel, ob Sie zu hart oder zu nachgiebig waren, zu offen oder zu verschlossen, zu freundlich oder zu förmlich.

Einschränkungen

Verhandlungen gehen vom Vorhandensein eines gewissen Spielraums aus, wie gering er auch sein mag. Ist kein Spielraum vorhanden, so gibt es nichts zu verhandeln. Über alles kann man verhandeln, vorausgesetzt, daß man früh genug und auf der richtigen Ebene einsteigt. Wenn dies nicht möglich ist, dann läßt sich vielleicht über das „Wie“ verhandeln!

Darüber hinaus geht man beim Verhandeln von einer gewissen Symmetrie des Machtgleichgewichts aus. Je ungleichmäßiger die Machtverhältnisse aus der Sicht der Beteiligten sind, desto geringer ist die Chance erfolgreichen Verhandelns.

Der Kern des Modells

Eine Zusammenfassung der obengenannten Schlußfolgerungen ergibt folgendes Bild: Geschicktes Verhandeln besteht in erster Linie aus einer Verknüpfung der folgenden vier Aktivitäten:

1. *Das Erzielen inhaltlicher Ergebnisse:* Dies beinhaltet die Wahl einer Position, wie sie durch Standpunkte, Vorschläge, Argumente und Konzessionen zum Ausdruck gebracht wird. Das beharrliche Verfolgen der eigenen Interessen und die Entwicklung eines Kompromisses, der für Sie selbst so günstig wie möglich ist, sind in diesem Zusammenhang die grundlegenden Strategien.
2. *Die Beeinflussung des Machtgleichgewichts:* Versuche, das Machtgleichgewicht zu verschieben, sind unvermeidlich. Wenn man wenig Widerstand dagegen leistet, so wird ein solches Verhalten nur noch gefördert. Dominieren zu wollen, Punkte zu sammeln und starrsinnig zu sein, führt jedoch eher zum Kampf als zum Verhandeln. Die Wahlmöglichkeiten sind auf der Nachgiebig-dominierend-Achse zu sehen.
3. *Die Förderung eines konstruktiven Klimas:* Wie geht man mit persönlichen Beziehungen um? Dieses Verhalten kann man aus der Jovial-feindselig-Achse ersehen. Hartes Verhandeln darf nicht mit feindseligem, gereiztem oder schmollendem Verhalten verwechselt werden. Auch führt weder ein joviales noch ein überhebliches Verhalten zum Erfolg.
4. *Durch das Erhalten der Flexibilität in bezug auf die Vorgehensweise:* Durch das Erhalten dieser Flexibilität entwickelt der Unterhändler ein integratives Potential. Wie schafft er Flexibilität, wie erhält er andere Optionen aufrecht, wie findet er integrative Möglichkeiten? Dies ist primär eine Frage der Vorgehensweisen.

Bei den Aktivitäten unter Punkt 2 und 3 haben wir gesehen, daß es am besten ist, den mittleren Bereich der Achse anzusteuern. Kombiniert mit der beharrlichen Verfolgung inhaltlicher Ziele, enthalten sie die Lösung für ein klassisches Verhandlungsproblem, nämlich wie man die eigenen Interessen verfolgen kann, ohne aggressiv oder feindselig zu sein. Oder wie man gemeinsam nach Lösungen suchen kann, ohne nachzugeben. Die Lösungen für beide Probleme unterstreichen nochmals das charakteristische „Sowohl-als-auch"-Prinzip der hier beschriebenen Modelle. Es ist möglich, scheinbar widersprüchliche Verhaltenstypen zu harmonisieren.

Kurz gesagt: Es geht einfach darum, daß man in der Lage sein muß, die verschiedenen Arten von Verhandlungsaktivitäten zu erkennen und sie im eigenen Verhalten zu differenzieren. So einfach ist das. Bei einem naiven Unterhändler besteht die Tendenz, daß sie nicht klar voneinander getrennt werden. Wenn er eine harte Haltung in bezug auf inhaltliche Fragen vertritt, wird er auch dazu tendieren, gereizt und beleidigt zu reagieren; er wird Punkte sammeln wollen, er wird sich ziemlich starrsinnig verhalten und sich auf ein bestimmtes Gleis festlegen. Ein Unterhändler, der in der Lage ist, diese Dimensionen zu unterscheiden, wird weniger Widerstand hervorrufen und den Eindruck vermitteln, daß er viel vernünftiger ist (was auch tatsächlich zutrifft). Und dennoch ist er kein bißchen nachgiebiger als sein „harter" Kollege, vielmehr ist er oft noch härter. Er konzentriert seine Beharrlichkeit auf sein inhaltliches Ziel: auf einen greifbaren Kompromiß, der für ihn so vorteilhaft wie möglich ist. Er erkennt, daß eine gereizte Atmosphäre seine Position nicht stärkt, sondern schwächt. Er weiß, daß Punktesammeln oder den anderen in die Enge zu treiben nichts mit Verhandeln zu tun hat. Er ist sich dessen bewußt, daß die gegenseitige Abhängigkeit *beiden* Parteien nutzen kann. Er weiß auch, daß es in seinem eigenen Interesse liegt, die Beziehung positiv zu beeinflussen, damit sie weiterhin Bestand hat.

Die einzige andere wichtige Empfehlung hat etwas zu tun mit den Verhandlungsphasen als Vorgehensweise, um Flexibilität zu entwickeln. Kurz zusammengefaßt: Beginnen Sie mit einer *Diagnose* der gegenseitigen Voraussetzungen und Interessen; finden Sie heraus, wo sich die Interessen überschneiden, und behalten Sie die Prioritäten auf beiden Seiten im Auge. Das Sondieren anderer Optionen und *Alternativen* gehört ebenfalls dazu. Dann läßt sich oft mit der Vorlage eines sehr umfassenden „Plattform-Vorschlags" viel erreichen: Der Vorschlag kann als grober Rahmen für *Ergänzungen und Veränderungen* dienen, die solange bestehen bleiben, bis ein Kompromiß erreicht wird. Mit Hilfe dieser Phasen kann verhindert werden, daß man in eine Situation gerät, in der nur noch starre Argumente für die eigene Position vorgebracht werden.

Wir sind jetzt in der Lage, ein Profil des effektiven Verhandelns zu zeichnen. In Tabelle 5 auf Seite 100f. werden die Tendenzen eines erfolgreichen Unterhändlers spezifiziert. Diese sind Verhaltenstendenzen, keine absolut gültigen Regeln; Ausnahmen sind immer möglich. Das Diagramm zeigt auch das Profil eines naiven Unterhändlers.

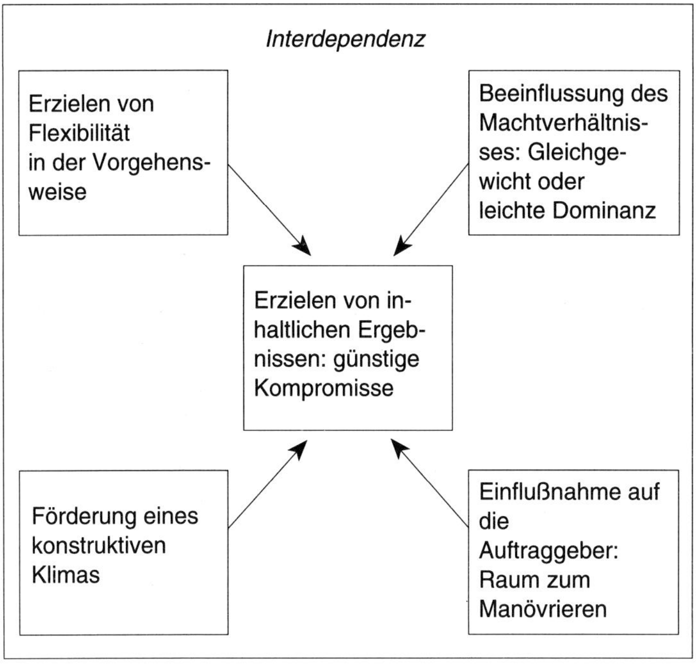

Abbildung 11: Elemente des Verhandlungsmodells

Tabelle 5: Zwei Verhandlungsprofile

Verhandeln als vier Arten der Aktivitäten, jeweils mit unterschiedlichen Zielen	*Die wichtigsten Dilemmas*	*Taktikbeispiele*
I. Das Erzielen inhaltlicher Ergebnisse *Ziel:* günstiger Kompromiß	nachgiebig vs. hartnäckig 1 2 3 4 5 nachgiebig, fügsam – beständig, fest – hartnäckig, starrsinnig	Feste Präsentation von Fakten und Argumenten, eine „Veränderung" schaffen, kleine Konzessionen groß darstellen, mit Fristen arbeiten, Sackgassen auftreten lassen, für die eigenen Interessen eintreten und an grundlegenden Voraussetzungen festhalten
II. Beeinflussung des Machtverhältnisses *Ziel:* Gleichgewicht oder geringe Dominanz	fügsam vs. dominierend 1 2 3 4 5 minimaler Widerstand – Erhalt eines gewissen Gleichgewichts – aggressiv, versucht zu dominieren	Präsentation von neuen Fakten, die für einen selbst günstig sind, wissen lassen, daß man Alternativen hat, manipulativ sein, die andere Partei ab und zu bluffen und unter Druck setzen, die Initiative ergreifen und halten
III. Förderung eines konstruktiven Klimas	jovial vs. feindselig 1 2 3 4 5 vertrauensselig, jovial – glaubwürdig, solide – sarkastisch, formell, unberechenbar	Zwanglose Diskussionen fördern, Humor zeigen, ein Interesse an der Sache zeigen, konsequent sein, Interdependenzen zeigen, aufpassen, daß man keinen Ge-

Tabelle 5 (Forts.)

Verhandeln als vier Arten der Aktivitäten, jeweils mit unterschiedlichen Zielen	*Die wichtigsten Dilemmas*	*Taktikbeispiele*
Ziel: positive persönliche Beziehungen		sichtsverlust erleidet, Rollenverhalten von der betreffenden Person selbst trennen
IV. Das Erzielen von Flexibilität in der Vorgehensweise *Ziel:* Flexibilität	explorierend vs. vermeidend 1 2 3 4 5 flexibel, suchend, aktiv – ruhig, geduldig – eingleisig, sich ständig wiederholend → Profil des effektiven Verhandelns; → Profil des naiven Verhandelns	Nach neuen Informationen suchen, alternative Lösungen aufzählen, vertagen, um Ideen „zwanglos“ zu überdenken, Brainstorming, laut über provisorische Vorschläge nachdenken, Arbeitsgruppe einberufen, mit einem Plattform-Vorschlag arbeiten

Schließlich sollte angemerkt werden, daß die Auftraggeber zusätzliche Probleme mit sich bringen. Es ist wichtig, auch die Beziehungen zu ihnen als Verhandlungsbeziehung zu sehen.

In Abbildung 11 werden die wichtigsten Elemente des hier beschriebenen Verhandlungsmodells zusammengefaßt. Der Hintergrund all dieser Elemente ist ein bestimmtes Maß an *Interdependenz*. Dies bedeutet, daß alle Elemente von ihr beeinflußt sind. Am Verhandlungstisch versuchen die Beteiligten, darauf Einfluß zu nehmen, wie diese Interdependenz wahrgenommen wird: Dies sind die Aktivitäten, die zur Verschiebung des Machtgleichgewichtes dienen sollen.

Resümee

Unser Verhandlungsmodell soll den Verhandelnden als Instrument dafür dienen, eine realistische Orientierung zu erhalten. Es versetzt die Verhandlungspartner in die Lage, die Aktivitäten am Verhandlungstisch besser zu verstehen, einschließlich ihres eigenen Verhaltens, und darauf effektiv zu reagieren. Im wesentlichen geht es darum, das Verhandeln als unterschiedliche Arten von Aktivitäten zu betrachten.

Das Modell kann die Entwicklung unserer Verhandlungsfertigkeiten auf zwei Arten fördern: Einerseits ermöglicht es uns, die einzelnen Aktivitäten selbst besser zu beherrschen; die erwähnten Taktiken können uns dabei helfen. Andererseits versetzt es uns in die Lage, die Aktivitäten in unterschiedlichen Kombinationen einzusetzen. Welche Kombinationen dabei am effektivsten sind, ist oben beschrieben worden.

In diesem Modell werden Unterscheidungen und Verhaltensregeln benutzt, die leicht verständlich sind. Der Leser wird keine Schwierigkeit haben, sie zu erkennen, und spürt vielleicht sogar, daß er viele von ihnen bereits praktisch angewendet hat. Ihre Darstellung in einem integrativen Modell kann dem Leser weiterhelfen, sein Verhandlungsgeschick weiterzuentwickeln, indem ihm ein bewußteres und klareres Bild darüber vermittelt wird, worauf es tatsächlich ankommt.

Teil 3

Spezielle Situationen und Probleme

Nach der Pflicht jetzt die Kür: Wie bereiten Sie eine Verhandlung exzellent vor? Was tun Sie, wenn Sie den Vorsitz führen? Wie verhandeln Sie mit einem Partner, der mächtiger ist als die Seite, die Sie vertreten? Und wie können Sie ein Gegenüber, das offenbar nur auf Konflikt aus ist, wieder auf den sachlichen Boden des Verhandelns zurückholen? Hierzu gibt es eine Fülle von Tips und Checklisten. Und schließlich ist Ihr persönlicher Stil gefragt. Verhalten Sie sich erher analytisch-aggressiv oder ethisch-moralisch, eher jovial oder flexibel-aggressiv? Ordnen Sie Ihren Typ ein und lesen Sie, wie Sie sich bei Verhandlungen von Ihrer besten Seite zeigen.

Die Vorbereitung von Verhandlungen

Bei der Vorbereitung von Verhandlungen sind die folgenden fünf Bereiche zu beachten: Inhalt, Klima, Machtverhältnis, Auftraggeber und Vorgehensweise.

Allgemein gesagt, lassen sich bei den Vorbereitungen drei Schritte unterscheiden:

1. *Diagnose:* Sammeln und Austausch von Informationen über Inhalt, Klima, Machtverhältnis und Auftraggeber;
2. *Ziel:* Bestimmung des gewünschten Resultats;
3. *Vorgehensweisen:* die taktische und die strategische Vorbereitung. Die wichtigsten Elemente sind:
   - mit Alternativen arbeiten, um flexibel zu bleiben,
   - ein taktisches Repertoire von Eröffnungszügen entwickeln,
   - einen allgemeinen strategischen Plan formulieren.

Erfahrene und erfolgreiche Unterhändler verbringen ihre Vorbereitungszeit anders als weniger erfahrene und/oder weniger erfolgreiche Unterhändler. Erfahrene Unterhändler verwenden mehr Zeit auf die Diagnose und weniger Zeit für die Ziele; sie verbringen erheblich mehr Zeit mit der Entwicklung von Alternativen und weniger Zeit mit taktischen Dingen. In einem allgemeinen strategischen Sinn gibt es jedoch wenige Unterschiede zwischen beiden. Tabelle 6 zeigt, welche Unterschiede hier bestehen. Am augenfälligsten ist die Diskrepanz in der Länge der Vorbereitungszeit, die für die Entwicklung von Alternativen verwendet wird: Erfolgreiche Unterhändler verwenden darauf dreimal so viel Zeit wie Neulinge.

Der Unterschied wird noch deutlicher, wenn wir ihn im Verhältnis zum relativen Zeitaufwand sehen, der auf die Ziele verwendet wird: Erfolgreiche Unterhändler verbringen ihre Zeit mit der Entwicklung von Alternativen, während sich weniger erfolgreiche Un-

Tabelle 6: Verwendung der Vorbereitungszeit durch erfahrene und unerfahren Unterhändler

Quelle: Dupont, 1982, S. 62

Aktivität	*Aufgewendete Zeit (in Prozent)* *Unerfahrene*	*Erfahrene*
Diagnose	16	25
Ziel	33	16
Alternativen	8	25
Taktiken	25	16
Strategie	16	16

terhändler hauptsächlich damit befassen, angestrebte Ziele und Resultate zu klären und ausführlich auszuarbeiten.

Der Unterschied im Zeitaufwand, der auf Taktiken verwendet wird, läßt sich durch die Tatsache erklären, daß sich erfolgreiche Unterhändler auf ein Arsenal von Eröffnungszügen beschränken; danach verlassen sie sich auf ihre Improvisationsgabe: „Man kann nicht genau voraussagen welchen Verlauf die Dinge nehmen; wir können um eine Unterbrechung oder um einen Aufschub bitten, wenn es sich als notwendig erweist." Unerfahrene Unterhändler neigen dazu, sich Antworten auf Hindernisse auszudenken, die im Verhandlungsprozeß auftreten könnten, „nur für den Fall, daß ...".

Checkliste

Die verschiedenen Aspekte der Vorbereitung werden im folgenden in Form einer Checkliste dargestellt. Diese Liste braucht nicht buchstabengetreu befolgt zu werden: Ziel ist es vielmehr, dem Unterhändler zu helfen, sich rasch mögliche Punkte vor Augen zu führen, die er je nach den jeweiligen Umständen bedenken muß. Die Liste kann ihm helfen, einen guten Zug nicht zu vergessen, den er benutzt haben könnte, wenn er ihm nur im richtigen Augenblick eingefallen wäre.

Diagnose

Inhalt

- ☐ Wissen wir genug über die Dinge, die diskutiert werden sollen?
- ☐ Liegen uns die relevanten Dokumente und Akten vor?
- ☐ Sind wir über die historische Entwicklung der Angelegenheit informiert?
- ☐ Haben wir genügend fachlichen Rat über die sachbezogenen Aspekte eingeholt?
- ☐ Wo liegen unsere Interessen und Ziele, wo die unserer Gegner?
- ☐ Haben bestimmte Grundbedingungen/Prinzipien/politische Aussagen irgendwelchen Einfluß auf diese Verhandlungen? Welches sind unsere Ausgangspunkte, welche die unserer Kontrahenten?

Klima

- ☐ Welche Atmosphäre erwarten wir am Verhandlungstisch?
- ☐ Ist eine gute Beziehung wichtig für die Zukunft?
- ☐ Können wir unseren eigenen Einfluß auf das Klima beurteilen?
- ☐ Mit welcher Art von Menschen haben wir es zu tun? Wie ist ihr Verhandlungsstil, was ist die „Geschichte hinter der Geschichte", woran sind sie persönlich interessiert?
- ☐ Können wir Interessen und Individuen auseinanderhalten?

Machtverhältnis

- ☐ Welches sind die starken und schwachen Punkte auf beiden Seiten?
- ☐ Worin sind wir von den anderen abhängig, worin sind sie von uns abhängig?
- ☐ Was sind die Konsequenzen für beide Seiten, wenn keine Übereinstimmung erreicht wird?
- ☐ Haben wir/sie Alternativen zur Verfügung?

- ☐ Erwarten wir bestimmte Manipulationen oder andere „Machtspiele“?
- ☐ Was sind die Befugnisse unserer Gegenspieler?

Die Auftraggeber

- ☐ Wie stark ist die Position unserer Gegenspieler in bezug auf ihre Auftraggeber? Wie stark ist unsere Position in dieser Hinsicht?
- ☐ Wo liegen die primären Interessen der Auftraggeber?
- ☐ Welche Art von Mandat geben die Auftraggeber?
- ☐ Wer bestimmt die Meinung unter den Auftraggebern?
- ☐ Mit welcher Art von Dingen, die uns relativ wenig kosten, können unsere Verhandlungspartner Punkte bei ihren Auftraggebern sammeln (und umgekehrt)?
- ☐ Versuchen die Auftraggeber ständig, sich in die Verhandlungen einzuschalten, oder kann man sie klar auf Abstand halten?
- ☐ In welchem Maße müssen wir/sie eine „Show“ für die Auftraggeber inszenieren?

Ziele

- ☐ Welche Resultate wollen wir erzielen? Was ist das Ziel unserer Gegenspieler?
- ☐ Was ist das Allermindeste, womit sie sich zufriedengeben werden?

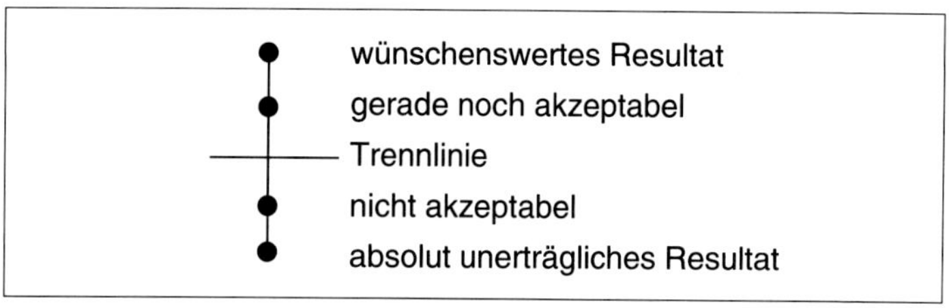

Abbildung 12: Ziele bei Verhandlungen

☐ Ist es möglich und notwendig, eine Trennlinie zu ziehen zwischen Lösungen, die gerade noch akzeptabel sind, und Lösungen die inakzeptabel sind? (Vgl. Abbildung 12.)

Vorgehensweisen

Um eine größere Flexibilität zu erzielen, ist es wichtig, die taktischen und strategischen Möglichkeiten in den verschiedenen Bereichen möglichst optimal zu nutzen. Die folgenden Punkte können hierbei helfen. Sie beziehen sich in erster Linie auf den Verhandlungsbeginn. Danach bietet eine Checkliste keine große Hilfe mehr, zumindest dann nicht, wenn man flexibel bleiben will. Man wird improvisieren müssen, eine Unterbrechung oder einen Aufschub fordern müssen, wenn Schwierigkeiten auftreten.

Mit Alternativen arbeiten

1. Haben wir unsere informellen Kontakte benutzt, um Ideen und Informationen auszutauschen?
2. Wie offen ist unsere Eröffnung? Legen wir uns sofort fest, oder geben wir in erster Linie Informationen über unsere Interessen?
3. Wissen wir genug über unsere Gegenspieler, oder müssen wir ihnen noch mehr Informationen entlocken, indem wir zum Beispiel Fragen stellen, uns dumm stellen, uns interessiert zeigen, warten, mit gutem Beispiel vorangehen?
4. Wie bauen wir unsere Argumentation auf? Haben wir eine Geschichte parat, mit der wir erklären können, was unsere Interessen sind?
5. Haben wir die Resultate, die wir anstreben, in mehreren Alternativen zum Ausdruck gebracht? Ist es uns gelungen, mehrere Optionen aufzustellen?
6. Versuchen wir auch, die Flexibilität am Verhandlungstisch zu vergrößern, indem wir uns auf Vorgehensweisen vorbereiten wie zum Beispiel:

- Brainstorming, gemeinsam laut denken, provisorische Vorschläge formulieren;
- Möglichkeiten aufzählen, Bestandsaufnahme machen;
- informelle Arbeitsgruppen einsetzen;
- vertagen;
- Diskussionen darüber abbrechen, wer im Recht ist;
- erlauben, daß versuchsweise Vorschläge auf den Tisch kommen.

Das taktische Repertoire der Eröffnungszüge

Taktiken, die sich auf den Inhalt von Verhandlungen beziehen, wurden im vorherigen Abschnitt behandelt. Im folgenden geht es um die taktischen Züge, die sich auf Klima, Machtverhältnis und Auftraggeber beziehen.

Klima

1. Sind wir mit dem Verhandlungsort und dem Arrangement so zufrieden, daß wir gut damit arbeiten können?

2. Wie soll das Klima sein? Folgende Punkte sollten hierbei beachtet werden:

   ☐ Sollen Auftreten und Kleidung förmlich oder zwanglos sein?

   ☐ Spricht man sich mit dem Vornamen an?

   ☐ Spielt Humor eine wichtige Rolle?

   ☐ Welche Gelegenheiten bieten sich, um sich vor der Verhandlung besser kennenzulernen und zwanglos miteinander ins Gespräch zu kommen?

   ☐ Werden in den Kaffeepausen zwanglose Unterhaltungen möglich sein?

   ☐ Werden Mittag- oder Abendessen gemeinsam eingenommen?

   ☐ Werden die Delegationen in bunter Mischung am Verhandlungstisch sitzen, oder sitzen sie sich gegenüber?

☐ Sollte in den Eröffnungsphasen besondere Aufmerksamkeit auf gemeinsame positive Erfahrungen, die Kontinuität der Beziehung etc. gelenkt werden?

☐ Könnten kontroverse Mitglieder der Delegation ausgeschlossen oder durch andere ersetzt werden?

Machtverhältnis

☐ Wie werden wir mit den zu erwartenden Manipulationen oder anderen „Machtkomplotten" umgehen?

☐ Woran werden die anderen „unser Machtgeplänkel" erkennen? Wollen wir, daß sie es erkennen?

☐ Werden wir mit einem Vorsitzenden arbeiten?

Auftraggeber

Wird es uns gelingen, genügend Einfluß auf unsere Auftraggeber auszuüben, damit wir sie auf Abstand halten können? Hierbei sollte auf folgende Punkte geachtet werden:

☐ Ist der Verhandlungsort abgelegen genug?

☐ Gibt es genügend Zeit für vorbereitende Kontakte mit den Auftraggebern?

☐ Können sich beide Seiten einen Gesichtsverlust ersparen?

☐ Werden beide Seiten sich gegenseitig „dramatische" Momente erlauben, die in die Tagesordnung mit einbezogen sein sollten?

☐ Können beide Seiten 20 Prozent nachgeben, damit die Gegenseite bei bestimmten Punkten 80 Prozent Gewinn für sich verbuchen kann?

Strategie

Es gibt vier allgemeine strategische Punkte, die während der Vorbereitungen nützlich sein können:

1. Skripte vs. Szenarien;
2. Verhandlungsphasen;

Tabelle 7: Skript versus Szenario

Skript: eingleisige Gesprächsführung; starr	*Szenario: mehrgleisige Gesprächsführung, abhängig von den Reaktionen; flexibel*
Wir gehen zunächst davon aus ...	Wir gehen zunächst davon aus ...
und dann bringen wir vor ...	wenn Sie vorbringen ...
irgendwann sagen wir auch ...	dann weisen wir darauf hin, daß ...
und erst, nachdem Sie zugegeben haben, ... werden wir vorbringen, daß ...	aber wenn Sie sofort sagen, daß ... dann werden wir ...
bis wir Sie an dem Punkt haben, wo ...	usw.
usw.	

3. Verhandlungsstile;
4. Rollenverteilung unter den Delegationsmitgliedern.

Skripte vs. Szenarien: Ein strategisches Instrument, mit dem wir unseren Spielraum zum Manövrieren und Improvisieren vergrößern können, besteht darin, daß wir lieber in Szenarien denken anstatt in vorgefaßten Skripten. In Tabelle 7 sind Skript und Szenario vergleichend einander gegenübergestellt.

Verhandlungsphasen: Ein zweiter allgemeiner Punkt, der strategisch ins Gewicht fällt, sind die Verhandlungsphasen:

- erste Positionswahl;
- exploratorische Phase;
- Sackgasse beziehungsweise endgültiger Abschluß.

Das Handeln muß an diese Phasen angepaßt werden. Wenn dies nicht geschieht, machen sich die Unterhändler das Leben unnötig schwer, zum Beispiel, indem sie zu lange mit Informationen über ihre eigene Position warten oder indem sie einen Kompromißvorschlag in einem zu frühen Stadium vorlegen.

Verhandlungsstile: Einige Überlegungen darüber, welche Schwerpunkte wir in unserem Verhandlungsstil setzen wollen, sind ebenfalls angebracht. Möchten wir zum Beispiel

- direkt auf Konfrontation gehen?
- nachgiebig und freundlich sein?
- vermeidend passiv sein?
- explorieren?

Rollenverteilung unter den Delegationsmitgliedern: Wenn die Delegationen aus jeweils mehr als einer Person bestehen, ist es äußerst wichtig, die Rollenverteilung im voraus zu klären. Wichtige Punkte sind hierbei:

☐ Werden wir einen Sprecher haben?

☐ Wenn nicht, wie werden die Aufgaben aufgeteilt?

☐ Wenn ja, wann sollten wir ihn unterstützen oder ergänzen?

☐ Kultivieren Sie Unterschiede im Stil!

Resümee

Diese Checkliste enthält viele Punkte. Die Kunst liegt darin, die Dinge einfach zu halten. Zum Beispiel: Überprüfen Sie rasch die Checkliste, um vier Punkte herauszupicken, von denen Sie sich angesprochen fühlen. Unter jedem dieser Punkte notieren Sie einige Begriffe, die Ihre Argumentation betreffen. Dann versuchen Sie, Ihre Alternativen ein bißchen weiter auszuarbeiten. Für das übrige verlassen Sie sich auf Ihr Improvisationstalent; ansonsten können Sie vorschlagen, die Verhandlung zu vertagen, oder sich etwas anderes einfallen lassen.

Unterhändler haben oft wenig Zeit, um sich vorzubereiten. Wenn die Zeit sehr begrenzt ist, können die folgenden Vorschläge helfen:

- ☐ Ernennen Sie einen Delegationsleiter; nachdem er die Delegationsmitglieder angehört hat, regelt er die Dinge;
- ☐ beschränken Sie sich darauf, eine Eröffnung zu entwickeln, in der Sie etwas über Ihre Interessen sagen, und improvisieren Sie dann nach Gutdünken.

Wenn der Zeitdruck am größten ist, wenn Sie einfach *sofort* zu einer Lösung gelangen möchten, dann machen Sie einen Vorschlag, der so vorteilhaft wie möglich, aber immer noch gut vertretbar ist, und feilschen Sie so lange, bis ein vernünftiger Kompromiß erreicht worden ist.

Der Vorsitz bei Verhandlungen

Bei manchen Verhandlungen gibt es einen Vorsitzenden. Bei Gesprächen innerhalb von Organisationen, die Verhandlungscharakter haben, fungiert als Vorsitzender oft eine Führungskraft auf höherer Ebene; in anderen Fällen kann es ein unabhängiger Außenstehender sein. Manchmal fällt der Vorsitz einer der beteiligten Parteien zu. Damit hat der Vorsitzende möglicherweise eine schwierige Aufgabe übernommen, vor allem, wenn die Forderungen der Parteien sehr unterschiedlich sind, oder in Situationen, in denen es um die Verteilung sehr knapper Ressourcen geht.

In diesem Kapitel wird ausführlich die Vorgehensweise dargestellt, an die sich der Vorsitzende bei Verhandlungsgesprächen halten kann. Diese Vorgehensweise kann in sehr unterschiedlichen Verhandlungsarten benutzt werden.

Wir gehen davon aus, daß ein Vorsitzender zwei Ziele hat: Erstens will er einen Kompromiß erreichen; und zweitens will er ihn erreichen, ohne die gegenseitigen Beziehungen zu beeinträchtigen. Um dieses doppelte Ziel zu erreichen, muß er sowohl die Phasen im Verhandlungsprozeß verstehen als auch Taktiken in der Vorgehensweise entwikkeln, um die Erfolgschancen zu vergrößern. Diese beiden Bereiche werden im folgenden eingehend untersucht.

Die Phasen des Verhandlungsprozesses

Für den Vorsitzenden ist es sehr nützlich, die einzelnen Phasen von Verhandlungsprozessen zu kennen. Er kann dadurch besser verstehen, was gerade im Gange ist, und sich besser auf kommende Ereignisse vorbereiten. Die Ereignisse werden vorhersehbarer, weil er ein Leitprinzip hat. Die vier wichtigsten Phasen, die in den vorangegangenen Kapiteln besprochen wurden, sind:

- Vorbereitung,
- Proklamationen,
- psychologische Kriegführung,
- Krise und Abschluß.

In vielen Arten von Verhandlungen sind diese Phasen allerdings nicht so stark ausgeprägt und nehmen folgende Form an:

- Vorbereitung,
- erste Positionsbestimmung,
- Suchphase,
- Sackgasse und endgültiger Abschluß.

Weitere Informationen über die einzelnen Verhandlungsphasen finden Sie auf Seite 87ff. Hier werden wir kurz diese vier Phasen behandeln, wobei auf die Rolle des Vorsitzenden in jeder dieser Phasen besonders hingewiesen wird.

Vorbereitung

In Gesprächen, die die Parteien untereinander führen, bestimmen sie ihre Standpunkte und Strategien. Der Vorsitzende wird oft nicht in diese internen Überlegungen einbezogen. Wenn das doch der Fall ist, sollte er versuchen, beide Parteien davon abzuhalten, sich auf eine bestimmte Lösung festzulegen, sie nach ihren Interessen und endgültigen Zielen befragen und jede Seite ermutigen, mehrere Alternativen zu formulieren.

Erste Positionswahl

Verhandlungen beginnen im allgemeinen mit Erklärungen, in denen die Parteien ihre Wünsche und Interessen vorstellen. Aufgrund von Fakten und Argumenten prinzipieller Natur (zum Beispiel „die Ziele der Firma“, „das gemeinsame Interesse“) versuchen sie, ihrer Position Nachdruck zu verleihen. Als Vorsitzender sollten Sie darauf achten, daß die Parteien dazu die Gelegenheit erhalten, ohne von anderen Teilnehmern unterbrochen zu werden.

Suchphase

Die Parteien testen einander aus: Wie vernünftig sind die Forderungen? Sie sondieren auch die Interessen und Ideen, die den Forderungen zugrunde liegen. Der Vorsitzende muß aufmerksam auf mögliche Kombinationen von Wünschen und Interessen achten. Die Parteien versuchen, für sich selbst so viel Spielraum wie möglich zu schaffen. Dies geschieht auf dreierlei Weise:

- Sie versuchen, so viele Optionen wie möglich für sich selbst offenzuhalten, während sie selbst nichts aufgeben.
- Sie loten aus, wie beharrlich die andere Partei ihren Standpunkt vertritt.
- Sie suchen nach möglichen Interessenkombinationen.

In dieser Phase werden Vorschläge, die manchmal noch provisorischen Charakter haben, auf den Tisch gelegt, die oft Konzessionen beinhalten. Ein Vorsitzender kann hier eine sehr wichtige Rolle spielen. Er kann die Parteien ermutigen, den „integrativen Raum" zu sondieren, indem er sie erläutern läßt, wo ihre Interessen liegen und von welchen Voraussetzungen sie ausgehen. Noch wichtiger dabei ist, daß er endlose Argumentationen verhindern kann, indem er die Verhandlungen auf konkrete Vorschläge hinlenkt. Schließlich kann er unfruchtbaren Diskussionen ein Ende setzen.

Sackgasse und endgültiger Abschluß

Verschiedene Vorschläge und Gegenvorschläge sind jetzt auf dem Tisch. Eine Übereinstimmung ist bisher nicht erzielt worden: Alle Parteien behaupten, sie hätten ihr Äußerstes getan. Die Zeit beginnt zu drängen – die Spannung wächst. Dies schafft immer mehr Druck, Entscheidungen zu treffen und zu einem Abschluß zu kommen. Ein paar letzte Konzessionen auf beiden Seiten, manchmal zu einem cleveren „Package-deal" zusammengeschnürt, können in letzter Minute einen Ausweg schaffen.

Durch die Ausübung seiner Autorität kann ein Vorsitzender bestimmte Punkte in dieser Phase regeln und somit leichter einen

Kompromiß herbeiführen. Auch kann er einem „Kampf"-Verhalten Einhalt gebieten, wenn Verhandlungspartner, die nicht besonders gut mit festgefahrenen Verhandlungssituationen umgehen können, eine übermäßig starre Haltung einnehmen oder übermäßigen Druck ausüben. Erfahrene Unterhändler sehen solche Sackgassen als unvermeidlich und manchmal sogar als wünschenswert an, da sich damit testen läßt, wie beharrlich der Gegenspieler an seiner Position festhält. Sie geben auch einen starken Impuls, um einen kreativeren Kompromiß zu suchen, der den unterschiedlichen Interessen noch besser entspricht.

Checkliste für den Vorsitzenden

Aus der folgenden Checkliste ist eine Reihe von Vorschlägen ersichtlich, nach denen Sie als Vorsitzender vorgehen können:

1. *Beginnen Sie mit einer kurzen Erklärung:*
   - des Gegenstands dieses Gespräches;
   - der Zwänge (verfügbare Zeit, der Konsequenzen, wenn es nicht gelingt, zu einer Entscheidung zu kommen);
   - der Art der Entscheidungsfindung (durch Konsens, durch einfache Mehrheit oder durch eine prozentuale Mehrheit);
   - der Vorgehensweise (siehe die folgenden Punkte).
2. *Geben Sie jedem Beteiligten Gelegenheit, seine Wünsche und Interessen klar darzulegen:*
   - den Umfang seiner Wünsche;
   - was genau diese Wünsche implizieren;
   - das Warum und Wozu, also die Argumente, Ziele, Interessen.

   Gestatten Sie noch keine Diskussion – höchstens ein paar Fragen zur Klärung der Sachlage. Versuchen Sie vor allem, Spielraum zur Klärung der Ziele und zugrunde liegenden Interessen zu schaffen; Sie können sogar selbst dazu Fragen stellen.

3. *Fassen Sie die Wünsche und Interessen kurz zusammen.*

4. *Explorieren Sie den „integrativen Spielraum", indem Sie auf gemeinsame Voraussetzungen zu sprechen kommen:*

   – Finden Sie zusammen mit den Beteiligten heraus, ob es gemeinsame Voraussetzungen und Kriterien gibt.
   – Versuchen Sie, gemeinsame Interessen oder Ziele aufzuzeigen.

Die Suche nach gemeinsamen Ausgangspunkten kann Probleme mit sich bringen. Oft erweisen sie sich als zu abstrakt, als daß eine gesunde gemeinsame Basis gefunden werden könnte. Ist dies der Fall, sollte man besser wie folgt vorgehen:

5. *Explorieren Sie den „integrativen Spielraum", indem Sie Vorschläge machen:*

   – Machen Sie bestimmte Vorschläge wie zum Beispiel: Diskutieren Sie nur die höchsten Prioritäten; gehen Sie von der ursprünglichen Situation aus; senken Sie alle Forderungen um 20 Prozent; kombinieren Sie die Ansprüche A und B; reduzieren Sie alle Forderungen um 20 Prozent; senken Sie die Ansprüche X und Y.
   – Machen Sie ein Brainstorming und listen Sie dabei möglichst viele Alternativvorschläge und Lösungen auf.
   – Verwandeln Sie die Reaktionen der Teilnehmer in Lösungsvorschläge.
   – Prüfen Sie, ob die Vorschläge durch eine Kombination der Forderungen integriert werden können.
   – Nehmen Sie einen Vorschlag als Grundlage für weiteres Verhandeln: vermeiden Sie die Diskussion dieses Vorschlags, bitten Sie um Anregungen, diesen Vorschlag zu verbessern, oder um Bedingungen, auf deren Basis man dem Vorschlag zustimmen könnte.
   – Helfen Sie den Teilnehmern, falls nötig, Verbesserungen und Bedingungen zu formulieren.

Eine solche Art des Explorierens geht von einem Mindestmaß an Bereitschaft aus, gemeinsam eine Lösung finden zu wollen.

Wenn diese Art erfolgreich ist, wird mit Hilfe der Vorschläge klar, wo die primären Interessen eines jeden Beteiligten liegen. Dies führt oft zu einem besseren Resultat, als wenn um jeden einzelnen Punkt gefeilscht wird.

Besonders herausgestellt werden soll hier die Tatsache, daß der Vorsitzende, indem er einen Vorschlag als Grundlage für weitere Verhandlungen nimmt, eine glückliche Hand beweisen kann. Je nach der Art der Verhandlungen kann es sich hierbei um einen Vertragsentwurf oder die provisorische Zuteilung eines Budgets handeln. (Damit wird es theoretisch möglich, die Zahl der Verhandlungsphasen auf zwei zu reduzieren: eine „Anlaufphase", in der die Parteien Informationen austauschen, auf deren Basis eine provisorische und umfassende, aber nicht bindende Übereinkunft formuliert wird, und eine zweite Phase, in der die Verhandlungen über den konkreten Inhalt innerhalb dieses Rahmens weitergeführt werden.) Konzentrieren Sie die Verhandlungen auf diesen provisorischen Vorschlag. Dies bedeutet allerdings, Argumente und Diskussionen einzuschränken. Bitten Sie stattdessen die Beteiligten, Verbesserungen oder Bedingungen zu nennen, die den Vorschlag akzeptabel machen. Diese einfache Methode gibt dem Vorsitzenden ein wirksames Instrument an die Hand, mit dem er die Verhandlungen konstruktiver organisieren und beschleunigen kann. Von allen Ratschlägen zur Vorgehensweise ist dieser der wichtigste!

6. *Lassen Sie die Parteien ab und zu „aufeinander herumhacken".*

Ein gewisses Hacken ist unvermeidlich. Allerdings sollten Sie sie davon überzeugen, daß es sinnlos ist weiterzureden, nur um sich gegenseitig zu überreden und zu beeinflussen.

7. *Lassen Sie Zeitdruck und steigende Spannung für sich arbeiten.*

Obwohl einige Zugeständnisse gemacht worden sind, ist die Verhandlung an einem bestimmten Punkt festgefahren. Die Zeit verstreicht, die Konsequenzen, wenn keine Entscheidung erreicht wird, stehen den Beteiligten drohend vor Augen. Debattieren führt zu nichts. Die Zeit ist reif, um die Sache zum Abschluß zu bringen.

8. *Führen Sie eine Entscheidung herbei.*

Machen Sie einen Kompromißvorschlag, und geben Sie eine kurze, aber klare Erklärung dazu.

Ein guter Kompromiß muß die folgenden Bedingungen erfüllen:

- Er gibt denjenigen gewisse Vorteile, denen es gelungen ist, ihre Forderungen mit allgemein anerkannten Interessen und Zielen zu verbinden.
- Er bringt die gegenwärtigen Macht- und Abhängigkeitsverhältnisse zum Ausdruck.
- Er nutzt die integrativen Möglichkeiten aus (zum Beispiel eine Kombination von Interessen in einem kreativen „Package-Deal").
- Er läßt keine der Parteien in einer isolierten Position oder in der Rolle des „großen Verlierers" zurück.

Drei abschließende Bemerkungen

1. Es ist wichtig, daß der Vorsitzende jeglicher Tendenz zur Eskalation Einhalt gebietet. Dafür kann man sich an folgende Faustregeln halten:

☐ Unterbinden Sie persönliche Attacken, und weisen Sie den Angreifer zurecht. Die Beteiligten müssen in der Lage sein, Person und Frage voneinander zu trennen: Machen Sie Ihren Gegenspieler nicht für Ihre Probleme verantwortlich.

☐ Sorgen Sie dafür, daß zwischen den Parteien ein gewisses Gleichgewicht besteht. Lassen Sie es nicht zu, daß eine Partei aufgrund ihrer Unerfahrenheit oder in Ermangelung eines Koalitionspartners völlig ins Abseits gerät.

☐ Vermeiden Sie Diskussionen über prinzipielle Fragen. Ein Appell an höhere Werte oder Interessen, die allen gemeinsam sind, kann schnell zu einer hochfliegenden rhetorischen und umständlichen Debatte führen. Dies führt zu einer Verhärtung der Fronten und zur Polarisierung, es sei denn, die Prinzipien sind konkret anwendbar und die Interessen wirklich gemeinsamer Natur.

2. Erwarten Sie nicht das Unmögliche! Vor allem, wenn Menschen und Interessen sich gegenseitig ausschließen, in Situationen, in denen alle Parteien etwas aufgeben müssen, kann man unmöglich erwarten, daß alle Parteien völlig zufriedengestellt werden können. Ein glatt verlaufendes Gespräch ist unmöglich. Harmonie und Konsens können nicht erwartet werden. In gewissem Maß sind persönliche Frustration und Reibung zwischen den Teilnehmern unvermeidlich. *Aber nur in einem gewissen Maß!* Denn ein Vorsitzender kann sicher eine Eskalation vermeiden.

   Die Arbeit des Vorsitzenden war erfolgreich, wenn die Parteien zurückblicken und sehen können, daß sie eine faire Chance erhalten haben: daß sie in der Lage waren, beharrlich für ihre Interessen zu kämpfen, und daß weitere Diskussionen nicht zu einem besseren Ergebnis geführt hätten, sondern nur zu einer zeitraubenden und fruchtlosen Zankerei.

3. Bei solchen Gesprächen kann das größte Problem in einem fortgesetzten Argumentieren und Debattieren bestehen. Dies bringt keinen Gewinn. Die Beteiligten wiederholen nur immer wieder die gleichen Argumente. Sie fühlen sich aufgefordert, „die Sachlage noch einmal zu erklären" oder „Mißverständnisse richtigzustellen" etc. Der Wert all dieser Bemühungen ist nur gering; sie führen lediglich zu einer raschen Verschlechterung der Atmosphäre, bis zu einem Punkt, an dem die Beteiligten beginnen, in den Krümeln zu suchen, Punkte zu sammeln etc.

   Manchmal sind sich die Verhandlungspartner dessen gar nicht bewußt. Sie glauben wirklich, daß immer noch etwas zu erklären oder richtigzustellen sei; sie hören auf, ihrem Gegenspieler zuzuhören und proben im Geiste nur ihr eigenes Argument, das sie in der nächsten Runde vortragen wollen!

   Der Vorsitzende kann dem Einhalt gebieten, indem er dafür sorgt, daß sich die Diskussion auf Vorschläge konzentriert: Was will die eine Seite, was will die andere Seite; welche Zuteilung wird vorgeschlagen; unter welchen Bedingungen könnte die andere Seite dem zustimmen; welcher Kompromiß ist vorstellbar? Allein neue Argumente sind an diesem Punkt noch wichtig. Die „altbekannten Geschichten" sind nur zeitraubend und bewirken Irritation.

Resümee

Wir haben kurz die Phasen beschrieben, die jede Verhandlung durchläuft, und eine Checkliste mit acht Vorschlägen für die Vorgehensweise erstellt, die dem Vorsitzenden seine Aufgabe erleichtern soll.

In diesem Zusammenhang wurden drei Phasen unterschieden, die eine besondere Art der Intervention seitens des Vorsitzenden erfordern:

- *Wahl der Ausgangsposition*, nachdem die Wünsche und Interessen der Teilnehmer präsentiert wurden. (Siehe Checkliste Punkte 1, 2, und 3.)
- *Suchphase*, in der die Parteien den integrativen Raum auskundschaften und ausloten, mit welcher Beharrlichkeit die Gegenseite ihre Position vertritt. (Hier geben die Punkte 4, 5 und 6 aus der Checkliste nützliche Hinweise.)
- *Sackgasse und Abschluß*, wenn die Verhandlungen festgefahren sind, aber ein Kompromißvorschlag im richtigen Augenblick einen Ausweg zeigt. (Die Punkte 7 und 8 lassen sich hier in die Tat umsetzen.)

Verhandeln mit einem mächtigeren Partner

Tendenzen in Situationen mit unterschiedlichen Machtverhältnissen

Machtunterschiede zwischen den Parteien beeinflussen das Verhalten. Sie können eine Eigendynamik in Gang setzen, die einen eskalierenden Effekt hat, zum Beispiel wenn die weniger mächtige Partei immer mehr in die Enge getrieben wird und daraus resultierend im Laufe der Zeit eine aggressive oder eine apathische Haltung einnimmt.

In diesem Kapitel werden zunächst durch die Tabelle 8 mögliche *Tendenzen* in den Verhandlungen zwischen mehr oder weniger mächtigen Parteien beschrieben. Dabei soll gezeigt werden:

- mit welchen Problemen sich jede Seite häufig in bezug auf die Gegenseite konfrontiert sieht;
- welche Verhaltenstendenzen auf beiden Seiten zu einer schwerwiegenden Eskalation führen;
- welche Vorstellungen die Parteien allmählich voneinander entwickeln;
- welche Taktiken die Parteien tendenziell übernehmen, um ihre eigene Position aufrechtzuerhalten.

Mächtig		*Weniger mächtig*
Schmeichelei		abhängig, nachgiebig
Überredung	versus	aggressiv
Zwang		apathisch, passiv

Abbildung 13: Dynamik der Machtunterschiede

Tabelle 8: Tendenzen in Situationen unterschiedlicher Machtverhältnisse

	Höheres Machtniveau	*Niedriges Machtniveau*
Zentrale Probleme	Wie können wir Dinge unter Kontrolle halten? Wie können wir dem anderen vermitteln, was getan werden muß? Wie können wir beweisen, daß dies gerecht ist? Wie fördern wir die Akzeptanz? Wie begegnen wir Widerstand? Wie finden wir heraus, was die anderen denken?	Wie können wir es vermeiden, daß wir hereingelegt werden und uns auf Dinge verpflichten, die wir nicht wollen? Können wir unsere Meinung wirklich frei äußern? Wird die Gegenseite es nicht später an uns auslassen? Ist die Sache immer noch offen? Haben wir wirklich alle Informationen? Werden wir als Hemmschuh betrachtet werden?
Verhaltenstendenzen	Wenig Bereitschaft, neue Entwicklungen zu berücksichtigen. „Wir haben alles getan, was wir konnten."	Überschätzung der Rationalität der anderen Parteien. Man findet es oft sehr schwer, eine gute Opposition zu bieten. Häufig tritt eine lange andauernde innere Spaltung auf.
	Überlegene Haltung: „Warum so viel Mißtrauen? Wir sind uns	Reaktion auf Kontakte mit dem arroganten Establishment mit Em-

Tabelle 8 (Forts.)

	Höheres Machtniveau	*Niedriges Machtniveau*
	unserer Verantwortung bewußt."	pörung und Aggressivität.
	Neigung zu Spott, bis hin zur Verhärtung: „Das geht einfach zu weit; Sie sollten auf Ihren Platz verwiesen werden."	Enger Zusammenschluß. Tendenz zu Provokation und militanter Aktion.
	Tunnelvision: „Uns ist an Ihren Interessen gelegen, aber wir können nicht auf sie eingehen. Wenn Sie nicht hören wollen, müssen Sie es auf die harte Weise lernen."	Tunnelvision: „Wir können die Situation nur durch Kampf verbessern. Das ganze System ist faul."
Bild von der Gegenpartei	Unflexibel, mißtrauisch, nicht sehr kreativ: „Dabei wird nichts herauskommen." Denken nur an ihre eigenen Interessen.	Manipulierend, berechnend: „Sie werden ihren Willen letztlich doch durchsetzen." „Sie wissen mehr, als Sie uns sagen." „Sie denken immer an sich selbst zuerst."
Beispiel von Strategien	Überredung. Festlegen von Beratungsverfahren. Beeinflussung von Meinungs-	Weigerung, sich aktiv zu beteiligen, Zurückhalten von Informationen. Abkommen wer-

Tabelle 8 (Forts.)

	Höheres Machtniveau	*Niedriges Machtniveau*
	trägern. Zwang: „Man kann es nicht allen recht machen.“ Man läßt Beschwerden oder Vorschläge von niedrigeren Ebenen in den Mühlen der Bürokratie steckenbleiben. Widerstand wird stigmatisiert und isoliert.	den absichtlich vage gehalten. Man findet einen sicheren Hafen für die eigenen Interessen (Betriebsrat oder Gewerkschaft). Passiver Widerstand: Man läßt die Dinge sich dahinschleppen, übt ständig Kritik an den Details. Bittet um weitere Informationen. Man verhält sich beleidigt, macht es zu einer Prinzipienfrage. Man entzieht sich der Kontrolle, mobilisiert aktiven Widerstand.

Diese Tendenzen sind als Diagramm in Abbildung 13 zusammengefaßt. Wenn sie nicht kontrolliert werden, können sie dazu führen, daß die Verhandlungen auf Dauer in eine Sackgasse geraten oder daß Konfrontationen entstehen, die nicht mehr in den Griff zu bekommen sind.

In der zweiten Hälfte dieses Kapitels werden wir uns mit *einer effizienten Verhandlungsstrategie für die weniger mächtige Partei* befassen.

Strategische Tips für die weniger mächtige Partei

Allgemeine Bemerkungen

Zuallererst dürfen Sie sich auf keinen Fall von Ihren Auftraggebern tyrannisieren lassen. Prüfen Sie anhand von Tabelle 8 nach, wo und wie diese Gefahr auftritt: in Form von Beschuldigungen und schlechter Behandlung, Appellen an „prinzipielle Fragen" oder durch die Stereotypisierung des Gegenspielers.

Spezifische Punkte

☐ Machen Sie klare und spezifische Vorschläge.

☐ Stellen Sie unaufhörlich Fragen zu den Schwierigkeiten und den Kosten, die die mächtigere Partei tragen muß, wenn sie weiterhin ihre eigenen Vorschläge durchsetzen will.

☐ Zeigen Sie ausdrücklich Ihre Bereitschaft, diese Probleme gemeinsam mit der mächtigeren Partei anzupacken und den Aufwand dafür so niedrig wie möglich zu halten.

Vom emotionalen Gesichtspunkt aus kann diese Taktik zwar sehr unbefriedigend sein, weil „wir letztendlich doch recht haben" oder weil „das, was die andere Seite will, schlichtweg verrückt ist". Denn es ist viel befriedigender zu bohren, an Prinzipien zu appellieren, das weiterhin zu fordern, was die eigenen Auftraggeber von einem erwarten usw. Doch verschlechtert dieses Verhalten nur die eigene Verhandlungsposition!

Bei wachsendem Einfluß

☐ Verlegen Sie sich auf einen wohlkalkulierten Kampf, um Ihre eigene strategische Position zu verbessern;

☐ nennen Sie die extremsten Auswirkungen, die eintreten, wenn kein Kompromiß erreicht wird;

- ☐ mobilisieren Sie Ihre Auftraggeber, durch geeignete Maßnahmen die eigene Macht zu demonstrieren.

Mit abnehmendem Einfluß

- ☐ Unterbrechen Sie, verschieben Sie, vertagen Sie;
- ☐ ergreifen Sie die Initiative, machen Sie detaillierte Vorschläge.

Van Reekum und Segers (1968) machten zu diesem Thema mehrere Vorschläge. Drei davon lauten wie folgt:

- ☐ Gehen Sie davon aus, es herrsche Übereinstimmung, und arbeiten Sie die Einzelheiten gemeinsam aus;
- ☐ bieten Sie Alternativen an, aus denen man eine Auswahl treffen kann;
- ☐ wandeln Sie Einwände in Bedingungen um.

Wichtige Punkte

1. Hüten Sie sich davor, eine Mindestgrenze für Ihre eigenen Forderungen zu setzen, wenn Sie diese nicht begründen können. Eine Mindestgrenze hat einen restriktiven Effekt: Sie bildet ein Hindernis für die Exploration des Verhandlungsspielraumes.
2. Versuchen Sie eine Alternative für den Fall zu entwickeln, daß kein Kompromiß erzielt wird:
   - Was wird geschehen, wenn kein Kompromiß erreicht wird?
   - Was können wir dagegen tun?
   - Welches sind die vielversprechendsten Ideen, und wie können wir sie in die Tat umsetzen?

So schwierig dies auch sein mag: Es ist die einzige Möglichkeit, Ihre eigene Position ins richtige Verhältnis zu rücken. Solange es in einem solchen Fall keine Alternative gibt, sind Sie immer in der Position des Unterlegenen oder des Opfers.

Aber bedenken Sie: Gute Alternativen fallen nur selten vom Himmel. Sie müssen manchmal mit großer Mühe entwickelt werden.

Versuchen Sie auch, sich Alternativen für die andere Partei vorzustellen, die möglich wären, wenn kein Kompromiß erreicht werden würde.

Je größer der Machtunterschied, desto klüger ist es, möglichst viele *gemeinsame* Kriterien aufzustellen und von ihnen ausgehend zu verhandeln. Je mehr gemeinsame Normen, Prämissen, Kriterien etc., die eine Rolle in den Verhandlungen spielen können, es gibt, desto besser. Noch einmal: Explorieren Sie! Was haben wir gemeinsam, was sind die zugrundeliegenden Interessen?

Liefer- und Rechnungsanschrift:

Name/Firmenanschrift

Vorname

Straße

PLZ/Ort

Bestelldatum/Unterschrift

WERBEANTWORT

POSTKARTE

Bitte mit Postkartenporto freimachen, falls Briefmarke zur Hand

Vom Kampf zum Verhandeln

Alles oder nichts.
Angriff ist die beste Verteidigung.
Es geht um Sieg oder Niederlage.
Auge um Auge, Zahn um Zahn.
Wer nicht hören will, muß fühlen.
Mit dem ersten Schlag ist schon die halbe Schlacht gewonnen.

Wie können wir einen Gegenspieler, der eine solche Kampfstrategie verfolgt, zum Verhandeln bringen? Nach einer kurzen Analyse des Kampfverhaltens werden wir in diesem Kapitel mehrere Wege aufzeigen, wie man mit dieser Situation umgehen kann.

Kampfverhalten

Wer eine Kampfstrategie verfolgt, will dominieren und den Gegenspieler unterwerfen. Auf alle mögliche Arten versucht die eine Partei, die Oberhand über die andere zu gewinnen und den Sieg davonzutragen. Beispiele für ein solches Kampfverhalten sind:

- Verursachung von Schäden, Verlusten und Unannehmlichkeiten durch Aktionen wie Demonstrationen, Boykotte, Streiks und Sit-ins;
- das Hervorheben negativer Aspekte im Bild des Gegenspielers;
- Zwietracht säen;
- dem Gegner nicht zuhören, an ihm herumnörgeln, ihn niedermachen;
- die Kompetenz und die Motive des Gegenspielers in Zweifel ziehen und ihn lächerlich machen;
- Verspotten der Vorgehensweisen, Regeln, Normen und Übereinkünfte;

- Anwendung von Schockeffekten, persönlichen Angriffen, Drohungen, Erniedrigungen, Schmeicheleien, Zornesausbrüchen, bis der Gegenspieler beginnt, Fehler zu machen;
- der Versuch, den Gegenspieler zu isolieren, überall Unterstützung für den eigenen Standpunkt zu finden und eine öffentliche Ablehnung des Gegenspielers zu bewirken;
- absichtliche Verbreitung von Fehlinformationen;
- soviel Verwirrung, Unsicherheit und Unklarheit wie möglich verbreiten;
- das Treffen von Entscheidungen überstürzen oder endlos hinausziehen;
- den Gegenspieler in eine untergeordnete Position hineinmanövrieren, indem man ihn heruntermacht, ihm widerspricht, bevor er nur den Mund aufmacht, nur die Dinge hört, die man gegen ihn verwenden kann etc.

Vorteile

Eine Kampfstrategie hat einen stark mobilisierenden und aktivierenden Effekt auf die eigene Partei; sie kann auch emotional sehr befriedigend sein.

- Wenn eine Partei nicht sehr stark von ihrem Gegenspieler abhängig ist, kann sie durch Kampf oft mehr gewinnen als durch Verhandeln.
- Interne Differenzen werden beigelegt, der Zusammenhalt wächst, den Unterhändlern werden von den Auftraggebern große Vollmachten zugestanden.
- Wenn eine Partei eine klare Vormachtstellung hat, kann dies ein schneller Weg sein, um einen Konflikt beizulegen.
- Für eine Partei, die bei ihren Gegnern noch nicht anerkannt ist, kann ein zeitweiliges Kampfverhalten bewirken, daß sie am Verhandlungstisch ernstgenommen wird.

Nachteile

- Der Gegenspieler wird verfälscht wahrgenommen; die „schlechte" Seite wird immer stärker betont, während die „guten" Elemente aus dem Bild verdrängt werden.
- Das Vertrauen wird nachhaltig beeinträchtigt; der Verlierer sinnt ständig auf Rache; wahrscheinlich folgen nun scharfe Konflikte.
- Die weniger geschickten oder weniger aggressiven „Kämpfer" verlassen die Szene, was den Verlust eines wichtigen Energiepotentials und der Kreativität bedeuten kann.
- Im Eifer des Gefechts neigen die Beteiligten dazu, aus den Augen zu verlieren, worum es eigentlich in diesem Konflikt geht, und sind sich auch der Konsequenzen nicht mehr bewußt. Alles, manchmal sogar die eigenen Interessen, müssen zurückstehen, um dem Gegner einen „Sieg" abzuringen. Dies ist ein sehr schwerwiegender Nachteil.

Es ist äußerst schwierig, einen Gegenspieler, der eine Kampfstrategie verfolgt, zu veranlassen, seine Strategie zu ändern. Noch schlimmer ist, daß die Beteiligten, wenn sie mit einem Kämpfer konfrontiert werden, selbst dazu neigen, zu einer Kampfstrategie überzugehen, so daß eine weitere Eskalation zu erwarten ist: „Der Gegenspieler spielt hart, dann werden wir ebenfalls hart spielen." Es ist zweifelhaft, ob man damit seinen eigenen Interessen gerecht wird. Um nicht *unabsichtlich* in einen Kampf verwickelt zu werden, ist es deshalb wichtig, Alternativen zu haben.

Möglichkeiten, einem Kampfverhalten zu begegnen

All diesen Möglichkeiten ist gemeinsam, daß sie nur dann eine Chance haben, wenn Sie sich selbst gut darauf vorbereitet haben. Vorbereitung und Planung für den einen oder anderen Fall ist also die erste Notwendigkeit. Zweitens ist es immer wichtig, daß Sie eine gewisse Tendenz in sich feststellen und wahrscheinlich auch ein Druck von Ihren Auftraggebern auf Sie ausgeübt wird, hart zu verhandeln. Am besten läßt sich diese Tendenz kontrollieren, indem man *seine eigenen klaren Ziele* hat. Wenn Sie bei einer Konfrontation Ihre eigenen Interessen klar vor Augen haben, wenn Sie wissen, was sie erreichen wollen, können Sie jede Ihrer Handlungen an diesem Maßstab messen.

Die folgenden Taktiken können benutzt werden:

- ☐ Versuchen Sie herauszufinden, was sich hinter dem Kampfverhalten des Gegenspielers verbirgt.
- ☐ Weichen Sie dem Kampf aus. Zum Streiten gehören zwei; wenn einer den Angriff ignoriert, kommt es nicht zum Streit.
- ☐ Vertreten Sie Ihre Position weiterhin so unerschütterlich wie möglich. Dadurch geraten die Verhandlungen oft in eine Sackgasse, und der Gegenspieler kann sich veranlaßt sehen, die Dinge anders anzupacken.
- ☐ Sagen Sie klar und deutlich, daß Sie nicht auf diese Weise verhandeln möchten. Nennen Sie die Regeln und Bedingungen, unter denen Sie mit dem anderen verhandeln.

Die erste dieser Vorgehensweisen umfaßt vier Schritte, die anderen Vorgehensweisen erklären sich von selbst:

1. Bringen Sie in Erfahrung, weshalb sich die andere Partei so verhält. Also nicht nur, was die inhaltliche, geschäftsmäßige Seite, das heißt Probleme und Interessen, betrifft, sondern auch alle möglichen sozio-emotionalen Irritationen, die die andere Partei möglicherweise empfindet.
2. Prüfen Sie nach, welche Rolle Sie selbst bei der Verursachung der unter Punkt 1 genannten Probleme spielen. Dabei könnte folgendes ans Tageslicht kommen:
   - Der Gegenspieler befolgt getreu die „Linie seiner Partei“, und Sie werden nur als Testfall benutzt oder zur Partei in einem viel umfassenderen Konflikt gemacht.
   - Der Gegenspieler hat mehrere konkrete Wünsche, befürchtet aber, daß diese nicht durch Diskussion und Verhandlung er-

füllt werden können. „Es kat keinen Sinn, gegen eine Wand zu reden."

- Der Gegenspieler zieht schlichtweg eine Schau für seine Auftraggeber ab.
- Der Gegenspieler denkt, er habe es mit einer Partei zu tun, die im Sinne von „Verlieren oder gewinnen" denkt und die den Streit sucht.
- Der Gegenspieler kämpft darum, als ernsthafter Verhandlungspartner anerkannt zu werden.
- Der Gegenspieler fühlt sich durch das Verhalten der Gegenseite aufs Kreuz gelegt, manipuliert, ungerecht behandelt etc.

3. Die Punkte 1 und 2 führen oft zur Ermittlung der Fragen, die verhandelt werden sollen. Was wollen wir, was wollen die anderen?

4. Erreichen Sie einen Kompromiß durch Verhandeln.

Das Verhandlungsgitter und persönliche Verhandlungsstile

Das Dilemma, das Unterhändler bewältigen müssen, besteht darin, ein Gleichgewicht zwischen der wechselseitigen Abhängigkeit und den unterschiedlichen Interessen zu finden. Die geschickte Bewältigung dieses Dilemmas erfordert ein gewisses Maß an Flexibilität und eine besondere Kombination von Kooperations- und Konkurrenzverhalten. In diesem Kapitel wird ein Modell beschrieben, mit dessen Hilfe sich verschiedene persönliche Verhandlungsstile erläutern lassen. Vielleicht werden Sie darin auch Ihren eigenen Stil wiedererkennen. Denken Sie jedoch daran, daß der Effekt eines jeden Stils von der jeweiligen Situation abhängt, in der er angewendet wird: Deshalb ist vielleicht der beste Stil derjenige, der sich optimal an die jeweiligen Bedingungen anpaßt. Dies ist nicht immer leicht. Ein Teil unseres Verhaltens ist tief in uns verwurzelt – niemand ist zu 100 Prozent flexibel. Ein Grund mehr, weshalb Sie sich Ihrer eigenen Tendenzen in Verhandlungssituationen bewußt sein sollten; nur dann ist es möglich, den Verhandlungsstil entsprechend darauf einzustellen.

Zwei Arten des Verhaltens

Bei der Charakterisierung von Verhandlungsstilen werden wir mit zwei Dimensionen des Verhandlungsverhaltens arbeiten, die nach der Auffassung von erfahrenen Unterhändlern wie auch von Wissenschaftlern von zentraler Bedeutung sind.

Die erste Dimension lautet: *Wie geht ein Unterhändler mit dem Spannungsverhältnis zwischen Kooperation und Kampf um?* Bei dieser Dimension wird sein Stil von dem Ausmaß bestimmt, in dem seine Haltung und seine Handlungen ein Anerkennen von In-

Kooperation:		*Kampf:*
nachgiebig, jovial, persönlich, freundlich, fördert eine gute Atmosphäre, offen, aufgeschlossen gegenüber den Argumenten anderer	←――→	starrsinnig, aggressiv, Punkte sammelnd, Zwang, will andere beherrschen, berechnend, setzt Eigeninteresse an die erste Stelle

Abbildung 14: Verhandlungsverhalten: Die „Kooperation-Kampf"-Achse

terdependenz und Interaktion verkörpern, was im Gegensatz zu einer mehr aggressiven und dominierenden Haltung steht. Welche enorme Bedeutung diese Verhaltenspolarität für die Verhandlungspartner hat, ist in „Verhandeln: Eine erste Orientierung" auf Seite 23ff. beschrieben worden. Die beiden Pole sind schematisch in Abbildung 14 dargestellt.

Die zweite Dimension lautet: *Wie explorativ ist ein Unterhändler?* Eine aktive Haltung, die Flexibilität in der Vorgehensweise bei der Suche nach Lösungen zum Ziel hat, ist von zentraler Bedeutung. Manche Unterhändler sind ständig auf der Suche nach Lösungen, die für beide Parteien relativ zufriedenstellend sind. Dies kann möglich sein, auch ohne daß man in die Falle des Konzessionenmachens gerät. Seien Sie fest, aber flexibel! Um dies zu erreichen, wird ein umfassender Informationsaustausch benötigt – genauer

Flexibel:		*Vermeidend:*
explorierend, sucht nach Hintergrund- informationen und mög- lichen Alternativen	←――→	passiv, bleibt eingleisig, sich wiederholend, distanziert, starr

Abbildung 15: Verhandlungsverhalten: Die „Flexibel-vermeidend"-Achse

gesagt: das Ausprobieren von möglichen Lösungen in Form von provisorischen Vorschlägen, lautem Denken und „Abtasten“ des Gegners. Jedes nur mögliche integrative Potential kann voll ausgeschöpft werden. Konzessionen zu machen, würde den in diese Richtung gehenden Impuls nur abschwächen.

Das Grundkonzept, das dahinter steckt, ist die Interdependenz. Die Parteien verhandeln, weil sie voneinander abhängig sind – Abhängigkeit impliziert gegenseitige Interessen. Versuchen Sie deshalb, das Allgemeinwohl so plastisch wie möglich darzustellen. Die beiden Pole dieser Verhaltensachse werden in Abbildung 15 gezeigt.

Um diese Polarität zu verstehen, muß man erkennen, daß man passiv sein kann, obwohl man sich allem Anschein nach aktiv verhält. Dies kann sich derart äußern, daß man immer die gleichen Argumente auf viele verschiedene Arten wiederholt, sich zäh an den ursprünglichen Prämissen festklammert und neue Informationen ablehnt, eine bestimmte Lösung unbeirrt verteidigt oder das Thema zu einer Frage des Prinzips macht, über die nicht verhandelt werden kann. Taktisch mag dieses Verhalten manchmal effektiv sein, solange sich der Betreffende im klaren darüber ist, daß dies eine Verschanzung bedeutet und damit der Suche nach integrativem Potential – zumindest vorübergehend – einen Riegel vorschiebt. Dieses Verhalten kann sich zwar sehr aktiv und stimmgewaltig manifestieren, aber in Wirklichkeit wird die Suche nach einem Kompromiß vermieden.

Jeder der vier Pole, die diese beiden Dimensionen umreißen, steht für einen bestimmten Verhandlungsstil.

- *Kampf:* Das Verfolgen des Eigeninteresses auf Kosten des anderen. Dieser Stil ist oft auch auf Macht ausgerichtet, wobei der Kämpfende auf alle verfügbaren Waffen zurückgreift – auf fachliches Wissen, auf seinen Rang, auf finanzielle Sanktionen –, um den Sieg zu erringen. Kampf kann als „Selbstbehauptung“ getarnt auftauchen oder als Verteidigung eines Standpunktes, weil „man im Recht ist“.
- *Kooperation:* In Situationen mit gegensätzlichen Interessenlagen führt dieser Stil oft zum Nachgeben. Ein wichtiges Element

Tabelle 9: Persönliche Verhandlungsstile

	Analytisch-aggressiv	*Flexibel-aggressiv*	*Ethisch*	*Jovial*
Produktive Aspekte	Sorgfältige Analyse. Präferenz für harte Tatsachen und Zahlen, gesunde Logik. Wägt alle Alternativen im voraus ab. Verläßt sich auf solide Vorgehensweisen. Sorgt dafür, daß die Dinge vorhersehbar sind. Hält beharrlich an gesteckten Zielen fest.	Will, daß die Dinge erledigt werden; mag Leistung. Möchte gerne andere organisieren und antreiben. Nutzt seine Chancen. Handelt schnell, liebt Herausforderungen. Ist fähig, einem hohen Maß an Spannung standzuhalten; hält die Dinge am Laufen, bringt neue Ideen hervor.	Vertrauen und Glaube an gemeinsame Werte. Setzt hohe Normen. Selbständiges Denken, hält an Prinzipien fest. Entwickelt Vorschläge im gemeinsamen Interesse. Rücksichtsvoll, hilfreich, engagiert. Schlägt oft eine „Brücke" zwischen zwei Parteien.	Gesellschaftlich geschickt, persönlicher Charme, diplomatisch. Versucht, das Klima positiv zu beeinflussen. Darauf bedacht, die Dinge auszuprobieren, sensibel gegenüber integrativen Lösungen. Flexibel.
Weniger produktive Aspekte, wenn im Übermaß angewendet	Übermäßige Beschäftigung mit Details, keine Möglichkeit zum Improvisieren. Nicht sensibel genug gegenüber dem Verhandlungsklima.	Dominierend, gibt anderen zu wenige Chancen. Wird leicht ungeduldig und impulsiv.	Beginnt zu „predigen". Ist übermäßig besorgt um Ideale und gemeinsame Werte bis zu dem Punkt, an dem er unrealistisch wird.	Bietet zu wenig Widerstand. Zögert, einen festen Standpunkt einzunehmen, wird ambivalent.
Tendenzen in einem Konflikt	Häuft immer mehr „Beweise" an, daß er im Recht ist; wird starrsinnig.	Macht keine Zugeständnisse, selbst wenn er weiß, daß er unrecht hat. Wird zornig, neigt zu Zwang und Druck. Versucht alles in seiner Macht Stehende, um zu siegen.	Hält an seiner Sache fest, weil er „recht" hat, oder gibt enttäuscht nach. Wird desillusioniert, gerät ins Abseits.	Macht zu viele Kompromisse. Gibt nach, um Harmonie und Goodwill aufrechtzuerhalten.

kann hier in der wahrgenommenen Notwendigkeit bestehen, vor allem dafür zu sorgen, gute persönliche Beziehungen zu erhalten.

- *Vermeiden:* Weigerung, sich der Konfrontation überhaupt zu stellen. Vermeiden kann darin bestehen, daß man diplomatisch ausweicht, aufschiebt, hartnäckig an einem bestimmten Verfahrensweg festhält und daraus eine „Frage des Prinzips" macht oder einfach der ganzen Situation ausweicht.
- *Explorieren:* Sondieren, versuchen, eine Lösung zu finden, die den Interessen der beiden beteiligten Parteien am besten entspricht. Dies bedeutet, ein Thema genau zu prüfen, um die zugrundeliegenden Interessen zu bestimmen und Alternativen auszuloten, die diesen am besten entsprechen.

Wir begegnen oft Mischformen der verschiedenen Stile; im folgenden wollen wir auf vier dieser Formen näher eingehen.

Vier Verhandlungsstile

Aus der Kombination der beiden Dimensionen ergibt sich ein Raster (Abbildung 16), das uns hilft, die Verhandlungsstile zu beschreiben. Um detaillierter darzulegen, wie diese Stile charakteri-

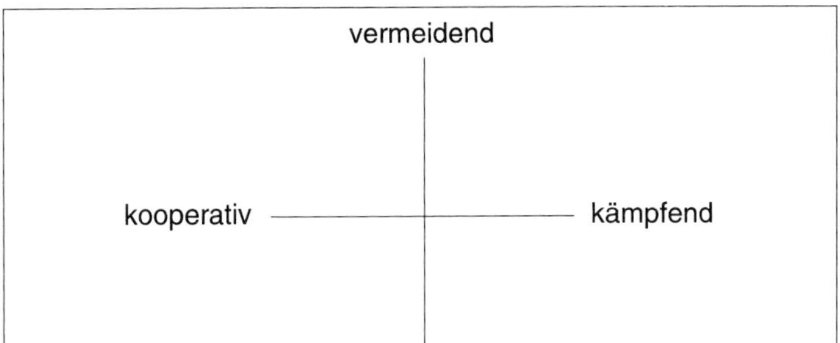

Abbildung 16: Verhandlungsstile

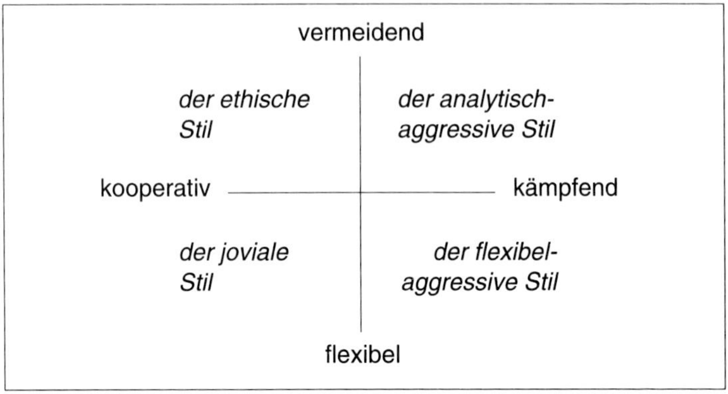

Abbildung 17: Ausführliche Erklärung der Verhandlungsstile

siert werden können, wird in Abbildung 17 und Tabelle 9 auf vier Ausprägungen von Verhandlungsstilen ausführlich eingegangen.

Resümee

Ihr persönlicher Verhandlungsstil ist nur ein Element beim Verhandeln. Erfahrene Unterhändler wissen, wie sie ihren Stil anpassen können: an eine bestimmte Situation, an die Mittel, die ihnen im Augenblick zur Verfügung stehen, an ihre Beziehung zu ihren Auftraggebern, an die jeweilige Verhandlungsphase, an die Persönlichkeiten ihrer Gegenspieler etc.

Wie solche Faktoren das Verhandeln beeinflussen können, ist bereits in früheren Kapiteln beschrieben worden. Ein gewisses Bewußtsein der eigenen Tendenzen in der Frage des Stils und eine gewisse Fähigkeit, sie zu variieren, scheinen mir die besten Ziele in diesem Bereich zu sein. Ein Stil wäre ideal, der

1. die gegenseitige Abhängigkeit zum Ausdruck bringt,
2. mit Festigkeit die eigenen Interessen vertritt und
3. aktiv im Einholen von Informationen und im Sondieren von Alternativen ist.

Verhandeln: Einige Faustregeln

Das folgende Kapitel enthält eine Sammlung von Taktiken und Faustregeln, die von erfahrenen Unterhändlern empfohlen werden.

Zeit

Zeit ist ein sehr wichtiger Faktor bei Verhandlungen. Die Beteiligten brauchen Zeit, um sich mit Neuem vertraut zu machen. Widerstand und Opposition gegen einen neuen Vorschlag sind natürlich: Die Menschen müssen nicht nur von den Argumenten überzeugt werden, sondern sie brauchen auch und manchmal vor allem Zeit, um sich mit ihnen abzufinden. Oft kommen die Parteien mit unrealistischen Zielen und Voraussetzungen in die Verhandlung, und während der Verhandlung gibt es dann ein unsanftes Erwachen. Wünsche und Illusionen können jedoch nicht von einem Augenblick zum anderen aufgegeben werden – deshalb ist Geduld ein wichtiger Faktor bei Verhandlungen. Mit Geduld kann man bewußt die Zeit für sich arbeiten lassen.

Zeitliche Grenzen und Zeitdruck sind Bestandteil von Verhandlungen. Versuchen Sie deshalb immer, beides zu Ihren Gunsten arbeiten zu lassen:

- ☐ Lassen Sie sich von Ihren Auftraggebern nicht unter Zeitdruck setzen.
- ☐ Achten Sie auf die Zeitfaktoren, die für Ihre Gegenspieler wichtig sind, zum Beispiel bestimmte Konferenzen, bei denen sie Resultate vorzeigen müssen, Urlaubszeiten und Feiertage etc.
- ☐ Wenn Ihr Gegenspieler alle Zeit der Welt zur Verfügung hat, dann nehmen Sie sich selbst noch mehr Zeit.

- ☐ Seien Sie skeptisch gegenüber Fristen, die andere Ihnen aufdiktieren wollen. Es stellt sich fast immer heraus, daß eine Verlängerung möglich ist.

- ☐ Achten Sie darauf, daß Sie sich selbst keine psychologische Zeitgrenze setzen. Wir planen alle, aber lassen Sie es nicht zu, daß ein Zeitplan zur Schlinge wird, die Sie sich um den eigenen Hals gelegt haben.

Zeitgrenzen haben einen hypnotischen Effekt. Wir neigen dazu, sie zu akzeptieren, selbst wenn wir es nicht wollen. Deshalb ist es für Sie von Vorteil, einen Vorschlag so oft wie möglich mit einem Zeitplan zu verbinden. Das setzt den anderen unter Druck und trägt dazu bei, daß er genau die Entscheidung trifft, die Sie ansteuern.

Sackgassen

Die meisten Menschen fürchten sich vor Sackgassen. Sie sind frustrierend und bewirken, daß man sich blockiert und hilflos fühlt, während andererseits die Spannung steigt. Ab und zu sind Sackgassen in Verhandlungen unvermeidlich. Man kann sie bewußt als taktische Waffe einsetzen, so daß sie zum Druckmittel werden. Bei einer Sackgasse werden Ausdauer und Kraft der anderen Partei getestet. Die bewußt herbeigeführte Sackgasse ist auch ein Mittel, um neue Informationen zu gewinnen oder alternative Lösungen zu suchen.

Möglichkeiten, eine Sackgasse zu überwinden, sind:

- vorübergehend die Verhandlungen zu vertagen;
- eine Zusammenfassung oder Übersicht über die verschiedenen Standpunkte zu geben;
- eine kleine Konzession zu machen oder in Aussicht zu stellen;
- gemeinsam die verschiedenen Alternativen zu explorieren und ihre jeweiligen Konsequenzen für die Parteien aufzuzeigen, wenn die Sackgasse weiter bestehen bleibt;
- die Zusammensetzung der Delegation zu ändern;

- einen anderen Tagungsort zu suchen;
- einen veränderten Vorschlag zu machen;
- den Teil der Verhandlungen, der Schwierigkeiten bereitet, auf später zu verschieben;
- eine dritte Partei hinzuzuziehen;
- eine formlose Studie zu fordern;
- einen kleinen Teil des Pakets herauszupicken und darüber eine Übereinstimmung zu erzielen;
- die Lösungen nochmals systematisch vorzustellen;
- emotional zu werden oder zu drohen, wenn jemand aufbraust;
- sich eine Schlüsselfigur aus der anderen Delegation zu suchen, die man exemplarisch besänftigen oder unter Druck setzen kann;
- ein gemeinsames Komitee einzusetzen.

Fragen und Antworten

Vielen Menschen fällt es sehr schwer, auf eine Frage schnell eine genaue Antwort zu geben. Wenn Sie zu diesen Menschen gehören, ist es am besten, sich im voraus zu überlegen und aufzuschreiben, welche Fragen man Ihnen möglicherweise stellen kann. Denken Sie aber daran, daß manche Fragen es nicht verdienen, eine Antwort zu bekommen. Allgemein kann man jedoch sagen, daß Ihre Antwort um so besser sein wird, je mehr Zeit Sie haben, über eine Frage nachzudenken. Vorschläge in diesem Zusammenhang sind:

☐ Antworten Sie nie, bevor Sie die Frage nicht ganz verstanden haben; bitten Sie die Gegenpartei notfalls darum, sie zu erklären.

☐ Denken Sie daran, daß Sie auch eine Antwort geben können, die nur einen Teil der Frage beantwortet.

☐ Eine Möglichkeit, Fragen zu umgehen, besteht darin, auf eine andere Frage zu antworten, die gar nicht gestellt wurde.

☐ Manche Fragen können auf Eis gelegt werden, weil die Informationen zu ihrer Beantwortung unzureichend sind.

Fragen öffnen die Augen. Sie fördern den Informationsaustausch und das Verständnis zwischen den Parteien. Der kürzeste Weg zum Verständnis ist eine gute Frage. Dabei sollte folgendes beachtet werden:

- ☐ Stellen Sie keine antagonistischen Fragen.
- ☐ Stellen Sie keine Fragen, die die Ehrlichkeit des anderen bezweifeln; dadurch wird er auch nicht ehrlicher.
- ☐ Vergessen Sie bei Ihrem Wunsch, eine Frage zu stellen, nicht das Zuhören; notieren Sie die Frage, und warten Sie auf den richtigen Zeitpunkt.
- ☐ Sorgen Sie dafür, daß Sie Ihre Frage schon rechtzeitig formuliert haben.
- ☐ Haben Sie den Mut, Fragen zu stellen, mit denen Sie in anderer Leute Angelegenheiten herumschnüffeln.
- ☐ Haben Sie den Mut, dumme Fragen zu stellen.
- ☐ Haben Sie den Mut, Fragen zu stellen, denen ausgewichen wird; die Antwort kann außergewöhnliche Informationen liefern.
- ☐ Unterbrechen Sie oft genug, um neue Fragen zu formulieren.
- ☐ Fragen Sie beharrlich weiter, wenn die Antwort ausweichend oder unzureichend ist.

Zu den Antworten, die keine Antworten sind, zählen folgende: „Würden Sie die Frage wiederholen?“ „Ich verstehe die Frage nicht ganz.“ „Das hängt ganz davon ab.“ „Das ist ein ganz anderes Thema.“ „Sie müssen die Vorgeschichte verstehen; es begann alles mit ...“ „Bevor ich antworte, sollten Sie die Vorgehensweise verstehen.“ „Ich habe damit keine Erfahrung, aber ich habe gehört ...“ „Das ist keine Frage von ja oder nein, sondern von dem Ausmaß, ...“ „Wollen wir das mal genauer betrachten.“ „Es ist nicht genau so, wie Sie es sagen.“ „Das ist eine Frage, wie man es betrachtet.“ „Wie ich gerade sagte ...“ „Manchmal laufen die Dinge einfach so ...“

Vertagen

Die Effektivität des Verhandelns nimmt zu, wenn viele Aufschübe gefordert werden; das ist sinnvoller als lange Gespräche und kurze Pausen. Verhandeln ist kein Ping-Pong-Spiel, in dem jeder Schlag sofort erwidert werden muß. Bitten Sie um Zeit, und nutzen Sie sie, um sich mit Ihren Leuten zu beraten und damit:

- sich einen Überblick darüber zu verschaffen, was sie gehört haben;
- sich Fragen zu überlegen;
- neue Argumente zu entwickeln;
- neue Alternativen zu erkunden;
- mögliche Konzessionen zu diskutieren;
- Experten zu konsultieren;
- Regeln und Abmachungen (Vorgehensweisen) zu überprüfen;
- Veränderungen der Umstände oder Bedingungen zu untersuchen;
- sich auf unangenehme Fragen vorzubereiten;
- sich selbst neue Fragen zu überlegen.

Das Ziel

Je höher das angestrebte Ziel ist, desto besser sind die Ergebnisse. Menschen, die sich ein höheres Ziel setzen und Anstrengungen unternehmen, um es zu erreichen, haben mehr Erfolg. Jedoch birgt ein hohes Ziel auch das Risiko, in eine Sackgasse zu geraten. Trotzdem gilt: Wenn Sie sich höhere Ziele setzen, erzielen Sie auch ein besseres Resultat.

Bleiben Sie jedoch realistisch. Wenn Sie extreme Positionen einnehmen oder unbegründete Forderungen stellen, ohne dafür eine kleine Gegenleistung anzubieten, schadet das nur Ihrem Ruf. Es erweckt den Eindruck, daß man Sie nicht ernstzunehmen braucht, daß Sie nicht glaubwürdig sind. Eine gute Regel lautet: Fordern Sie nichts, was Sie nicht mit Fakten und Argumenten untermauern können; beginnen Sie mit der höchsten *vertretbaren* Forderung.

Konzessionen

- ☐ Geben Sie sich selbst Verhandlungsspielraum; beginnen Sie hoch, aber nie höher, als Sie es mit Argumenten erhärten können.
- ☐ Lassen Sie die andere Partei das erste Zugeständnis in einer wichtigen Angelegenheit machen, während Sie selbst die Initiative bei weniger wichtigen Punkten ergreifen.
- ☐ Sparen Sie sich Ihre eigene Konzession auf; je länger die andere Partei warten muß, desto mehr wird sie diese zu schätzen wissen.
- ☐ Wie-du-mir-so-ich-dir-Konzessionen sind nicht notwendig; wenn der andere 60 Prozent gibt, können wir 40 geben. Wenn er sagt: Laßt uns die Differenz gleichmäßig aufteilen, können Sie immer noch sagen: „Das kann ich nicht!"
- ☐ Haben Sie keine Angst, „nein" zu sagen; wenn Sie mehrere Male „nein" gesagt haben, wird die andere Partei aufhören zu fragen.
- ☐ Haben Sie keine Angst, eine Konzession zurückzuziehen, die Sie zuvor gemacht haben.
- ☐ Machen Sie eine Konzession, die Sie nichts kostet, wie zum Beispiel:
  - die Zusage, sich die Dinge zu überlegen;
  - dem anderen zuzusichern, daß man ihm, obwohl man möchte, wirklich nicht entgegenkommen kann;
  - zu zeigen, daß andere kompetente und respektierte Personen die gleiche Entscheidung getroffen haben;
  - eine so gründliche Erklärung zu geben wie nur möglich.

Tagesordnung

Wer die Tagesordnung kontrolliert, bestimmt, was zur Diskussion gestellt wird, und, was noch wichtiger ist, was nicht zur Diskussion gestellt wird. Von der Tagesordnung geht eine gewisse Initiative aus; immerhin ist sie der Plan, nach dem die Verhandlungen ablaufen.

☐ Sprechen Sie über die Tagesordnung, bevor die Verhandlungen beginnen.

☐ Akzeptieren Sie nicht einfach eine Tagesordnung von der anderen Partei, ohne die Konsequenzen zu durchdenken.

☐ Prüfen Sie nach, wo und wie Ihre eigenen Themen am besten eingebracht werden können.

☐ Wenn die Tagesordnung von der anderen Partei formuliert wurde, prüfen Sie nach, ob wichtige Themen ausgelassen wurden.

Die Kraft der Überzeugung

Kennen Sie Ihre Fakten

☐ Seien Sie informiert über die Vorgeschichte, über die Organisation und über die Person, mit der Sie verhandeln werden.

☐ Haben Sie den Mut, den anderen zu bitten, seine Befugnis oder seinen Kompetenzbereich zu beschreiben.

☐ Seien Sie informiert über die Organisationsstruktur der anderen Partei.

☐ Kennen Sie alle notwendigen Unterlagen.

Achten Sie darauf, wie Sie sich präsentieren

☐ Wie sitzen Sie (nicht allzu lässig, aber auch nicht zu angespannt)?

☐ Schauen Sie die Anwesenden an.

☐ Strukturieren Sie, was Sie sagen (sprechen Sie geordnet, einfach, prägnant).

- ☐ Benutzen Sie die verfügbaren technischen Hilfsmittel (zum Beispiel den Projektor).
- ☐ Machen Sie Atempausen; rattern Sie nicht unaufhörlich weiter.

Vertreten Sie eine konstruktive Haltung, ohne nachzugeben

- ☐ Es ist besser mit Themen zu beginnen, bei denen eine Übereinkunft leicht erreicht werden kann, als mit kontroversen Fragen.
- ☐ Die Übereinstimmung über kontroverse Fragen läßt sich leichter erreichen, wenn sie mit Themen verbunden werden, bei denen es relativ einfach ist, zu einer Übereinkunft zu gelangen.
- ☐ Die Akzeptanz wird größer, wenn Ähnlichkeiten mehr hervorgehoben werden als Unterschiede.
- ☐ Eine Übereinstimmung läßt sich leichter erreichen, wenn man gemeinsame Interessen entdecken kann.
- ☐ Tragen Sie lieber selbst provisorische Zusammenfassungen und Schlußfolgerungen vor, als dies der anderen Partei zu überlassen.

Beschränken Sie sich selbst in Ihren Argumenten

Je mehr Argumente Sie vorbringen, desto größer ist das Risiko, daß die andere Partei unter Ihren Argumenten eines findet, das schwach ist. Ihre anderen Argumente werden dadurch auch in ihrem Wert gemindert.

Der erfahrene Unterhändler gebraucht seine Fakten selektiv und fragt sich ständig, wie und wann er sie so überzeugend wie möglich präsentieren kann. Er macht sparsamen, aber überzeugenden Gebrauch von gedruckten Informationen (Berichten, Gesetzestexten, Statistiken etc.).

Üben Sie Selbstdisziplin beim Debattieren

Manchmal ufern Verhandlungen in schier endlose Debatten aus: Die Teilnehmer wiederholen nur dieselben Argumente wieder und wieder. Sie fühlen sich berufen, immer wieder die gleichen Dinge zu erklären und „Mißverständnisse" zu beseitigen etc. Der Wert all dieser Bemühungen ist minimal – Sie tragen viel eher dazu bei, das Klima zu verschlechtern. Eine gute Möglichkeit, dem ein Ende zu setzen, besteht darin, einen Vorschlag zu machen und die Diskussion auch im folgenden auf Vorschläge auszurichten: Was will die eine Partei, was will die andere? Unter welchen Bedingungen wäre eine Partei in der Lage, einem Vorschlag zuzustimmen? Welche Kompromisse sind denkbar? Es kommt nur auf neue Fakten und Argumente an. Die „alten Geschichten" kosten lediglich Zeit und führen zu unnötigen Irritationen.

Emotionale Manipulationen bei Verhandlungen

Bei geschäftlichen Verhandlungen geht es immer um wichtige Dinge: um Personal, Budgets, Verteilung von Befugnissen und Aufgaben. Außer diesen inhaltlichen Dingen gibt es auch den Aspekt der persönlichen Beziehungen zwischen den Beteiligten. Unterhändler verhalten sich unterschiedlich zueinander: Sie zeigen mehr oder weniger Offenheit, Freundlichkeit, Bosheit, Arroganz oder Ruhe. Auf diese Art und Weise beeinflussen sie das Klima.

Während der Verhandlungen machen die Teilnehmer Bemerkungen und Kommentare – manchmal spontan und intuitiv, manchmal absichtlich und berechnend, um bestimmte Gefühle hervorzurufen und beim Gegenspieler Reaktionen auszulösen. Diese Unterhändler zeigen nicht offen, was ihre wahren Absichten bei solchen Aussagen sind; manchmal stehen sie sogar im Gegensatz zu ihrer tatsächlichen Meinung beziehungsweise zielen darauf ab, das Machtverhältnis zu beeinflussen.

Negative und positive Manipulationen

Eine Partei will ihren Gegenspieler vielleicht wissen lassen, daß seine Ansichten und sein Verhalten nicht angemessen sind, daß sie nur Mißbilligung verdienen. Dem Gegenspieler wird zu verstehen gegeben, daß seine Meinung kurzsichtig und seine Überlegung nicht logisch ist, daß er gut daran tun würde, eine konstruktivere Haltung einzunehmen, daß seine Ideen und Prämissen in diesen modernen Zeiten nicht mehr angebracht sind, daß seine Argumentation jeglicher Prinzipien entbehrt.

Andererseits kann ein Unterhändler auch anmerken, daß seine Gegenspieler einen sehr gründlichen und innovativen Bericht formuliert haben, daß sie wegen ihres fortschrittlichen Denkens wohlbekannt sind, daß ihre Prämissen die Basis für weitere Diskussionen sein sollten und daß ihr Beitrag als sehr konstruktiv betrachtet werden kann.

Diese negativen und positiven Bemerkungen drücken oft nicht die wahren Meinungen der Unterhändler aus – sie können sogar genau das Gegenteil ausdrücken! In diesem Fall sprechen wir von *Manipulationen.*

Warum benutzen Unterhändler Manipulationen? Das Ziel ist, bestimmte Gefühle beim Gegenspieler zu erzeugen, und zwar Gefühle, die zu einer Stärkung der Position des Manipulierenden in den Verhandlungen führt. Im Falle von *negativen* Manipulationen sollen Gefühle der Unterlegenheit hervorgerufen werden, Gefühle der Schuld, der Mißbilligung beim anderen.

Beispiele dafür wären etwa der Steuerberater, der seinem Kunden sagt, ein moderner Geschäftsmann könne sich diese Art von finanziellen Machenschaften nicht leisten. Oder der Manager, der seinem Angestellten zu verstehen gibt, daß diese Art der Berichterstattung nicht mit dem Verantwortungsbewußtsein vereinbar ist, das in der Firma vorherrscht. Oder der Gewerkschaftler, der den Arbeitgebern sagt, daß ihre Haltung die Beziehungen zwischen Arbeitnehmern und Arbeitgebern auf Jahre hinaus empfindlich schädigen wird. Ein Mensch, der negative Manipulationen benutzt, hofft, daß sein Gegenspieler dadurch verunsichert wird und nachgibt.

Benutzt ein Mensch hingegen *positive* Manipulationen, will er damit seinen Gegenspieler aufbauen, um ihn zu veranlassen, eine nachgiebigere Haltung einzunehmen. Der Steuerberater könnte zum Beispiel zu dem Geschäftsmann sagen, daß seine kleinen steuerlichen Unregelmäßigkeiten dem Bild seiner erfrischend fortschrittlichen und innovativen Firmenpolitik unnötig schaden. Und der Manager könnte seinen Mitarbeiter dafür loben, daß sein Bericht deutlich besser gewesen sei als der vorherige, und daß nebenbei bemerkt … Und der Gewerkschaftler könnte sagen, daß die Haltung der Arbeitgeber gut in das Muster der gegenwärtigen Arbeitsbeziehungen paßt, daß dies zu einer besseren Verständigung auf beiden Seiten führen könnte, und daß, wenn die Arbeitgeber doch nur eine kleine Änderung in einer Detailfrage vornehmen könnten, alles noch viel besser werden ...

Sind emotionale Manipulationen wirksam?

Erreichen Unterhändler mit ihren Manipulationen jedoch das, was sie wollen? Wird die andere Partei dadurch wirklich nachgiebiger und fügsamer?

Ein erfahrener Unterhändler wird von Manipulationen wenig Notiz nehmen. Er durchschaut sie und weiß, daß sie mit zum Spiel gehören. Wenn sein Gegenspieler zum Beispiel auf übertriebene positive Manipulationen zurückgreift, so nimmt er diese im Zweifelsfall mit Humor auf – Humor wirkt bei Verhandlungen entspannend. Wenn jedoch der Verhandlungspartner häufig negative Manipulationen benutzt, schadet er sich damit nur selbst: Anstatt Nachgiebigkeit zu bewirken, ruft er Verärgerung, Unmut und Unbeugsamkeit hervor.

Ein unerfahrener Unterhändler läßt sich leichter durch Manipulationen beeinflussen. Er fühlt sich bei positiven Manipulationen geschmeichelt und möchte vor allem dafür sorgen, daß dem Fortschritt der Verhandlungen nichts im Wege steht. Das geht solange gut, bis er zu seinen Auftraggebern zurückkehrt, wo er zu hören bekommt, daß die Zugeständnisse, die er gemacht hat, absolut unannehmbar sind und daß man jetzt versuchen muß, die gegebenen Konzessionen rückgängig zu machen. Dann wird ihm langsam dämmern, daß er sich durch Süßholzgeraspel hat einwickeln lassen. Die Schmeichelei der Gegenseite hat nun Zorn und Antipathie auf der anderen Seite bewirkt.

Noch schwieriger ist es für einen unerfahrenen Unterhändler, mit negativen Manipulationen umzugehen. Wenn die Gegenpartei voller Überzeugungskraft und Selbstverständlichkeit ihm Unzuverlässigkeit, Destruktivität oder Unsachlichkeit vorwirft, kann er das innerlich nicht einfach mit einem Schulterzucken abtun. Er bekommt das Gefühl, daß etwas mit ihm nicht stimmen kann, wenn man ihn so negativ beurteilt. Er beginnt also, sich unsicher zu fühlen, zu zögern, zu zweifeln. Und vielleicht sogar nachzugeben. Gefühle der Irritation kommen auf. Er fühlt sich, als ob ihm der Boden unter den Füßen weggezogen wird. Irgendwo ist irgend etwas falsch: aber was? Wie kann man sich dagegen verteidigen?

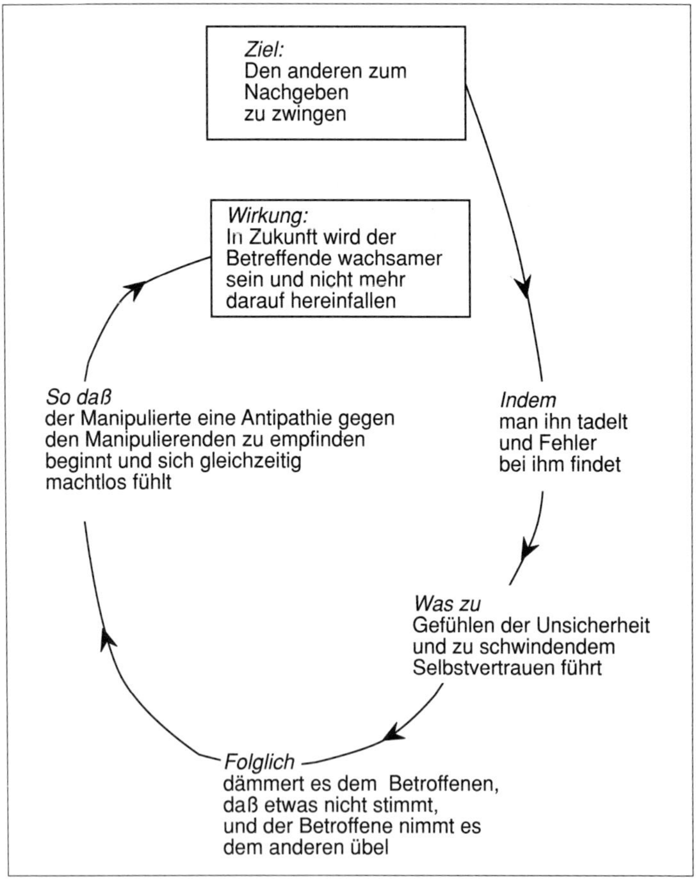

Abbildung 18: Negative emotionale Manipulationen

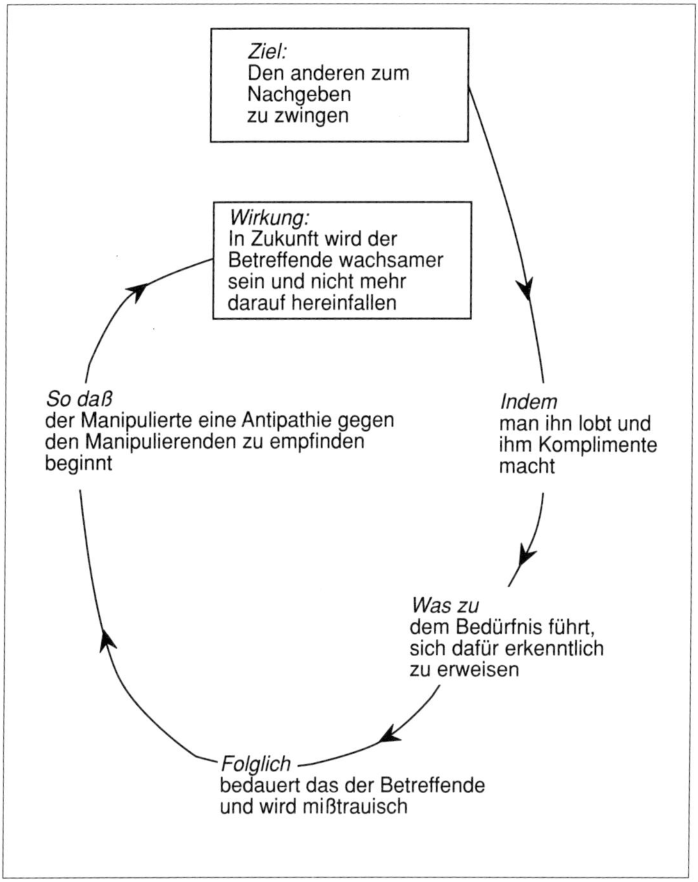

Abbildung 19: Positive emotionale Manipulationen

Abbildung 18 und 19 zeigen die beabsichtigten und unbeabsichtigten Auswirkungen von emotionalen Manipulationen: Sie sind sehr vielschichtig. Am Ende verfehlen emotionale Manipulationen jedoch ihr Ziel. Anstatt Nachgiebigkeit bewirken sie Unbeugsamkeit, ganz gleich, um welche Art der Manipulation es sich handelt.

Widerstand gegen Manipulationen

Emotionale Manipulationen haben, wie oben dargestellt, keine positive Wirkung. Man kann vielleicht einen kurzfristigen Erfolg erzielen, indem man sie bei weniger erfahrenen Unterhändlern einsetzt. Letztlich wird jedoch nur das Klima verschlechtert und die Atmosphäre vergiftet. Oft sind Verhandlungsgespräche allerdings in weiterreichende und komplexere Transaktionen eingebunden, in denen es wünschenswert und sogar notwendig ist, positive Beziehungen zwischen den Parteien aufrechtzuerhalten. Wie soll man dann mit einem manipulierenden Kontrahenten umgehen? Wenn man ebenfalls mit Manipulationen, vor allem mit negativen, reagiert, so führt dies nur zu einer weiteren Polarisierung. Wie kann man also konstruktiver reagieren?

Zunächst ist es wichtig, überhaupt erst einmal zu erkennen, daß man manipuliert werden soll. Denn nur dann kann man entsprechend reagieren, beziehungsweise nicht reagieren und der Manipulation keine Beachtung schenken.

Wenn die Gegenpartei jedoch darauf besteht und Sie zwingt, auf die Manipulation zu einzugehen, können Sie Ihre eigenen Interessen und Ziele nochmals in freundlichem Ton darlegen. Reaktionen, die in einem solchen Fall falsch wären, sind:

- Beweise vorzulegen, daß der andere unrecht hat,
- empört die Unterstellung zurückzuweisen,
- seine Ansichten lächerlich zu machen.

Auch sollte man sich seiner eigenen wunden Punkte bewußt sein, sollte also wissen, auf welche Äußerungen man besonders stark reagiert. Ich traf zum Beispiel einmal einen Unterhändler, der sehr zornig wurde, als die Gegenpartei Bemerkungen über seine äußere Erscheinung machte (Gegenpartei: „Und dann kommen diese schnieken Herren von dieser Firma herein, und mit so jemand soll ich Geschäfte machen ...“). Nach einiger Suche stellte sich heraus, daß die Verärgerung dieses Mannes aus der Tatsache herrührte, daß seine Familie früher sehr arm gewesen war und die Art, wie er sich präsentierte, immer noch eine Reaktion darauf war.

Die Manipulationen der Gegenpartei waren hier demnach erfolgreich, als sie auf diesen wunden Punkt anspielten. Aber wer hat keine wunden Punkte aus der Vergangenheit? Man sollte dieser Frage nachgehen, um auf jeden Fall vorbereitet zu sein und keine Angriffsfläche für „innere Verletzungen" zu bieten.

Verhandeln innerhalb von Organisationen

Von vertikaler Kontrolle zur horizontalen Kompetenzverteilung

Beim Verhandeln wird davon ausgegangen, daß zwischen den Verhandlungspartnern eine gewisse Beziehung besteht. Die Merkmale einer solchen Beziehung sind:

1. eine relativ starke gegenseitige Abhängigkeit;

2. ein ausgeprägtes Eigeninteresse auf beiden Seiten;

3. keine klare Machtüberlegenheit der einen oder anderen Partei.

Wenn wir die Organisationsstrukturen in Unternehmen und Organisationen betrachten, stellt sich die Frage, wie die Beziehungen zwischen ihren verschiedenen Einheiten charakterisiert werden können. In welchem Ausmaß zeigen sie diese drei Merkmale?

Die klassische Organisationsstruktur, die heute noch immer sehr verbreitet ist, ist die Pyramide. Ähnliche Aufgaben sind in einzelnen funktionellen Einheiten zusammengefaßt. Diese funktionelle Aufteilung der Arbeitskräfte auf getrennte Einheiten und Dienstleistungen wird oft bis ins Extreme getrieben. Koordination und Kontrolle sind stark hierarchisch, und insbesondere dieser Punkt kann bedeuten, daß für Verhandlungen zwischen den Einheiten nur wenig Spielraum zur Verfügung steht: Es wird so viel auf höherer Ebene beschlossen und geregelt, daß zum Verhandeln nichts übrigbleibt. Die Einheiten haben wenig individuelle Unabhängigkeit und konzentrieren sich jeweils nur auf eine Facette des Produktionsprozesses, was zu einem weniger ausgeprägten Eigeninteresse führt. Es gibt zwar immer noch ein bestimmtes Maß an Spielraum für Verhandlungen, aber die Organisationsstruktur trägt von sich aus nichts dazu bei.

In jüngerer Zeit hat eine andere Organisationsform zunehmend an Popularität gewonnen. Ihre Grundprinzipien sind die folgenden:

- Strukturierung der Organisation in gut definierten Einheiten mit klar umrissenen eigenen Aufgaben, einschließlich der Verantwortung für den Gewinn. Diese Einheiten sollten sich jeweils auf ein integrales Produkt konzentrieren und nicht auf irgendeinen funktionellen Aspekt. Oft ist es möglich, bestimmte Stabsaktivitäten in eine solche Einheit zu integrieren.

- Den Einheiten soll es ermöglicht werden, sich voneinander zu unterscheiden. Dies wird in der Regel erreicht, indem ein rasches Feedback auf bestimmte meßbare Leistungsindikatoren wie Produktivität, Qualität oder Kosten stattfindet. Der kontinuierliche Vergleich dieser Indikatoren mit ähnlichen Einheiten innerhalb und außerhalb der Organisation ist eine weitere Methode, die häufig angewandt wird. Manchmal lassen sich mit einem System von Sondervergütungen gute Resultate erzielen.

- Den Mitarbeitern soll eine Identifikation mit ihrer Einheit leicht gemacht werden, indem man ihnen eine relativ große Verantwortung und eigene Budgets gibt sowie die Freiheit, die Dinge auf eigene Weise anzupacken und zu experimentieren, indem man Teamgeist und Solidarität sowie eine informelle Atmosphäre und gute persönliche Beziehungen fördert.

  Dies stimuliert die Motivation und Konkurrenzimpulse zwischen den Einheiten; um ein gewisses Gleichgewicht zu erzielen, muß diese Struktur auch auf andere Weise verstärkt werden.

- Eine horizontale Mobilität sollte gewährleistet sein (dieser Punkt ist sehr stark und sehr erfolgreich in japanischen Unternehmen gegeben!). Dies schafft Generalisten und Allround-Manager, die einen Gesamtüberblick haben. Es macht das Netz der Abhängigkeiten deutlicher sichtbar und reduziert die gegenseitigen Rivalitäten. Horizontale Job-rotation ist vor allem für das Management von Stabsabteilungen und anderer Dienstleistungen wichtig, deren Resultate nur schwer zu messen sind. Zu oft enthalten sie etablierte Stützpunkte von Managern, die sich selbst in ihrem Bereich unentbehrlich gemacht haben. In dieser Situation wird zum Beispiel die Kundenorientierung und das Erbringen von Dienstleistungen gegenüber anderen Organisationseinheiten mehr und mehr als sekundär angesehen, während die Stärkung der eigenen etablierten Position zum Primärzweck wird.

- ☐ Das „Wir-Gefühl" sollte gefördert werden: Eine lebendige Tradition, Leistungen, die das Prestige fördern und den Respekt der Gesellschaft hervorrufen, gemeinsame Aktivitäten, der Vergleich mit der Vorjahresleistung oder mit der Konkurrenz bieten hierzu Gelegenheit.

Was hier in den Brennpunkt rückt, ist eine dezentralisiertere, föderalistische Organisationsform. Sie hat zum Ziel, relativ unabhängige Einheiten zu kultivieren, wobei jede nach Möglichkeit die Verantwortung für ihre eigene Rentabilität tragen sollte und für die einige einfache Leistungskriterien gelten sollten, auf deren Basis eine Steuerung möglich ist. Auch Stabsabteilungen können sich in diese Richtung entwickeln, indem man Preise für ihre Dienstleistungen in Transferzahlungsabkommen festsetzt oder/und ihnen die Möglichkeit gibt, ihre Dienstleistungen auf dem freien Markt anzubieten. Interessanterweise wird solchen Organisationsformen eine große Vitalität zugeschrieben, weil sie unmittelbar an die Anpassungsfähigkeit, Kreativität und Begeisterungsfähigkeit der Mitarbeiter appellieren.

Diese Organisationsform ist sehr differenziert. Dabei ist es wichtig zu erkennen, daß *hierarchische Steuerung und Kontrolle* weitgehend durch *horizontale Rivalität* ersetzt worden sind. Was übrigbleibt, ist ein Management, das nach allgemeinen Richtlinien kontrolliert. Die Einheiten beeinflussen einander viel effektiver durch Mitteilung und Vergleich von Resultaten, als ein Management dazu in der Lage wäre. Diese Art der Überwachung ist auf Resultate, nicht auf Funktionen gerichtet. Auf diese Art und Weise kann die Wettbewerbsenergie unmittelbar zur Erzielung einer größeren Effektivität eingesetzt werden. Solche Organisationsformen mit ihren positiven Auswirkungen auf die Motivation und das innere Unternehmertum sind nicht neu, aber sie haben in jüngster Zeit viel Beachtung gefunden und gelten als die beste Möglichkeit, um Produktivität und Wettbewerbsfähigkeit zu steigern. Ausführliche Studien und Vergleiche von erfolgreichen japanischen und westlichen Unternehmen weisen alle in die gleiche Richtung (Pascale & Athos, 1981; Peters & Waterman, 1982; Ouchi, 1981). Die entscheidenden Elemente sind:

- kleine, unabhängige Einheiten mit klar umrissenen Aufgaben, einschließlich solcher wie Kontrolle und Planung;
- Abbau von kopflastigen Stabsorganen und deren engere Anbindung an die Produktion;
- „Abflachung" der Organisation; Übertragung von Verantwortung auf untere Ebenen;
- weniger hierarchischer und mehr horizontaler Druck;
- auf alle möglichen Arten Investition in die Personalentwicklung;
- starke Kundenorientierung;
- horizontale Mobilität;
- Belohnung für Leistung;
- das Greifbarmachen von Leistung, was zu ständigem Feedback und Vergleichen führt.

Man neigt zu der Überzeugung, daß Organisationen einfach solche (manchmal weitreichenden) Veränderungen durchführen müssen, um überleben zu können. Der Wettbewerb um knappe Ressourcen und die Notwendigkeit, die Probleme auf eine integriertere Weise anpacken zu müssen, können die Unternehmen in die gleiche Richtung zwingen. Es liegt auf der Hand, daß diese Organisationsstruktur sich sehr stark auf die Eigenschaften der Beziehungen auswirkt, die am Anfang dieses Kapitels erwähnt wurden. Sie führen zu:

- sehr ausgeprägten Eigeninteressen;
- starken gegenseitigen Abhängigkeiten;
- weniger Eingriffen von höherer Ebene.

Dies sind strukturelle Entwicklungen, die die Notwendigkeit eines konstruktiven Verhandelns innerhalb von Organisationen verstärken.

Es ist interessant zu beobachten, daß der Strukturwandel sowohl eine Stärkung des Wettbewerbs als auch der kooperativen Impulse mit sich bringt. Für jede individuelle Einheit werden dadurch deren Unabhängkeit, deren Ergebnisse im Vergleich zu den Ergebnissen der anderen Einheiten und die interne Solidarität betont. Genial ist dabei, daß diese Wettbewerbskräfte zwischen den Einheiten mit starken kooperativen Kräften innerhalb des größeren Ganzen kombiniert werden können: Das Bilden einer gemeinsamen Front, eine Entscheidungsfindung, die auf Konsens ausgerichtet ist, und ein starkes Wir-Gefühl in Form einer Unternehmenskultur. Die genaue Funktionsweise dieser Organisationsform ist an anderer Stelle ausführlicher beschrieben worden (Mastenbroek, 1987). Mein Eindruck ist, daß sie zu einem stärkeren Spannungsausgleich zwischen den Einheiten führt, sowohl in bezug auf die konvergierenden Kräfte als auch auf die divergierenden Kräfte. Einige Aspekte dieses Spannungsausgleichs sind in Abbildung 20 dargestellt.

Dieses Spannungsverhältnis zwischen Wettbewerbskräften einerseits und kooperativen Impulsen andererseits ist es, das die Vitalität der Organisation und die Motivation der Mitarbeiter fördert. Um das richtige Gleichgewicht zu erhalten, werden bestimmte Managementfähigkeiten erforderlich. Wird die Konkurrenz überbetont, wird die Organisation „auseinandergerissen", fühlen sich die Mitarbeiter verunsichert, und aggressives Handeln wird gefördert.

Wettbewerbsimpulse		*Kooperative Impulse*
starke, unabhängige Position		vereinte Kraft
Eigeninteressen	←→	Interdependenz
eigene Identität		„Wir-Gefühl"
eigene Präferenzen		Konsens

Abbildung 20: Beziehungen als Spannungsgleichgewicht von Wettbewerb einerseits und kooperativen Impulsen andererseits

Herrscht zu viel Kooperation, wird die Organisation selbstzufrieden und träge und verliert ihre Wachsamkeit: Sie kann ein sicherer Hafen für die Mitarbeiter sein, aber sie wird auch langweilig.

Beispiele

Damit man sich besser vorstellen kann, in welchen Situationen Verhandlungsfertigkeiten in Organisationen notwendig sind, werden wir im folgenden verschiedene Beispiele geben. Die ersten beiden Situationen liefern ein Beispiel der „erfolgreichen" Organisationsstruktur, die oben beschrieben wurde. In allen fünf Fällen ging es darum, die Widersprüche, die der Organisationsstruktur inhärent sind, besser zu bewältigen. Außer in dem letzten Beispiel wurden den Managern Verhandlungsfertigkeiten beigebracht, die auf ihre bestimmten Situationen zugeschnitten waren.

1. Beispiel:

Die regionalen Zweigstellen eines Bankhauses sind autonomer geworden. Durch neue Systeme wurden die Ergebnisse der einzelnen Zweigstellen klarer ersichtlich; dadurch ergab sich eine zunehmende Konkurrenz um interessante Kunden in „den Geschäftsbereichen der anderen". Außerdem entwickelte sich eine unabhängigere Haltung in bezug auf die Zentrale, ein Trend, der dadurch gefördert wurde, daß für die Hilfe und Unterstützung von zentralen Stabsabteilungen Zahlungen geleistet wurden. Man sah die Gefahr voraus, daß sich dadurch die Beziehungen polarisieren würden und sich die Entscheidungsfindung verzögern würde.

In Workshops wurden Verhandlungsfertigkeiten gelehrt. Dazu wurden Simulationen von praktischen Situationen benutzt, die sich auf zwei häufig auftretende Arten von Spannungen bezogen: Region gegen Region und Region gegen Zentrale.

2. Beispiel:

Manager von Profit Centern einer Einzelhandelsgesellschaft taten sich schwer, eine gute Kooperationsbasis in den Geschäften wie auch untereinander zu finden. Einkauf und Verkauf waren vor kurzem zusammengelegt worden; die neue Abteilung war gemeinsam für die Ergebnisse verantwortlich. Doch die traditionellen Reibereien zwischen Einkauf und Verkauf spielten noch immer eine Rolle. Die Profit Centers standen in Konkurrenz um Budgets, Räumlichkeiten und andere Einrichtungen. In einer Reihe von Workshops wurden die Probleme definiert und den Mitarbeitern Verhandlungsfertigkeiten beigebracht, um diese Probleme zu lösen.

3. Beispiel:

Die Administratoren einer großen professionellen Berufsvereinigung beobachteten, daß die Verhandlungen mit anderen Interessengruppen, einschließlich staatlicher Behörden, immer mühsamer wurden. Interne Reibereien nahmen zu. Es wurde immer schwieriger, die unterschiedlichen Interessen innerhalb der Organisation auf einen gemeinsamen Nenner zu bringen. Als dritte Komplikation kam hinzu, daß die Mandanten selbst immer aktiver wurden. In mehreren zweitägigen Konferenzen wurden Verhandlungsfertigkeiten gelehrt und auf spezifische Situationen angewendet.

4. Beispiel:

Sehr viele Kompetenzkämpfe treten innerhalb und zwischen einigen staatlichen Behörden auf. Entscheidungen werden auf zahlreiche Behörden aufgeteilt, von denen jede nur den Überblick über einen einzelnen Aspekt des Problems hat. Dies ist einem reibungslosen Arbeitsablauf oder der Koordination nicht sehr zuträglich. Es wird versucht, optimale Lösungen und praktikable Kompromisse schneller zu erreichen, indem den Beteiligten Verhandlungsfertigkeiten beigebracht werden.

5. Beispiel:

In einem zentralen Betriebsrat kamen unter den gewählten Mitgliedern aus den verschiedenen Betrieben Unstimmigkeiten über die Zuteilung von neuen Arbeitsplätzen unter den einzelnen Betrieben auf. Nach einem Managementplan war für einen Betrieb eine Expansion vorgesehen, während zwei andere Betriebe Arbeitsplätze reduzieren sollten. Die Auseinandersetzung darüber eskalierte so sehr, daß sogar relativ einfache Angelegenheiten zu Streitfragen wurden. Das Mißtrauen wuchs. Harte Vorwürfe und emotionale Beschuldigungen waren an der Tagesordnung.

Ein Organisationsberater wurde eingeschaltet. Er beschloß, ein Konfrontationsgespräch abzuhalten, um das Mißtrauen zu reduzieren, und dann mit Hilfe eines Problemlösungsmodells die Frage anzupacken, mit der alles angefangen hatte. Das Konfrontationsgespräch dauerte einen Tag. Danach hatten die Beteiligten gemischte Gefühle. Manche bezeichneten es als Zeitverschwendung und wollten endlich „zur Sache kommen"; andere hatten das Gefühl, daß die Dinge jetzt geklärt seien. Nach Meinung des Beraters hatte sich nicht viel verändert. Das Mißtrauen schien kaum geringer; nur die Intensität des Konfliktes war gemindert worden. Dies war teilweise auf ein Abkommen über eine „Abkühlungsperiode" zurückzuführen, während der die Parteien keine weiteren Aktivitäten in dieser Sache unternehmen durften.

Die nächste Sitzung dauerte zweieinhalb Tage. Der Berater begann mit der Erklärung des Problemlösungsmodells, das als Arbeitsmodell für den Rest der Konferenz dienen sollte. Nach einem konstruktiven Beginn waren die Gespräche am Morgen des zweiten Tages total festgefahren. Die Standpunkte waren diametral entgegengesetzt. Das Problemlösungsmodell funktionierte nicht mehr; die Parteien wiederholten nur ihre Standpunkte, die Atmosphäre wurde zusehends schlechter. Persönliche Attacken und emotionale Anschuldigungen kamen auf. Der Berater beschloß, das Problemlösungsmodell einfach auf sich beruhen zu lassen. Er vertagte die Besprechung und bat die Parteien, sich untereinander über die Krise zu beraten, die aufgetreten war, vor allem über die möglichen Konsequenzen, wenn sie fortdauern sollte.

Der Berater hatte in der falschen Richtung sondiert, aber nun war er endlich auf der richtigen Spur. Zur Diskussion stand die Verteilung von knappen Ressourcen – von Arbeitsplätzen. Von nun an konzentrierte er sich zunehmend darauf, die Parteien zum Verhandeln zu bringen. Das Kultivieren der Krise war eine starke Intervention; anstatt sich darüber Sorgen zu machen, daß die Gespräche fehlschlugen und fleißig nach Kompromissen zu suchen, tat er etwas völlig anderes. Er ließ die Parteien überlegen, welche Konsequenzen eine anhaltende Krise haben würde: vorzeitig abgebrochene Gespräche, ständigen Kampf, Feindseligkeit, den Rücktritt mehrerer Mitglieder, stark verminderte Glaubwürdigkeit der gewählten Mitglieder bei den Auftraggebern, die sie vertraten, verminderten Einfluß auf das Management etc.

Die Beteiligten waren davon beeindruckt und beschlossen, es noch einmal zu versuchen. Der Berater forderte die Parteien auf, ihre Bedingungen auf einer Basis festzulegen, auf der sie einem groben Kompromißentwurf zustimmen konnten. Dieses Zugrundelegen eines Vorschlags als Plattform für Verhandlungen war für den weiteren Verlauf der Konferenz entscheidend. Der „Plattform-Vorschlag" konnte auf alle möglichen Arten modifiziert und ergänzt werden. Er schob den endlosen Auseinandersetzungen einen Riegel vor. Die gesamte Energie konzentrierte sich nun auf die Ausarbeitung eines konkreten Vorschlags.

Der Berater betrachtete die Sackgassen, die danach in den Diskussionen (vielmehr jetzt *Verhandlungen*) auftraten, als legitimes Druckmittel auf die gegenseitigen Standpunkte. Er erlaubte ihnen weiterzumachen, bis – im allgemeinen nach einer Vertagung – die Gespräche durch eine Konzession wieder in Bewegung gebracht wurden. Er arbeitete also mit einer typischen Verhandlungsmethode. Schließlich erreichten die Parteien einen Kompromiß.

Die historische Entwicklung der Kunst des Verhandelns

Dieses Kapitel gibt einen Überblick über die Entwicklung des Verhandelns aus historischer Perspektive. Dabei werden einige deutliche Veränderungen der Verhaltensnormen sichtbar. Wichtig ist vor allem die veränderte Art und Weise, wie Menschen mit Emotionen umgehen, und zwar sowohl mit ihren eigenen als auch mit denen ihrer Gegenspieler. Es zeigt sich, daß die Menschen im Laufe der Zeit lernen, flexibler zu werden und ihre Gefühle und Reaktionen besser zu differenzieren. Jeder Unterhändler durchläuft wieder diesen gleichen Lernprozeß. Wie dieser differenzierende Prozeß sich spezifisch auf das Verhandlungsgeschick auswirkt, wird hier dargestellt.

Ein historischer Überblick

Die formale Ausbildung in der Kunst des Verhandelns beginnt im 17. Jahrhundert mit dem französischen Diplomaten de Callières (1645–1717), der das erste Buch schrieb, das der Verhandlungsführung gewidmet war (1716, „De la manière de négocier avec les souverains").

Der erste Satz seiner Abhandlung spricht für sich:

„Die Kunst des Verhandelns mit Fürsten ist so wichtig, daß das Schicksal der bedeutendsten Staaten oft von der guten oder schlechten Verhandlungsführung und vom Grad der Fähigkeiten der damit beauftragten Unterhändler abhängt." (De Callières/ Whyte, 1963, S. 7)

Er beschreibt mehrere Verhaltensmaßregeln, an die sich die Unterhändler halten sollten und die im folgenden kurz zusammengefaßt werden:

☐ Seien Sie nicht arrogant.

☐ Zeigen Sie keine Verachtung für Ihren Gegner.

☐ Greifen Sie nicht sofort auf Drohungen zurück.

☐ Nehmen Sie keine feindselige Haltung ein.

☐ Lassen Sie sich nicht zu Wutausbrüchen hinreißen.

☐ Prahlen Sie nicht, und spielen Sie sich nicht auf.

Er geht auch darauf ein, welche Menschen nicht zu Unterhändlern berufen werden sollten:

- Spieler,
- Trunkenbolde,
- leicht erregbare, leidenschaftliche Charaktere,
- Menschen mit aufsässigem und ungebührlichem Verhalten,
- Menschen, die mit zweifelhaften Personen Umgang pflegen und sich frivolen Vergnügungen hingeben.

Das gibt zu denken. Obwohl sie zweifellos zutreffend sind, waren diese Richtlinien offenbar nicht selbstverständlich. De Callières mußte immer wieder betonen, daß ein solches Verhalten nicht zum Erfolg führt.

Bemerkenswert ist, daß de Callières besonders großen Wert auf Selbstbeherrschung und Disziplin legt.

„Vor allem muß der gute Unterhändler genügend Kontrolle über sich selbst haben, um dem Verlangen zu widerstehen zu reden, bevor er sich wirklich überlegt hat, was er sagen wird.“ (De Callières/Whyte, 1963, S. 19f.)

„Ein Mensch, der von Natur aus zu Heftigkeit neigt und sich leicht fortreißen läßt, ist für das Führen von Verhandlungen schlecht geeignet.“ (De Callières/Whyte, 1963, S.34)

„... denn er wird so unzuverlässig sein, daß er in Augenblicken, wenn er danach strebt, seine unbeherrschten Wünsche zu befriedigen, bereit sein wird, die höchsten Geheimnisse seines Meisters preiszugeben.“ (De Callières/Whyte, 1963, S. 34)

„Ein Mensch, der Herr seiner selbst ist und immer kaltblütig handelt, hat einen großen Vorteil gegenüber demjenigen, der ein lebhaftes und leicht entflammbares Wesen hat. Man kann in der Tat sagen, daß die beiden nicht mit gleichen Waffen kämpfen, denn um bei dieser Art von Arbeit erfolgreich zu sein, muß man eher zuhören als reden; und ein phlegmatisches Temperament, Selbstbeherrschung, absolute Diskretion und eine Geduld, die jeder Belastung standhält – sie sind die Garanten des Erfolgs." (De Callières/Whyte, 1963, S. 35f.)

„... es wäre leicht, durch moderne Beispiele zu beweisen, daß Menschen nicht nach festen und stabilen Verhaltensgrundsätzen handeln; daß sie in der Regel mehr von Leidenschaft und Temperament als durch Vernunft bestimmt sind." (De Callières/Whyte, 1963, S. 47f.)

„... und schließlich, er (der gute Unterhändler) muß sich stets daran erinnern, daß er, wenn er es einmal zuläßt, daß sein Verhalten in einer Verhandlung von seinen eigenen persönlichen oder zornigen Gefühlen bestimmt wird, sich auf dem sicheren und direkten Weg in die Katastrophe befindet." (De Callières/Whyte, 1963, S. 108)

Auch in unserer Zeit haben die meisten Empfehlungen noch Gültigkeit, aber sie erscheinen uns viel selbstverständlicher. Bemerkenswert sind die zahlreichen Hinweise auf unbeherrschte Wünsche und ungezügelte Gefühle. Moderne Autoren nehmen ein disziplinierteres Temperament als gewährleistet hin. Es besteht für diese Autoren keine Notwendigkeit, sich länger bei diesem Thema aufzuhalten. Die Verhandlungspartner entsprechen diesem Verhaltenskodex vielleicht nicht immer, aber er gilt doch im allgemeinen als Norm. In den Tagen de Callières' waren hierzu ausführliche Erklärungen und Ermahnungen nötig.

Einige weitere Empfehlungen, die de Callières in diesem Zusammenhang gibt, sollen hier noch kurz zusammengefaßt werden:

- Geben Sie Ihre wahren Gefühle nicht preis, halten Sie Ihre eigenen Interessen verborgen.

- ☐ Erwecken Sie nicht den Eindruck, daß Sie geschickt manipulieren können; dieser Wesenszug sollte verborgen bleiben.
- ☐ Nutzen Sie die Schwächen anderer aus.
- ☐ Schmeicheln Sie Ihrem Gegner.
- ☐ Zeigen Sie sich verlegen; erröten Sie.

Auch betont de Callières, daß es wichtig ist, mit der Geschichte und Kultur des Gegners vertraut zu sein und höfliche Manieren zu haben. Auffällig ist, daß er wiederholt vor unehrlichem Verhalten warnt. Für ihn ist es wichtig, daß der Eindruck der Aufrichtigkeit und Glaubwürdigkeit entsteht:

„... der Unterhändler muß als angenehmer, aufgeklärter und weitsichtiger Mensch erscheinen; er muß sich davor hüten, allzu auffällig den Eindruck zu erwecken, er sei ein geschickter oder gewiefter Manipulator. Die Kunst liegt darin, dies zu verbergen, und der Unterhändler muß sich immer bemühen, bei seinem diplomatischen Verhandlungspartner den Eindruck von Aufrichtigkeit und Vertrauenswürdigkeit entstehen zu lassen." (De Callières/Whyte, 1963, S. 124)

Bemerkenswert sind hier die Begriffe: „erscheinen", „allzu auffällig", „verbergen" und „Eindruck". Dennoch zeichnet sich hier bereits eine Entwicklung in Richtung auf ein vertrauenswürdigeres Verhalten ab. Allgemein griff man in der Zeit de Callières' eher auf Drohungen und Verwirrung des Verhandlungspartners zurück. Betrug war an der Tagesordnung. Im Byzantinischen Reich wurde daraus sogar eine Kunst gemacht. In der Diplomatie der italienischen Stadtstaaten waren alle Mittel erlaubt, wenn sie den Zielen des Staates förderlich waren. Verschwörung, Intrigen und sogar Mord zählten zu den normalen Instrumenten. Machiavelli stützte sich auf den äußeren Schein der Tugend des Fürsten. Zu seiner Zeit waren die Gesandten Spione, die aktiv Komplotte schmiedeten und zum Wohle des Staates logen und betrogen.

So beziehen sich die Richtlinien de Callières' auf ein relativ verfeinertes Verhalten, wenn er zum Beispiel feststellt: *„Es ist ein weit-*

verbreiteter kapitaler Fehler zu meinen, ein kluger Unterhändler müsse ein Meister der Täuschung sein." (De Callières/Whyte, 1963, S. 31).

Zwei Generationen nach de Callières, in der zweiten Hälfte des 18. Jahrhunderts, stellt ein anderer französischer Autor (de Félice, 1778) weitere Regeln für die Kunst der Verhandlungsführung auf. Er sieht im Verhandeln eine „relativ neue" Fertigkeit, die im Zusammenhang mit der Entwicklung stärkerer Abhängigkeiten steht.

„Erst im modernen Europa, dessen Bewohner durch ähnliche Bräuche, eine gemeinsame religiöse Grundlage, rege Handelsbeziehungen und durch einen ständigen geistigen Austausch zusammengeschlossen sind, wurde das Verhandeln zu einer Kunst erhoben und zu einer stabilen Einrichtung." (De Félice/Zartman, 1976, S. 60)

Nach de Félice sollte ein Unterhändler

- genau über die Triebe und Leidenschaften seiner Gegenspieler Bescheid wissen;
- seine Gefühle verbergen, andere Gefühle vortäuschen;
- aufrichtig sein;
- lernen, hinter die Masken anderer zu schauen;
- Konfrontationen vermeiden, so tun, als ob er einverstanden sei; er sollte nicht auf offene Überzeugungskraft zurückgreifen, sondern vielmehr auf „die Kunst der versteckten Andeutung";
- Verhandeln nicht mit Ränkeschmieden verwechseln;
- sich der Rolle von Gefühlen wie Angst, Furcht, Mut, Zweifel, Leidenschaft bewußt sein.

Besonders bemerkenswert ist, wie intensiv er sich mit der Rolle der Gefühle auseinandersetzt.

„Menschen werden einzig und allein von Gefühlen bewegt. Sogar solchen Handlungen, die auf den ersten Blick am weitesten von dem entfernt zu sein scheinen, was gemeinhin als gefühlsmäßige

Handlungen bezeichnet werden, liegt irgendein verborgenes gefühlsmäßiges Motiv zugrunde." (De Félice/Zartman, 1976, S. 49).

„*Wenn wir die Gefühle anderer beherrschen wollen, müssen wir unsere eigenen im Griff haben. Andernfalls werden wir immer auf dem Weg zu falschen Abenteuern sein; wir werden nicht in der Lage sein, den richtigen Moment oder die richtige Gelegenheit zu ergreifen, weil wir uns haben fortreißen lassen. Wir werden nicht in der Lage sein, sanfte Anspielungen und charmante Worte zu gebrauchen. Unsere Emotionen werden andere veranlassen, sich vor uns zu hüten, und dazu führen, daß wir uns Interessen einbilden, die wir oftmals gar nicht haben. Sie werden uns blind machen gegenüber der Art der Möglichkeiten, die wir haben, und der Art und Weise, wie wir sie nutzen. Wer wirklich erfolgreich verhandeln will, muß seine Gefühle verbergen können bis zu dem Punkt, an dem er kalt erscheint, wenn er von Trauer erfüllt, und ruhig, wenn er von Leidenschaft gepackt ist. Da es unmöglich ist, alle Emotionen auszuschalten – es wäre sogar gefährlich, ganz und gar davon frei zu sein, muß man zumindest lernen, sie zu beherrschen und aus dem Gespräch herauszuhalten. Es ist oft nützlich, so zu erscheinen, als ob man von Gefühlen erschüttert sei, aber von anderen Gefühlen, als die man wirklich empfindet. Ein von Leidenschaften erschütterter Mensch erweckt die Hoffnung, daß man ihn für sich gewinnen könnte, während ein reservierter Mensch andere in eine Habachtstellung versetzt. Wer Gefühle vortäuscht, führt diejenigen in die Irre, die versuchen, die Oberhand über ihn zu gewinnen. Ein solches Schauspielern ist erlaubt und steht in keinerlei Gegensatz zu angemessenem Verhalten.*" (De Félice/Zartman, 1976, S. 53)

In diesen Worten kommt eine ganz bestimmte Tatsache zum Ausdruck: Die Schriften beider Autoren weisen auf eine Gesellschaft hin, in der die primären Triebe wenig kontrolliert sind. Unkontrollierte Impulse kamen damals viel häufiger vor als heute. Das Verhaltensrepertoire war insgesamt viel ungehemmter und weniger kompliziert. Jedoch findet eine Veränderung statt. Der Kampf gegen die Primäraffekte wird stärker. Die Zitate belegen klar, daß offenbar die sozialen Bedingungen die Unterdrückung von Affekten und das Vortäuschen von Gefühlen erfordern. Das Wissen, daß andere das gleiche tun, führt dazu, daß die Verhandlungspartner sich gegenseitig zum Narren halten, zumindest aus heutiger Sicht. Dies kann einem als ziemlich umständliche und schwerfällige Art des Umgangs miteinander vorkommen. Man kann es aber auch als Stadium im Lernprozeß zur Affektbeherrschung und als durchaus angemessenes und kultiviertes Verhalten in jener Zeit ansehen.

Die Abhandlungen über das Verhandeln von de Callières und de Félice sind eingebunden in eine umfassendere gesellschaftliche Entwicklung, die eine Beherrschung der Leidenschaften und die Befolgung von verfeinerten Verhaltensnormen zum Ziel hatte. Diese gesellschaftliche Entwicklung, der Kontext, in dem sich neue Regeln der Verhandlungsführung entwickelten, spiegelt sich auch in anderen Werken von François de Callières wider:

Im Jahre 1692 erschien „Des mots à la mode, et des nouvelles façons de parler." (Moderne Sprache und die neue Art zu sprechen.)

Im Jahre 1717 erschien „De la science du monde, et des connaissances utiles à la conduite de la vie." (Das Wissen über die Welt und die Kenntnisse, die für die Lebensführung nützlich sind.)

Die Bücher De Callières' fanden großen Anklang. Dies läßt auf ein starkes Interesse an Verhaltensnormen schließen, ein Interesse, das mehr war als reine Neugierde. Es hatte etwas mit der Unsicherheit über die sich offenbar verändernden Verhaltensweisen zu tun. Auf welche Weise veränderte sich das Verhalten? Zur Klärung dieser Frage gehen wir am besten noch weiter in der Geschichte zurück.

Bei der Betrachtung der Manieren und Verhaltensnormen führt uns der Weg zurück zu Erasmus von Rotterdam (Elias, 1978, S. 53). Im Jahre 1530 veröffentlichte er in lateinischer Sprache die Schrift „De Civilitate", ein Werk über gute Manieren und kultiviertes Verhalten, das für junge Männer adliger Herkunft bestimmt war. Das Buch erfuhr eine große Verbreitung und wurde immer wieder neu aufgelegt. Innerhalb von sechs Jahren wurde die Schrift mehr als dreißigmal nachgedruckt. Insgesamt gab es 130 Auflagen, 13 davon noch im 18. Jahrhundert. Es gab unzählige Übersetzungen, Nachahmungen und Fortsetzungen.

Weshalb war das Bedürfnis der Leser nach einer solchen Lektüre so groß? In diesem Buch werden Arten des Denkens und Fühlens besprochen, die seither fast in Vergessenheit geraten sind. Es handelt von Spielregeln, die uns heute so selbstverständlich vorkommen, daß es fast peinlich wirkt, über sie zu schreiben. Hier wird das gleiche Thema „Beherrsche und kontrolliere spontane Affekte und Primärimpulse" noch deutlicher behandelt als in den zuvor besprochenen Werken. Dies zeigt, daß wir es mit einer Entwicklung zu tun haben, die immer mehr in Richtung auf eine zunehmende Selbstkontrolle geht. Im Vergleich zu de Callières behandelt Erasmus das Thema auf einem grundlegenderen Niveau:

„Wenn du spuckst, so wende den anderen deinen Rücken zu, damit du niemanden beschmutzt."

„Spucke nicht auf den Tisch. Schneuze deine Nase nicht ins Tischtuch; es ist dazu da, die fettigen Finger abzuwischen."

„Schneuze deine Nase nicht mit den gleichen Fingern, mit denen du in die gemeinsame Schüssel greifst."

„Benutze nicht beide Hände, um in die Schüssel zu greifen. Tunke keine halb gegessenen Brotstücke zum zweiten Mal in die gemeinsame Sauce."

„Erbrechen ist keine Schande, vorausgesetzt, daß man andere damit nicht beschmutzt."

(Erasmus: „Goede manierlijcke seden", 1546.)

Dies ist eine fast peinliche Aufzählung von Trieben und Impulsen, die für uns zum Tabu geworden sind. Sie scheinen gänzlich verschwunden zu sein, so perfekt sind sie beherrscht und unterdrückt worden. Ihre Beherrschung ist zur Selbstverständlichkeit geworden. Dies steht in großem Gegensatz zu den Zeiten des Erasmus, und seine detaillierte Schilderung und die große Ernsthaftigkeit und Freimütigkeit, mit der er sie beschreibt, sind bemerkenswert.

Elias (1939) erklärt diese Entwicklung mit den wachsenden Abhängigkeiten und den engeren Verflechtungen zwischen den Menschen der damaligen Zeit. In Westeuropa wurde dieser Prozeß ab dem Mittelalter in zentral gelenkten Staaten durch die wachsende Monopolisierung der beiden entscheidenden Machtquellen beschleunigt: durch die Steuern und das Militär. Elias beschreibt eindrücklich die Notwendigkeit von kultivierteren Umgangsformen, mit denen man die eigene Chance verbessern konnte, in den neu erblühenden wirtschaftlichen und politischen Zentren Macht und Prestige zu gewinnen. Ein weiteres Motiv für eine größere Vorsicht und die ständige Unterdrückung von Affekten war die Notwendigkeit, die eigene Machtposition zu festigen, indem man sich selbst durch beherrschteres Verhalten auszeichnete und sehr darauf achtete, die noch Mächtigeren nicht zu beleidigen.

Was dies für die Entwicklung der Verhandlungsführung bedeutete, wird in Abbildung 21 „Kraftfeld der Primärimpulse" dargestellt. Hier sehen wir einen schematischen Überblick des relativ einfachen Verhaltensrepertoires, das in einer frühen Entwicklungsphase der Verhandlungstechniken vorherrschte.

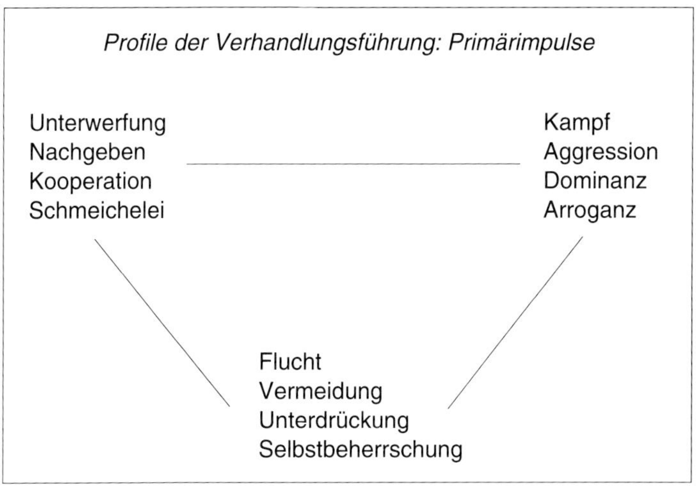

Abbildung 21: Kraftfeld der Primärimpulse

Diese drei grundlegenden Impulse kann man als die einfachsten Reaktionen betrachten, die in der Interaktion möglich sind. Man kann sie auch als Repertoire von Reaktionen ansehen, die am unmittelbarsten mit dem biologischen Überleben in Zusammenhang stehen. Diese primären Tendenzen lassen sich auch in einer Reihe anderer Forschungsarbeiten finden, zum Beispiel in Horneys (1945) drei grundlegenden Verhaltensstilen „moving against" (Kampf), „moving toward" (Unterwerfung) und „moving away" (Flucht). Menschliche Wesen sind in der Lage, klare Manifestationen dieser Triebe zu unterdrücken und sie in endlosen Variationen zu verbergen und zu tarnen. Sie sind in ihren Verhaltensreaktionen flexibel. Menschen sind auch in der Lage, „gemischte" Verhaltensweisen zu entwickeln – sogar solche Verhaltensweisen, die aus diesem Dreieck grundlegender Impulse hinausführen.

In einem früheren Entwicklungsstadium besteht die Tendenz, daß die Verhandlungsstile einseitiger und extremer, differenzierter und weniger gemischt, explosiver und unberechenbarer sind. Im Kontext starker und unvorhersehbarer Machtunterschiede bestehen starke Tendenzen in Richtung auf eine extreme Beherrschung und Heuchelei, um die eigenen wirklichen Gefühle und Absichten zu verbergen.

Bei der Lektüre von de Callières und de Félice wird einem zum Beispiel klar, daß Schmeichelei und Selbstbeherrschung als Mittel eingesetzt werden, um andere zu dominieren. Wir haben es hier mit einem taktischen Verhalten zu tun. Die Kunst der Tarnung, der verdeckten Anspielung und Manipulation ist hoch entwickelt. Dennoch, trotz seiner kalkulierten und feinsinnigen, ja sogar kaum wahrnehmbaren Manifestationen erscheint uns modernen Lesern dieses Verhalten unbeholfen und künstlich. Die inneren Kontrollmechanismen absorbieren mehr emotionale Kraft. Es gibt weniger Flexibilität, weniger Offenheit, weniger Informalität. Es ist eine ständige Suche nach Dominanz, die oft als Unterwerfung und Schmeichelei oder als extreme Selbstbeherrschung getarnt ist. Das Verhaltensrepertoire für ein flexibleres oder gemischteres Verhalten ist beschränkter. Dies läßt sich dadurch erklären, daß die Affekte immer nur teilweise beherrscht werden. Diese unvollständige und ungleichmäßige Beherrschung macht die Interaktion in Wirklichkeit viel gefährlicher, zum Beispiel durch Akte der Aggression und Erniedrigung oder durch einen plötzlichen Stimmungswechsel. Aus dieser Sicht sind „künstliche" und „ritualisierte" Verhaltensnormen feine und zivilisierte Erfahrungen.

In jüngerer Zeit, da die Abhängigkeiten noch größer und die Machtgleichgewichte symmetrischer geworden sind, wird eine gleichmäßigere Beherrschung von Affekten zur normalen Praxis. Paradoxerweise bietet diese Entwicklung neue Möglichkeiten, mehr Offenheit an den Tag zu legen, auch was die eigenen Gefühle betrifft. Dieses Verhalten kann als Mittel dienen, Vertrauen und Glaubwürdigkeit zwischen den Menschen zu entwickeln, aber nur weil die Interaktion in starke Interdependenzen und in eine gut trainierte, umfassendere Mäßigung von Affekten eingebettet ist. Die massive Unterdrückung von Affekten, die Vorspiegelung von Emotionen, Schmeichelei und Arroganz sind nicht mehr angemessen, ja man erreicht sogar damit das Gegenteil dessen, was man beabsichtigt hat. Sie führen zu mangelnder Flexibilität und rufen Mißtrauen hervor.

Natürlich hat ein sehr beherrschtes, fast ritualisiertes Verhalten eine ganz bestimmte Funktion. Es minimiert das Risiko von unvorhersehbaren emotionalen Ausbrüchen. Es verhindert die Wutausbrüche, Drohgebärden oder Anzeichen von Schwäche, die hinterher bedauert werden. Es bietet eine grobe Möglichkeit zur Kontrolle der eigenen Emotionen. Eine weitere Funktion kann darin bestehen, daß Rang- und Machtunterschiede ständig zum Ausdruck gebracht und bestätigt werden.

Wenn die Beherrschung von Emotionen sozusagen zur zweiten Natur und die Machtunterschiede weniger extrem geworden sind, besteht auch eine geringere Notwendigkeit für ritualisierte, formelle und repetitive Verhandlungstechniken. Sie werden vielmehr zur lästigen Tradition und verhindern eine direktere, flexiblere und konstruktivere Verhandlungsführung.

Um auf François de Callières zurückzukommen: Zu seiner Zeit machten sich die Impulse der Unterdrückung oder Unterwerfung, zusammen mit damit verwandten Emotionen wie Zorn oder Angst, mit größerer Intensität und mit weniger Nuancen bemerkbar. Im Vergleich zu unserer Zeit waren sie weniger kompliziert und weniger mit anderen Gefühlen und Überlegungen vermischt.

Jedoch wurde die Notwendigkeit, diese Triebe unter Kontrolle zu bringen, als immer dringlicher empfunden. Affektive Ausbrüche können großen Schaden anrichten. Schließlich enthüllen sie echte Gefühle. In der Gesellschaft eines François de Callières werden sie als Zeichen von Schwäche gesehen. Die primäre Form, mit diesen Gefühlen umzugehen, bestand darin, sie zu bezwingen, zu unterdrücken und zu leugnen. Hierin wird die Tendenz sichtbar, die eigenen Absichten und Triebe zu verbergen. Es entwickeln sich starke Kräfte in Richtung auf ein weniger spontanes und kalkulierteres Verhalten. Dies wird zum Beispiel am Bericht la Bruyères (1922, S. 211) deutlich, der das typische Verhalten am Hofe Ludwigs XIV. wie folgt charakterisiert:

„Ein Mann, der den Hof kennt, ist ein Meister seiner Gesten, seiner Augen und seines Gesichtsausdrucks; er ist unergründlich, undurchdringlich. Er verbirgt die schlechten Taten, die er begeht, lächelt seine Feinde an, unterdrückt seine schlechte Laune, verbirgt seine Leidenschaften, verleugnet sein Herz, handelt gegen seine Gefühle."

Die Beherrschung und das Verbergen von direkten Aggressionen, während gleichzeitig – wenngleich gut getarnt – der Wunsch gehegt wird, den anderen zu unterjochen, kann in bestimmten Abhängigkeitsverhältnissen einen hohen Grad an Perfektion erreichen. Der Wunsch, andere zu dominieren, wird durch das Vortäuschen von Gleichgültigkeit oder Anpassung verschleiert. Ergänzt wird dies noch durch andere Techniken: Mit Hilfe subtiler Intrigen und Machenschaften versucht der Betreffende, trotzdem die Oberhand zu gewinnen!

An der Absicht hat sich nicht viel geändert, aber das Verhalten ist viel zurückhaltender und beherrschter geworden. Es erreicht nicht mehr so leicht die drei Extreme, die in Abbildung 21 dargestellt sind. Es ist konstanter und weniger von Leidenschaften beherrscht.

Innerhalb dieses Dreiecks läßt sich schließlich auch das Stadium der „byzantinischen Intrige“ erreichen. Jedoch ist dies ein großer Unterschied im Vergleich zu der früheren Situation, in der Spannungen durch offene Gewalt geregelt wurden. Rückfälle in ein „Kampfverhalten“ kommen noch immer relativ häufig vor, aber sie sind weniger offen und spontan als früher. Eine Zeitlang erleben wir statt direkter, gewalttätiger Konfrontation immer noch das Duell und den hinterhältigen Mord. Dies sind zwar ziemlich krasse Arten, Spannungen zu lösen, aber den Machthabern dieser Zeiten gelang es mit immer größerem Erfolg, diese Art der Regelung gegensätzlicher Interessen zu unterbinden.

Veränderte Möglichkeiten der Beherrschung von Gefühlen

Von besonderem Interesse ist hier die Art und Weise, wie die Menschen gelernt haben, ihre Emotionen bei Verhandlungen zu beherrschen. De Callières und de Félice gehen sehr detailliert auf dieses Thema ein. Verbergen Sie die eigenen Gefühle, nutzen Sie die Affekte anderer aus. Kein Wunder, wenn man liest, welche Gefühle diese Autoren damit meinen: Wutanfälle, unbeherrschte Gelüste, Verachtung, Arroganz, Angst. Deshalb plädieren sie für eine strenge Unterdrückung dieser Impulse. Dabei mußte nicht nur das tatsächliche Verhalten unterdrückt werden, sondern auch jegliche Offenheit über die zugrunde liegenden wirklichen Gefühle und Absichten. Auch geschäftliche Absichten, die die tatsächlichen Interessen und Ziele betrafen, mußten geheimgehalten werden.

Unterdrückung und Disziplin sind nicht genug. Schon de Callières und mehr noch de Félice beschreiben, wie man einen guten Eindruck erweckt und sich als höflicher, angenehmer und aufrichtiger Mensch darstellt. Von großer Klugheit zeugt in diesem Zusammenhang die Beobachtung von de Félice, daß es gefährlich sei, überhaupt keine Gefühle zu zeigen. Dies würde die Beteiligten mißtrauisch machen, welche Absichten wirklich dahinterstecken, und sie in Habachtstellung bringen. So empfiehlt er, andere Gefühle vorzutäuschen, sich nach außen leidenschaftlich zu verhalten, dabei aber kalt und berechnend zu bleiben, eine Maske zu tragen.

Heute mag dieses Verhalten künstlich und unecht erscheinen, um nicht zu sagen, gefälscht, manipulativ und unaufrichtig. Diese Urteile spiegeln mehr unsere modernen Verhaltensnormen wider, als daß sie die damalige Wirklichkeit beschreiben. In jenen Tagen war dieses „künstliche" Verhalten ein sehr feiner und zivilisierter Verhandlungsmodus. Es zeigte, daß die Menschen wirklich Herren ihrer selbst waren, daß keine Gefahr bestand, daß sie sich zu häßlichen Attacken, Wutanfällen, unvorhersehbaren Stimmungswechseln oder plötzlichen Verhaltensänderungen hinreißen ließen. Durch eine solche Kontrolle des Verhaltens wurde bewirkt, daß sich die Menschen im Kontakt zu anderen sicherer und lockerer fühlten. Diese Selbstbeherrschung und diese Stabilität sowie Sicherheit im Umgang mit anderen waren positive und zivilisierte Erfahrungen, vor allem in einer Gesellschaft, in der die Beeinflussung von Trieben und die strengere Kontrolle von Affekten noch nicht allgemein üblich war. Die Menschen fühlten sich auch besser und zivilisierter als andere, die diesen Bereich weniger unter Kontrolle hatten. Somit boten diese Verhaltensweisen auch ein Mittel, um sich selbst von anderen Gruppen der Gesellschaft zu unterscheiden. Es war ein weiterer Impuls zu einer gleichmäßigeren Beherrschung und Kontrolle, ein weiterer Anreiz zu einer größeren Differenzierung und Variation der höfischen Manieren, die Selbstbeherrschung und Vornehmheit ausdrückten (Elias, 1983).

Die früheren Normen aus heutiger Sicht

Was wäre zu den Empfehlungen de Callières' und de Félices heute zu sagen? Zeige keine Gefühle, spiegele andere Gefühle vor, bleibe kalt und berechnend! Sind dies vernünftige Verhaltensregeln? Moderne Unterhändler stimmen in ihren Reaktionen in bezug auf diese Fragen der Vortäuschung und Tarnung nicht immer überein. Manche sind sogar mit dieser Vorgehensweise einverstanden. Manche setzen vielleicht gewohnheitsmäßig ein „Pokerface" auf und zeigen „keine Gefühle in der Öffentlichkeit“. Gleichzeitig wissen viele Unterhändler ganz klar, welche Auswirkungen ein solches Verhalten haben kann. Es erweckt Mißtrauen und führt zu einem formellen und berechnenden Verhalten auf der Gegenseite. Stück für Stück verliert derjenige, der sich so verhält, an Glaubwürdigkeit und Legitimität.

Einen noch weit negativeren Effekt kann dieses Verhalten haben: Wenn man sich den eigenen Gefühlen entfremdet und ständig sein wahres Selbst unterdrückt, wie will man dann noch überzeugend wirken? Die Sinne stumpfen ab, Frische und Lebhaftigkeit leiden darunter, Kreativität und Flexibilität werden nicht stimuliert, und es kann sich eine versteckte Feindseligkeit aufstauen. Manche Unterhändler sind sich dieser Gefahren ganz deutlich bewußt. Für sie besteht die wichtigste Aufgabe darin, ihre Interessen allmählich offener und direkter zu äußern, aber behutsam und kontrolliert. Offensichtlich ist es möglich, daß die Menschen ihre Gefühle auf andere Weise beherrschen können als nur durch Verbergen und Unterdrücken. Die Menschen können lernen, ihre Gefühle als Orientierungshilfe und zur Unterstützung ihrer Interessen zu nutzen. Eine starke Unterdrückung und Kontrolle werden durch eine vielfältige, differenzierte Artikulierung ersetzt. Die Gefühle werden gemäßigt ausgedrückt, aber auch auf eine freimütigere und direktere Art und Weise. Hier geht es um einen ständigen Prozeß eines sich verändernden Musters der emotionalen Selbstbeherrschung. Es betrifft nicht mehr nur die stärkere und strengere Beherrschung, sondern auch eine zunehmende Gelöstheit und eine kontrollierte Lokkerung der Kontrolle, um offener, direkter, kreativer und überzeugender zu werden (Elias, 1939; Wouters, 1977).

Diese sich verändernden Muster der Selbstbeherrschung lassen sich dadurch erklären, daß man sie auf das Spannungsverhältnis Autonomie–Abhängigkeit bezieht. Die Menschen können lernen, ihre eigenen Interessen und Gefühle offener und direkter zu äußern. Gleichzeitig können sie sich dadurch in andere besser einfühlen und sind mehr imstande, sich mit anderen zu identifizieren.

Festigkeit wird mit Freundlichkeit kombiniert, Bestimmtheit mit Flexibilität. Damit erleben wir eine beständige Entwicklung in

Richtung auf eine stärkere Gemischtheit! Wir entwickeln die Fähigkeiten, ein ausgeprägteres Spannungsverhältnis zwischen Autonomie und Abhängigkeit zu tolerieren, zwischen den eigenen Interessen und den Interessen der anderen. Wir werden fähiger, gleichzeitig die Fakten und Gefühle von Autonomie und Abhängigkeit auszudrücken. Wir lernen, uns direkter und deutlicher zu äußern, den anderen mehr Achtung entgegenzubringen und flexibler zu sein.

Offenere und direktere Möglichkeiten des Umgangs miteinander werden möglich, weil die Selbstbeherrschung stabiler und differenzierter geworden ist. Die Unterhändler fühlen sich sicher, daß ihre Gegenspieler diszipliniert sind. So schafft diese Phase in der Entwicklung der Verhandlungsführung die Voraussetzungen für eine Weiterentwicklung. Der nächste Schritt in der Entwicklung besteht darin, sich sicher zu fühlen, daß es die Beteiligten nicht übelnehmen, wenn die anderen unterschiedliche Meinungen und Interessen haben. In dieser Phase sind die Beteiligten imstande, Freimütigkeit und informelles Verhalten zu würdigen. Sie empfinden es nicht mehr als provokativ oder bedrohlich. Vor allem, wenn diese direktere und entspanntere Haltung mit der offenen Anerkennung der unterschiedlichen Interessen und der kreativen, flexiblen Suche nach einem Kompromiß verbunden ist.

Diese sich verändernden Muster der Beherrschung von Gefühlen stehen im Zusammenhang mit den verstärkten Abhängigkeiten, die sich zuerst an den wirtschaftlichen und politischen Schnittpunkten der Beziehungen manifestierten. Diese Veränderungen haben nichts zu tun mit einer inhärenten oder natürlichen Tendenz zu zivilisierterem und vornehmerem Verhalten. Noch sind die besonderen Fähigkeiten oder Eigenschaften eines Erasmus, eines de Callières' oder anderer „großer" Menschen der ausschlaggebende Faktor. Vielmehr stehen sie in direktem Zusammenhang mit den sich verändernden Abhängigkeiten zwischen den Menschen. Sie beruhen auf dem Entstehen von umfassenderen Verflechtungen mit stärkeren und mehr symmetrischen Abhängigkeiten, die es in das eigene Interesse der Menschen stellten, ihr Verhalten zu ändern. Dieser Prozeß wird von Elias (1939) sehr eindringlich beschrieben. Während dieses Prozesses haben wir gelernt, unsere Impulse effektiver zu kontrollieren. Wir haben nicht nur gelernt, sie besser zu kontrollieren, sondern auch, sie anders zu organisieren und zu gestalten. In welcher Weise hat diese Veränderung stattgefunden? In Richtung einer weiteren Differenzierung der Gefühle und des Verhaltens – gemäßigter, aber auch vielfältiger, und nachdem Mäßigung und, Selbstbeherrschung sozusagen zur „zweiten Natur“ geworden sind, mit neuen Möglichkeiten für eine höher entwickelte Verhandlungsführung.

Diese Entwicklung betrifft den Übergang zu einer differenzierteren Selbstbeherrschung, die eine größere Flexibilität und mehr Spielraum für emotionale Impulse (aber maßvoll, kanalisiert) ermöglicht; dabei werden höhere Spannungsgrade im Gleichgewicht zwischen Autonomie und Abhängigkeit geduldet und zum Ausdruck gebracht. Die Menschen werden vielseitiger in der Kontrolle ihrer Gefühle und in der Beherrschung ihrer Empfindungen. Sie sind in Kontakt mit ihren Gefühlen, sie benutzen ihre Gefühle, um sich selbst zu orientieren und sich lebhafter und überzeugender auszudrücken. Dies ist möglich, weil sie gelernt haben, ihre Gefühle zu differenzieren, und weil die starke und weitverbreitete Eindämmung und Mäßigung von Affekten die Risiken der sozialen In-

Die Entwicklung der Kunst des Verhandelns: 3 Stadien

1. Niedriges Niveau der Triebrepression (Kampf, Flucht, Unterwerfung). Selbstbeherrschung ist einseitig und instabil; die Absicht besteht im Dominieren.
2. Die Selbstbeherrschung wird konstanter und gleichmäßiger; Unterdrückung von Impulsen; Absichten werden verschleiert.
3. Die Selbstbeherrschung wird weniger streng. Kontrollierte Dekontrollierung von Affekten; die Absicht verwandelt sich zur Entwicklung von zuverlässigen Beziehungen zum gegenseitigen Nutzen. Nur ab und zu wird Druck ausgeübt, um einen Vorteil zu erzielen.

teraktion erheblich minimiert hat. Erst wenn dieser Grad der Selbstkontrolle erreicht ist, wird Phase 3 möglich.

Die Entwicklung der Kunst des Verhandelns liefert konkrete Hinweise darauf, wie man effektiver mit spontanen Affekten und widersprüchlichen Impulsen umgeht. Diese Techniken geben uns eine gewisse Richtlinie, aber sie können nur dann ganz effektiv sein, wenn sie verinnerlicht, das heißt in die Psyche des Unterhändlers integriert, in gewissem Sinn spontan werden. Wir beziehen uns hier auf eine grundlegende Einstellung, eine innere Struktur, die von einem solchen Grad der Sensibilität charakterisiert ist, daß vielfältige, manchmal widersprüchliche Impulse nebeneinander existieren können. Noch deutlicher ausgedrückt: Dies bedeutet nicht nur, eine große Vielfalt von Informationen und intuitiven Impulsen zu tolerieren, sondern auch, diese aktiv zu fördern und zu entwickeln. Dadurch entsteht eine qualitativ hochwertige Kommunikation mit anderen Menschen und mit uns selbst; mit anderen Menschen, indem wir uns umschauen, zuhören, Fragen stellen, uns in ihre Lage versetzen; mit uns selbst, indem wir ständig auf unsere eigenen Gefühle und Spannungen achten, zwischen ihnen differenzieren und sie als wichtige Informationsquellen benutzen.

Dieser Lernprozeß der Selbstbeherrschung und Unterdrückung von Trieben, um ein geschickteres und flexibleres Verhalten zu erzielen, ist noch immer in vollem Gang, wobei von Persönlichkeit zu Persönlichkeit große Unterschiede festzustellen sind. Wir sind allmählich in einem Stadium angelangt, in dem wir in der Lage sind, das Arsenal von effektiven Verhaltensweisen, möglichen Hindernisse und Hemmnisse sowie effektiven Verfahrensschritte und -methoden zu spezifizieren und zu trainieren. Die verschiedenen Dilemmas, wie sie an früherer Stelle in diesem Buch beschrieben werden, sind Instrumente, um die Differenzierung in unterschiedliche Aspekte des Spannungsverhältnisses zwischen Autonomie und Abhängigkeit so präzise und spezifisch wie möglich zu konzeptualisieren. Diese Dilemmas sind vor allem hilfreich bei der Konzeptualisierung der „Gemischtheit“ unseres Verhaltens, wenn wir mit diesem Spannungsverhältnis umgehen. Im nächsten Abschnitt werden wir diese Frage klären.

Bezug zum Verhandlungsmodell

Historisches Wissen fördert unser Verständnis, doch besseres Verständnis allein genügt nicht. Mehr Differenzierung, aber was bringt das? Welche Art der Differenzierung bezieht sich auf effektive Verhandlungsführung? Historische Lehren – gut und schön, aber was haben uns moderne Autoren zu sagen? Ist es möglich, moderne Lehren und eine historische Perspektive zu einem prägnanten integrativen Modell zu verbinden, zu einem Modell, das unser Verständnis erleichtert und das uns eine praktische Anleitung zum Handeln gibt?

In den vorangegangenen Kapiteln wurden neuere Erkenntnisse und meine eigenen Forschungsergebnisse beschrieben, mit deren Hilfe ein Modell entwickelt wurde, das auf der Differenzierung des Verhandelns in mehrere Arten von Aktivitäten basiert:

1. Erkennen der eigenen Interessen,
2. Beeinflussung des Machtverhältnisses,
3. Förderung eines konstruktiven Klimas,
4. Erzielen von Flexibilität in der Vorgehensweise.

Ich habe diese Aktivitäten in der Form von Skalen beschrieben, die Dilemmas ausdrücken. Sie sind eingebettet in die Spannung zwischen Autonomie und Abhängigkeit, wie sie von den Verhandlungspartnern erlebt werden. Die vier Dilemmas sind Aspekte der Art und Weise, wie Menschen mit diesem Spannungsverhältnis umgehen.

In Theorie und Praxis ringen wir mit dieser Differenzierung. Viele Autoren sehen Verhandeln als cleveres Kämpfen an. Die Titel ihrer Bücher sprechen für sich selbst „Winning the Negotiation“, „The Negotiator: A Manual for Winners“, „Winning through intimidation“ (siehe Anhang).

Die neuere Betrachtungsweise bevorzugt die Gewinn-Gewinn-Perspektive, die viel näher bei der Kooperation angesiedelt ist. Bei dieser Methode treten Einsatz von Macht, Sackgassen bei der Verhandlung und der ständige Druck, Vorteile erzielen zu müssen, in den Hintergrund. Wir haben versucht, diese einseitigen Positionen zu verlassen, indem wir immer und immer wieder betont haben, daß das Wesen von Verhandlungen gemischter Natur ist. Die Differenzierung des Verhandelns hilft, dieses gemischte Konzept konkreter darzustellen. Es ermöglicht auch, das Verhalten zu spezifizieren, das nötig ist, um mit dieser Gemischtheit fertigzuwerden.

Wir haben gezeigt, daß ein naiver Unterhändler noch nicht gelernt hat, sein Verhalten und seine Emotionen zu differenzieren. Seine Aktivitäten sind eher um jene Grundimpulse herum angesiedelt, wie sie in Abbildung 21 beschrieben werden.

Wenn er sich zum Beispiel an seinen Interessen festklammert, besteht die Tendenz, daß er sich gereizt und beleidigt verhält. Er will Punkte sammeln und tendiert dazu, seinen Weg eingleisig weiter-

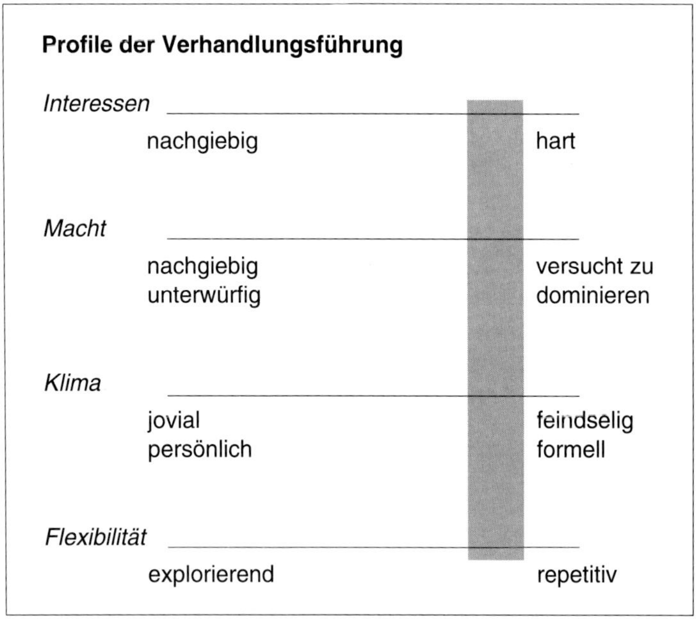

Abbildung 22: Der harte Verhandlungsstil

zuverfolgen. Seine harte Einstellung kommt bei seinem Gegenspieler noch härter an, als es notwendig wäre. Abbildung 22 zeigt dieses Profil.

Bei diesem Stil besteht die Gefahr der Eskalation und eines anhaltenden Kampfes.

Eine Alternative besteht darin, sich stärker um die positive Entwicklung des Klimas und um persönliche und freundschaftliche Beziehungen zu bemühen. Dies läßt sich leicht mit einem explorierenden Verhalten kombinieren. Macht wird nicht mehr als wichtiges Thema betrachtet. Wiederum besteht bei dem naiven Unterhändler die Gefahr, daß er hier keine eindeutige Linie verfolgt: Er neigt auch dazu, sich im Bereich der Interessen auf eine nachgiebigere und kooperative Haltung einzulassen. Dieses Profil kommt in Abbildung 23 zum Ausdruck.

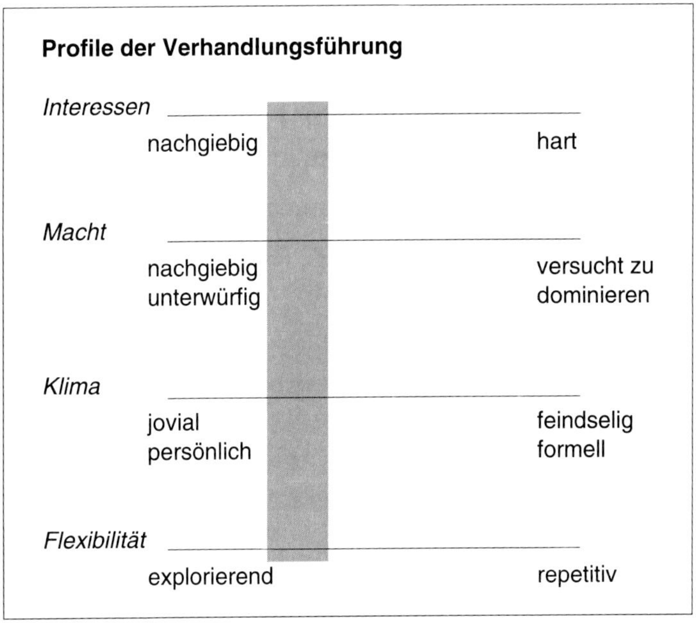

Abbildung 23: Der kooperative Verhandlungsstil

Der kooperative Stil

Dieser Stil provoziert ein ausbeuterisches Verhalten der Gegenseite. Es wird ihr allzu leichtgemacht, Konzessionen einzuheimsen und das kooperative Verhalten der anderen Seite angesichts der eigenen wohlbegründeten, konstruktiven Ansprüche und Vorschläge für selbstverständlich zu halten.

Eine andere Möglichkeit ist ein recht passiver, zurückhaltender und unterwürfiger Stil. Dieser reicht nahe an den kooperativen Stil heran, nur daß das Verhalten auf der Flexibilitätsskala eher gehemmt und passiv ist. Jeder der drei Stile ist um einen der Impulse von Abbildung 21 in diesem Kapitel angesiedelt. Im Kapitel „Das Verhandlungsgitter und persönliche Verhandlungsstile“ wurden noch einige weitere Stile beschrieben, die bereits ein höheres Niveau der Differenzierung zeigen.

Alle diese einfacheren Stile können als Stadien in der Entwicklung von Verhandlungstechniken gesehen werden. Oft kommt es vor, daß wir in dieser Entwicklung blockiert sind, wir bleiben auf ein bestimmtes Verhaltensmuster festgelegt – ein Muster, das zu den Abhängigkeiten paßt, wie wir sie bei uns selbst und den Menschen in unserer Umgebung in unseren frühen Jahren erlebt haben, während wir erwachsen wurden. Auch sehr geschickte und reife Unterhändler erkennen oft Überreste und Fixierungen, die aus einer früheren Phase noch vorhanden sind. Manchmal wissen sie sogar genau Bescheid über ihre eigenen blinden Flecke und Defizite.

Zu welchem Stil könnte eine relativ ungehinderte Entwicklung führen? Nun: Der Unterhändler, der in der Lage ist, zwischen den vier Arten von Aktivitäten zu differenzieren, konzentriert seine Beharrlichkeit auf seine inhaltlichen Interessen. Er erkennt, daß eine gereizte Atmosphäre seine Position nicht stärken wird – ganz im Gegenteil! Außerdem liegt es in seinem ureigenen Interesse, die Beziehung zum Verhandlungspartner, die ja auch in Zukunft weiterbestehen soll, positiv zu gestalten. Er erkennt ebenso, daß Punktesammeln und Andere-in-die-Enge-treiben nichts mit Verhandeln zu tun hat.

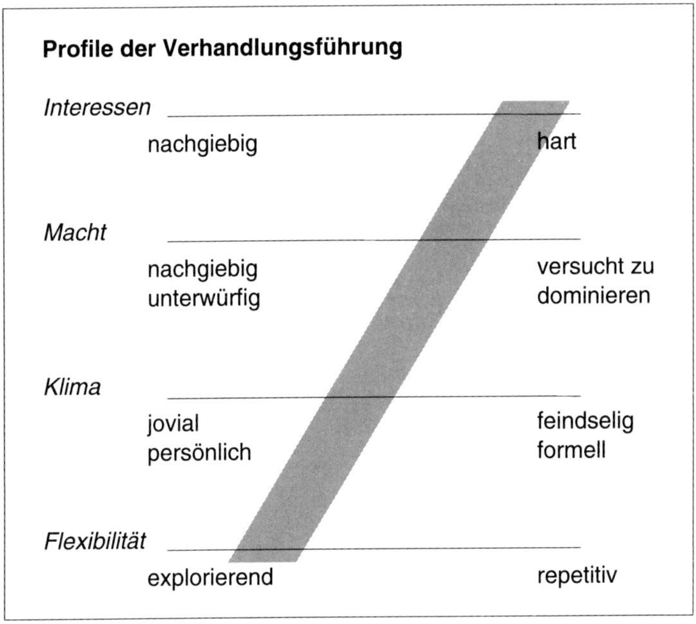

Abbildung 24: Der gemischte Stil

Darüber hinaus erkennt er, daß die gegenseitige Abhängigkeit vielleicht Vorteile für alle beteiligten Parteien mit sich bringen kann; deshalb weiß er, wie man Optionen und Alternativen explorieren kann, ohne nachzugeben. In Abbildung 24 wird dieser gemischte Verhandlungsstil dargestellt.

Dieser gemischte und differenzierte Stil baut auf dem Dreieck „Kampf" (Aggression), „Flucht" (Vermeidung) und „Unterwerfung" (Kooperation) auf, wie in Abbildung 21 dargestellt. Wir werden flexibler in unserer Wahl zwischen Aggression und Kooperation, indem wir zwischen den Interessen unterscheiden, die auf dem Spiel stehen, dem Gleichgewicht zwischen den Menschen in bezug auf Macht und Abhängigkeit sowie den persönlichen Beziehungen, die daran beteiligt sind. Wir lernen sogar, aus diesem Dreieck zu entrinnen, indem wir explorative Fertigkeiten entwikkeln, die eine Alternative zu Vermeidung und Zurückhaltung dar-

stellen. Die Entwicklung dieses Verhaltensrepertoires macht die Menschen flexibler. Die Beteiligten fühlen sich weniger zu starren und einseitigen Handlungen veranlaßt. Das Verhalten wird auch vorhersehbarer, weil weniger die Notwendigkeit besteht, plötzlich auf andere Extreme umzuschalten. Uns stehen alternative Verhaltensweisen zur Verfügung, die weniger einfach, das heißt also differenzierter und gemischter Natur sind.

Resümee

Wir haben die Entwicklung der Kunst des Verhandelns als wachsende Differenzierung von Verhaltensreaktionen und Emotionen beschrieben. Eine gleichmäßigere und stärkere Beherrschung von Affekten geht Hand in Hand mit einer zunehmenden Vielfalt von Verhaltensweisen und Nuancierungen. Starke Gegensätze und plötzliche Verhaltensänderungen kommen seltener vor, Selbstbeherrschung und Disziplin verstärken sich. In einem bestimmten Stadium ermöglicht diese strengere Selbstbeherrschung eine Lokkerung der Zwänge in Richtung auf eine flexiblere, offenere und direktere Interaktion: eine Art von kontrollierter Dekontrolle, die zu Kreativität, Vertrauen und Zuverlässigkeit in den zwischenmenschlichen Beziehungen führt. Dieser Prozeß steht im Zusammenhang mit der historischen Entwicklung komplexerer Verflechtungen, in die die Verhandlungspartner ständig eingebunden sind. *Ein erwachsener Unterhändler zu werden, bedeutet, daß wir die gleiche Entwicklung in komprimierter Form durchlaufen.* Wenn wir zurückblicken, wie wir in früheren Zeiten verhandelt haben, sind wir vielleicht manchmal peinlich berührt von den unbeholfenen, ritualisierten und machtorientierten Methoden, die wir angewandt haben. Man fragt sich, wie künftige Historiker auf unsere Art des Verhaltens zurückblicken werden. Es kann durchaus sein, daß unserunsere gegenwärtige Art der Verhandlungsführung kommenden Generationen schwerfällig und starr vorkommen wird. Vielleicht werden diese Generationen eine größere Beweglichkeit sowie eine noch stärkere Vielfalt und Differenzierung der Verhaltensweisen entwickeln.

Teil 4

Verhandlungstraining

Wie können wir die Kunst des Verhandelns lehren? Die Lektüre dieses Buches und die im Anhang genannte Literatur bieten dazu eine Möglichkeit; doch die Lektüre muß durch praktische Erfahrung ergänzt werden. Der folgende Teil 4 enthält einige praktische Übungen; sie beginnen mit einfachen Fragebogen und gehen zu komplexeren Situationen über. Diese Übungen liefern gemeinsam mit den integrierten Auswertungsformularen und Zusammenfassungen genügend praktisches Material für einen Trainingsworkshop. Ein Programmvorschlag für ein zweitägiges Seminar zu diesem Thema wird am Ende dieses Teils vorgestellt.

In den Tabellen und Abbildungen, die im gesamten Buch enthalten sind, werden ebenfalls bedeutende Aspekte des Verhandelns zusammengefaßt; sie sollten in Verbindung mit dem Material in diesem Anhang verwendet werden.

Fragebogen: „Was ist Verhandeln?“

Welche der Aussagen sollten Ihrer Meinung nach das Verhandeln charakterisieren, welche passen nicht dazu?

1. Man stellt seine eigenen Ziele als überlegen heraus. JA/NEIN
2. Man unternimmt gelegentlich den Versuch, das Machtgleichgewicht zu seinen eigenen Gunsten ausschlagen zu lassen. JA/NEIN
3. Persönliche Probleme werden offen diskutiert, damit man sich gegenseitig unterstützen kann. JA/NEIN
4. Drohungen und Verwirrung des Gegenübers werden gemäßigt und mit Bedacht eingesetzt. JA/NEIN
5. Die eigene Haltung konzentriert sich auf die Frage: „Was kann *ich* daraus gewinnen?“ JA/NEIN
6. Jede Gelegenheit zu dominieren wird wahrgenommen. JA/NEIN
7. Eine gute Verhandlungstaktik besteht darin, die gegnerische Partei zu spalten und dafür zu sorgen, daß sich ihre Mitglieder widersprechen. JA/NEIN
8. Eine gute Verhandlungstaktik ist es, die Verhandlungen in eine Sackgasse zu führen. JA/NEIN
9. Beim Verhandeln müssen Sie alle Informationen präsentieren, die Ihnen vorliegen. JA/NEIN
10. Sie dürfen nie die persönliche Sensibilität Ihres Gegenspielers ausnutzen. JA/NEIN
11. Behandeln Sie Ihren Gegenspieler als gleichwertig, solange dies Erfolg bringt. JA/NEIN
12. Zögern Sie nicht, Fakten herauszustellen, die für Ihre eigene Position günstig sind. JA/NEIN
13. Versuchen Sie, eine gute Beziehung zu Ihrem Gegenspieler zu entwickeln. JA/NEIN
14. Es ist oft klug, aus dem Gegenspieler die größtmöglichen Zugeständnisse herauszupressen. JA/NEIN

Mini-Übung 1

Edelweiß

An der Skistation Edelweiß kostet eine Tageskarte DM 54 und eine Halbtageskarte DM 36. Ein Skifahrer, der morgens eine Tageskarte gekauft hat, stellt zur Mittagszeit fest, daß er aus einem unvorhergesehenen Grund nicht mehr weiter Skifahren kann.

Zufällig trifft er einen Skifahrer, der gerade dabei ist, eine Halbtageskarte zu kaufen; er schlägt ihm vor, daß er ihm seine Tageskarte verkauft.

Wie hoch wird der Preis der Transaktion sein?

Mini-Übung 2

Erzielen Sie ein günstiges Ergebnis, während Sie gleichzeitig die gute Beziehung aufrechterhalten

Ziel: Diese Übung ist besonders nützlich zur Klärung der „Explorierend-vermeidend"-Situation. (Frühere Versionen dieser Übung wurden zu Forschungszwecken entwickelt; siehe Pruitt/Lewis, 1975; Shulz/Pruitt, 1978.)

Situation: Die Teilnehmer werden in Verkäufer und Käufer eingeteilt. Jeder erhält die allgemeine Information und seine eigene – aber nur die eigene – Liste der Gewinne und Preise. Jede Gruppe bereitet sich einige Minuten auf die Verhandlung vor. Die tatsächliche Verhandlung findet auf einer Eins-zu-Eins-Basis statt, wobei die Teilnehmer paarweise arbeiten.

Dauer: Etwa 15 Minuten

Allgemeine Information: Der Käufer verhandelt mit dem Verkäufer. Der Käufer vertritt ein großes Geschäft; der Verkäufer präsentiert eine Fabrik. Zwischen den beiden besteht eine lange und bewährte Geschäftsbeziehung. Die Preise sind durch die Buchstaben

A bis I ausgedrückt. Ein Geschäft gilt als abgeschlossen, wenn über einen Preis bei jedem einzelnen Produkt Übereinstimmung erzielt wird.

Es ist wichtig zu beachten, daß außer den drei Preisen für die drei Produkte (die durch die Buchstaben ausgedrückt werden), alles andere, was sich auf den Verkauf bezieht, bereits beschlossen worden ist: Spezifikationen, Mengen, Modelle, Farben, Lieferzeiten etc. sind in früheren Gesprächen festgelegt worden. Sie dürfen Ihre Preis- und Gewinnliste dem Gegenspieler nicht zeigen.

Tabelle 10: Liste der Preise und Gewinne für den Käufer

Fernsehgerät		*CD-Player*		*Video-Gerät*	
Preis	*Gewinn*	*Preis*	*Gewinn*	*Preis*	*Gewinn*
A	DM 600	A	DM 360	A	DM 240
B	DM 525	B	DM 315	B	DM 210
C	DM 450	C	DM 270	C	DM 180
D	DM 375	D	DM 225	D	DM 150
E	DM 300	E	DM 180	E	DM 120
F	DM 225	F	DM 135	F	DM 90
G	DM 150	G	DM 90	G	DM 60
H	DM 75	H	DM 45	H	DM 30
I	DM 0	I	DM 0	I	DM 0

Tabelle 11: Liste der Preise und Gewinne für den Verkäufer

Fernsehgerät		*CD-Player*		*Video-Gerät*	
Preis	*Gewinn*	*Preis*	*Gewinn*	*Preis*	*Gewinn*
A	DM 0	A	DM 0	A	DM 0
B	DM 30	B	DM 45	B	DM 75
C	DM 60	C	DM 90	C	DM 150
D	DM 90	D	DM 135	D	DM 225
E	DM 120	E	DM 180	E	DM 300
F	DM 150	F	DM 225	F	DM 375
G	DM 180	G	DM 270	G	DM 450
H	DM 210	H	DM 315	H	DM 525
I	DM 240	I	DM 360	I	DM 600

Mini-Übung 3

Die Haifisch-Insel

Bei einer ihrer gemeinsamen Unternehmungen erfahren die drei berüchtigten Banditen Popof, Totor und Bébert von der Existenz eines Gold- und Silberschatzes im Werte von 3 Millionen DM, der auf der Haifisch-Insel vergraben ist. Die drei Piraten sind geschickt im Verhandeln, und in der Ecke einer Taverne diskutieren sie über die Aufteilung des Schatzes. Ein wichtiger Punkt der Diskussion besteht darin, daß Popof und Totor jeweils ein Boot haben, Bébert hingegen nicht. Wegen der gefährlichen Wetterbedingungen um die Insel ist jedoch absolut notwendig, daß mindestens zwei Leute in einem Boot sind. Ein weiterer Faktor kompliziert die Sache: Totors Boot ist in einem ziemlich schlechten Zustand. Selbst unter den besten Umständen könnte er die Fahrt nur einmal machen und nur die Hälfte des Schatzes mitnehmen.

Alle drei würden gerne die bestehende gute Beziehung aufrechterhalten, um auch zukünftig weitere gemeinsame Unternehmungen zu machen.

Zu welcher Vereinbarung kommen die drei?

Mini-Übung 4

Sammeln Sie so viele Punkte wie möglich

Dies ist eine Variante des „Gefangenendilemma“-Spiels, das bei Übungen zum Konfliktmanagement und zur Verhandlungsführung wohl am meisten benutzt wird. Die Übung ist so einfach, daß die Teilnehmer sie oft zuerst nicht verstehen. Doch dauert dies nur solange, bis eine oder zwei Transaktionen durchgeführt worden sind.

Ziel: Zu demonstrieren, wie leicht Parteien sich in starke Rivalitäten hineinziehen lassen und dadurch daran gehindert werden, die gegenseitige Abhängigkeit und das integrative Potential voll auszuschöpfen.

Situation: Vier Gruppen von drei bis vier Personen, aufgeteilt auf die vier Ecken eines Raumes, wobei jede Gruppe eine „Abteilung" bildet.

Start: Jeder Teilnehmer bekommt die Formulare 1 und 2. Jeder hat etwa fünf Minuten Zeit, um sich auf die erste Transaktion vorzubereiten. Wenn nötig, erklärt der Spielleiter das Punktesystem. Er gibt an, wann jede Transaktion beginnen darf und schreibt das Ergebnis einer jeden Transaktion oder die Entscheidungen der verschiedenen Abteilungen auf eine Tafel.

Dauer: 35 Minuten.

Formular 1

Sie sind Mitarbeiter einer Abteilung der Firma A

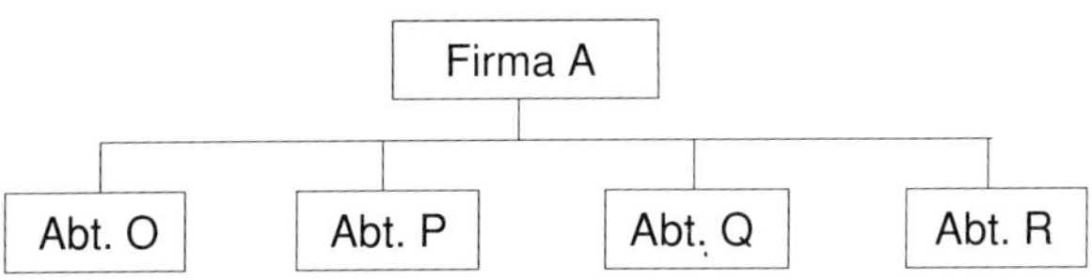

Die Transaktionen zwischen den Abteilungen bestehen aus dem Austausch von X oder Y. Bestimmte Kombinationen von X und Y ergeben Gewinn oder Verlust in der Form von Punkten (siehe Formular 2 als Punktesystem).

Es sollen sechs Transaktionen vorgenommen werden.

Nähere Einzelheiten erfahren Sie auf Formular 2.

Formular 2

Punktetabelle:

Transaktion	Wahl	Gewinnpunkte	Verlustpunkte
1			
2			
3			
4			
5			
6			

Punktesystem:

4	X	Verlust	1	Punkt
3	X	Gewinn	1	Punkt
1	Y	Verlust	3	Punkte
2	X	Gewinn	2	Punkte
2	Y	Verlust	2	Punkte
1	X	Gewinn	3	Punkte
3	Y	Verlust	1	Punkt
4	Y	Gewinn	1	Punkt

- Es gibt 6 Transaktionen.
- Eine Transaktion besteht aus der Eingabe von X oder Y von jeder der vier Abteilungen.
- Das Ergebnis einer jeden Transaktion ist eine bestimmte Kombination der X und Y. Aus dem Punktesystem können Sie ersehen, wie viele Punkte Sie gewinnen oder verlieren können.
- In den dritten und fünften Transaktionen ist eine Konsultation mit anderen Abteilungen erforderlich. Jede Abteilung sollte deshalb eine Person für diese Aufgabe delegieren.
- Sie können Ihre Gesamtpunktezahl mit Hilfe der Bewertungsformel verfolgen.
- Ihr Gewinn oder Verlust in den Runden 3, 5 und 6 soll jeweils mit 3, 5 und 10 multipliziert werden.

Simulation 1

Die Bauplatz-Übung

Ziel: Diese Übung ist gut dazu geeignet, die verschiedenen Dilemmas und Arten von Aktivitäten zu demonstrieren, die beim Verhandeln wichtig sind. Wenn die Delegationen einander auf Auswertungsformularen (siehe S. 227) Punkte geben, kann die Gruppe daraufhin erkennen, inwieweit die Parteien in der Lage waren, mit den verschiedenen Dilemmas fertigzuwerden.

Situation: Vier Delegationen von einer bis zu drei Personen.

Beginn: Jeder Teilnehmer erhält seine Rollenanweisungen und eine Karte des Grundstücks. Er hat 10 bis 15 Minuten Vorbereitungszeit.

Dauer: Etwa 45 Minuten.

A1 UK	A2 University	A3 Fairway	A4 University
B1 University	B2 London Investment	B3 Fairway	B4 Fairway
C1 London Investment	C2 Fairway	C3 London Investment	C4 UK
D1 UK	D2 UK	D3 London Investment	D4 UK

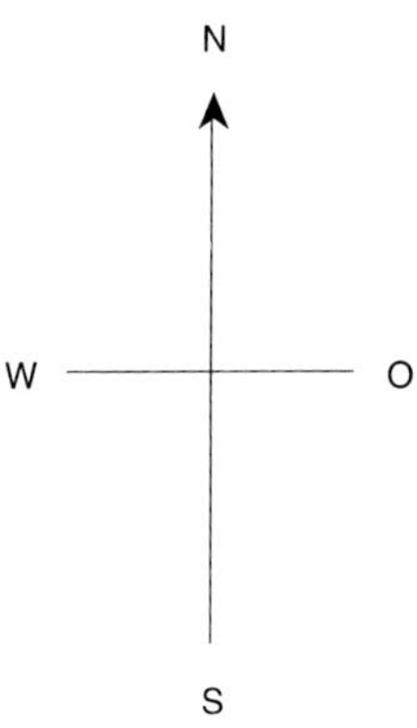

Abbildung 25: Die Bauplatz-Übung: Karte des Grundstücks

London Investment Trust Ltd.

Sie sind Mitarbeiter der London Investment Trust Ltd. Ihre Firma ist Eigentümerin der Parzellen B2, C1, C3 und D3.

Ihre Firma möchte gerne die Parzellen B2, B3 und C2, C3 besitzen, oder aber C2, C3 und D2, D3. Diese Parzellen werden für den Bau eines Einkaufszentrums gebraucht. Am liebsten wäre Ihnen ein quadratisches Grundstück mit Läden in der Mitte, umgeben von zahlreichen Parkmöglichkeiten. Über bestimmte Kontakte haben Sie erfahren, daß in der Nähe eine Autobahn geplant ist, aber Sie wissen nicht genau, wo sie verlaufen soll.

Für diese Investitionen stehen 3 Millionen DM zur Verfügung.

Die Parzellen werden normalerweise zu 1,5 Millionen DM verkauft.

Andere beteiligte Unternehmen:

- UK Construction Ltd.;
- Fairway Construction Ltd.;
- University Construction Office.

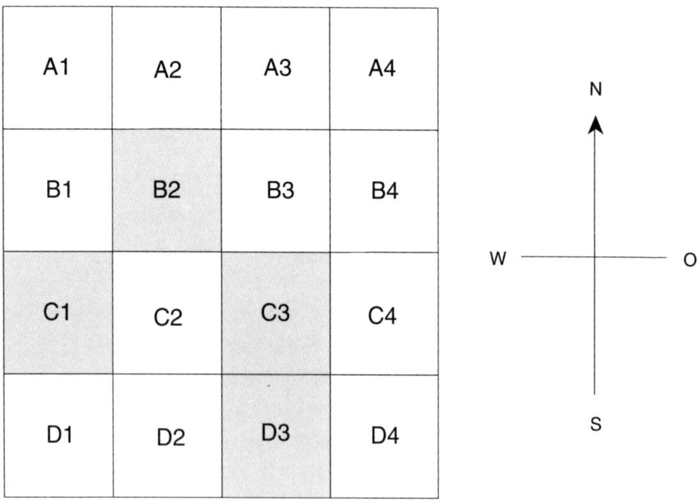

Fairway Construction Ltd.

Sie sind Mitarbeiter der Fairway Construction Ltd. Ihrer Firma gehören die Parzellen A3, B3, B4 und C2.

Ihre Firma möchte die Parzellen A4, B4, C4 und D4 besitzen, weil ein Streifen in der Mitte dieser Parzellen für eine neue Autobahn vorgesehen ist. Diese Autobahn wird das Land auf beiden Seiten der vorgesehenen Straße sehr verteuern. Die Information über die Autobahn ist nicht offiziell bekannt. Wenn sie an die Öffentlichkeit gelangt, ist es wahrscheinlich, daß die Grundstückspreise hochschnellen werden. Die Parzellen werden zur Zeit normalerweise für 1,5 Millionen DM verkauft.

Für diese Investition stehen 3 Millionen DM zur Verfügung.

Andere beteiligte Unternehmen sind:

- UK Construction Ltd.;
- University Construction Office;
- London Investment Trust Ltd.

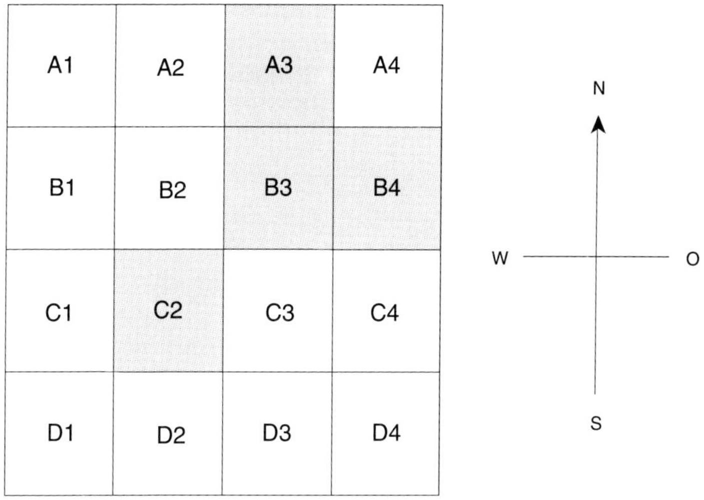

UK Construction Ltd.

Sie sind Mitarbeiter der UK Construction Ltd. Zur Zeit gehören Ihrer Firma die Parzellen A1, C4, D1, D2 und D4.

Ihre Firma möchte gerne vier Parzellen, die sich zu einem länglichen Rechteck zusammenfügen, um eine moderne Wohnsiedlung zu planen. Ihre Firma hat nicht alle notwendigen finanziellen Mittel für den Bau der Häuser zur Verfügung.

Deshalb möchte sie zu mehr Geld kommen, indem sie eine der fünf Parzellen verkauft, die sie bereits besitzt. Wenn ein Rechteck aus vier Parzellen nicht erzielt werden kann, können Sie auch eine L-Form der Parzellen in Betracht ziehen. Es wird allerdings teuer sein, den ursprünglichen Plan entsprechend zu verändern, und es wird nicht leicht sein, Ihre Vorgesetzten davon zu überzeugen.

Die Parzellen werden normalerweise zu 1,5 Millionen DM verkauft, aber Sie können vielleicht einen höheren Preis erzielen. Andere beteiligte Unternehmen:

- Fairway Construction Ltd.;
- University Construction Office;
- London Investment Trust Ltd.

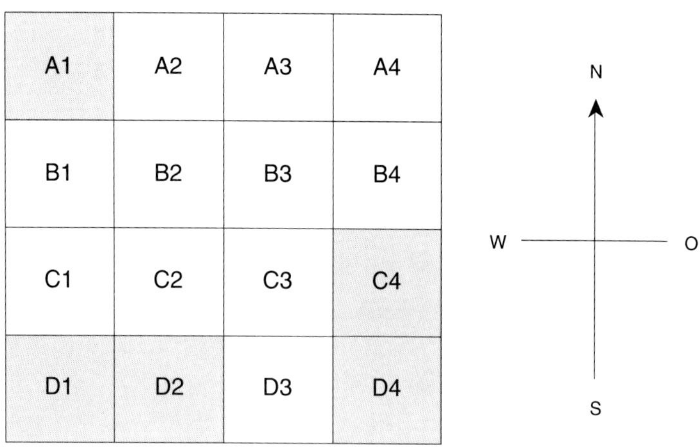

University Construction Office

Sie sind Mitarbeiter des University Construction Office. Wegen künftiger Entwicklungspläne kaufte das Office vor einiger Zeit die Parzellen A2, A4 und B1.

Da es die Politik des Office ist, die Universitätsgebäude mehr und mehr auf engem Raum zu konzentrieren, ist es Ihr Ziel, durch Kaufen und Verkaufen der drei getrennten Parzellen zu einer Gruppe von drei Blöcken zu kommen, die sich zu einem länglichen Rechteck zusammenfügen.

Weil Sie kein eigenes Budget für diese Transaktion haben, müssen Sie sich einen gewissen finanziellen Spielraum schaffen, indem Sie ein profitables Ergebnis aushandeln.

Wenn es Ihnen nicht gelingt, die Parzellen in einem Rechteck zu bekommen, könnte auch eine L-Form in Betracht kommen. Eine Abänderung der ursprünglichen Pläne würde jedoch viel Aufwand, Zeit und Geld erfordern.

Die Parzellen werden normalerweise zu je 1,5 Millionen DM verkauft, aber dieser Preis wird steigen, wenn zwei Gruppen versuchen, sich gegenseitig zu überbieten, oder wenn ein bestimmtes

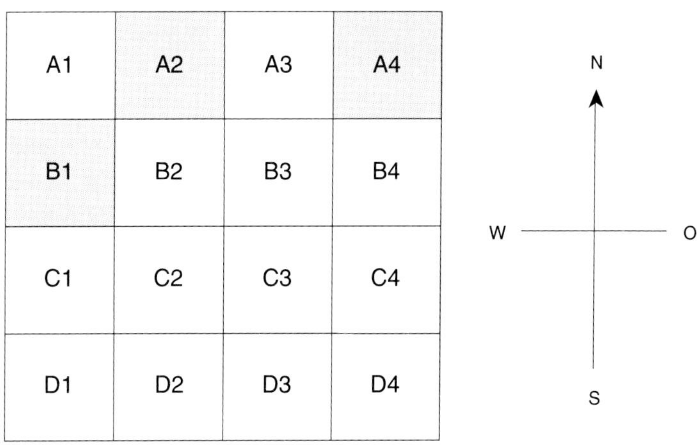

Projekt die Attraktivität der betreffenden Parzelle erhöht. In diesem Zusammenhang wissen Sie zufällig Bescheid über bestehende Pläne für eine Autobahn und ein großes Einkaufszentrum.

Andere beteiligte Unternehmen sind:

- London Investment Trust Ltd.;
- UK Construction Ltd.;
- Fairway Construction Ltd.

Simulation 2

Die London Company Übung

Ziele: Diese Übung hat zwei Ziele:

- das Üben des Verhandlungsvorsitzes;
- das Üben der Verhandlungsstile.

Situation: Fünf Einzelpersonen, die alle an derselben Besprechung teilnehmen werden.

Beginn: Jeder Teilnehmer erhält die allgemeine Information, die Organisationstabelle und seine Rollenanweisungen. Als Vorbereitungszeit werden 15 Minuten angesetzt.

Allgemeine Informationen

Die London Company stellt Metallbauteile her. In den letzten 15 Jahren hat sich das Unternehmen dynamisch entwickelt. Der heutige Geschäftsführer wurde vor 16 Jahren als F&E-Leiter eingestellt, und zwar für eine Abteilung, die zuvor sehr vernachlässigt worden war. Zusammen mit einigen neuen Kollegen machte er mehrere Erfindungen, die patentiert wurden. Während dieses Zeitraums wuchs das Unternehmen zu einer mittelgroßen Firma mit positivem Image auf ihren Märkten heran. Neun Jahre nach seinem Eintritt in die Firma wurde er zum Geschäftsführer der London Company ernannt.

Nach einer Stagnationsphase hat der Rückgang der Aufträge erheblich zugenommen (um 8 Prozent netto).

Bisher wurden zusätzliche Personaleinstellungen unmittelbar von den Abteilungsleitern mit dem Geschäftsführer und dem stellvertretenden Geschäftsführer ausgehandelt. Diese Verhandlungen begannen normalerweise, wenn der Bedarf nach weiteren Arbeitskräften sichtbar wurde. Das Fehlen eines strengeren Systems hat nun zu Reibungen und Eifersucht geführt, weil manche Beteiligten leicht den Eindruck gewinnen konnten, daß andere zu Unrecht privilegiert waren und daß sie gegeneinander ausgespielt wurden.

Nach beharrlichem Eintreten für seine Idee hat nun der stellvertretende Geschäftsführer vorgeschlagen, ein anderes System zu erproben. Dieses beinhaltet:

- Eine Auflistung des Personalbedarfs durch alle drei Abteilungsleiter, gefolgt von:
- einer Plenarsitzung, in der die verschiedenen Forderungen im Hinblick auf ihre Durchführbarkeit diskutiert werden.

Der Geschäftsführer ist nicht für diesen Versuch und hat klar gesagt, daß das alte System wieder eingeführt werden wird, wenn das neue Verfahren keinen Erfolg hat. Wenn das geschieht, werden die Beteiligten seine wohlbekannten Nachteile akzeptieren müssen; es wird auch bedeuten, daß Personaleinstellungen verzögert werden. Das alte System bedeutet ebenfalls, daß es jeweils nur eine Mindestzuteilung von +/– 2 Mitarbeitern geben wird.

Die Gesamtzahl von zusätzlichen Arbeitsplätzen, die derzeit geschaffen werden können, beträgt 16.

Das Gespräch beginnt jetzt; Sie haben 50 Minuten Zeit, um diese neu geschaffenen Stellen zu verteilen.

Stellvertretender Geschäftsführer

Die Diskussion über die Zuteilung der neuen Mitarbeiter wird beginnen, nachdem Sie von allen drei Abteilungsleitern eine schriftli-

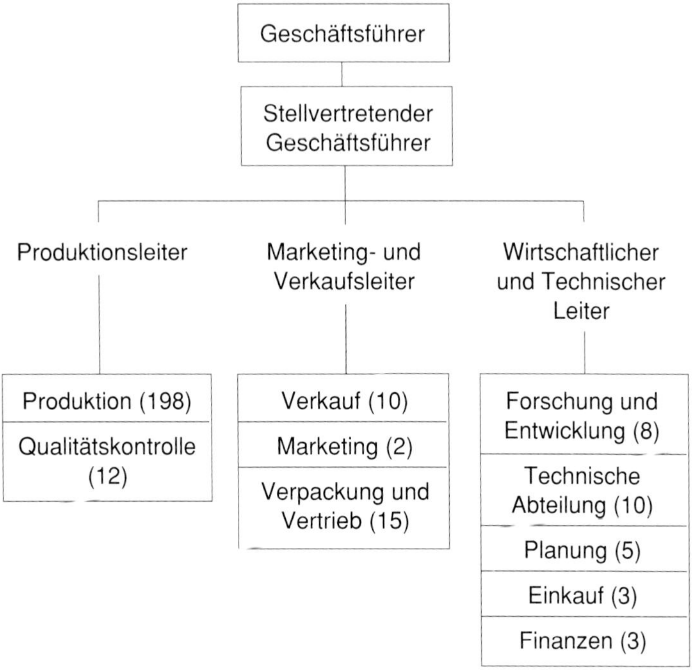

Abbildung 26: Organisationstabelle

che Anforderung erhalten haben. Sie werden das Gespräch beginnen, indem Sie die drei Anforderungen vortragen und erklären, daß die Zahl der neuen Stellen auf 16 begrenzt sein wird.

Sie haben kein persönliches Interesse daran, wie die 16 Stellen endgültig verteilt werden, aber natürlich müssen Sie davon überzeugt sein, daß das Ergebnis dem Interesse des Unternehmens dient.

Sie halten es auch für sehr wichtig, daß die Beziehung zwischen den drei Abteilungsleitern nicht negativ beeinflußt wird.

Produktionsleiter

Zunächst einmal müssen Sie Ihre Anforderung zusätzlicher Mitarbeiter für Ihre Abteilung dem stellvertretenden Geschäftsführer vorlegen. Es geht hier um die Gesamtzahl.

In bezug auf Ihre Anforderung und die Diskussion, die stattfinden wird, werden die folgenden Argumente wichtig sein:

- Schon für dieses Jahr allein ist eine 8prozentige Produktionssteigerung notwendig. Nur 2 bis 4 Prozent könnten durch technische Verbesserungen erreicht werden.
- Der Zuwachs wird hauptsächlich in der Kunststoffbauteile-Produktion stattfinden. Bisher haben Sie Ihre Ziele erreicht, indem Sie für einen begrenzten Zeitraum Personal von anderen Produktionslinien in die Kunststoffbauteile-Produktion übernahmen. Sie haben nun genug davon, immer improvisieren zu müssen, weil das Arbeitsklima in der Produktion dadurch beeinträchtigt wird.
- Ihre Abteilung ist das Rückgrat der Firma. Es ist Ihre Abteilung, in der das Geld verdient wird. Die anderen Abteilungen sind nur unterstützend tätig. Nationale und lokale Zeitungen veröffentlichen Artikel, in denen darauf hingewiesen wird, daß „indirekte" Mitarbeiter in anderen Unternehmen entlassen werden. In Ihrer Firma wäre man glücklich, wenn das gegenwärtige Beschäftigungsniveau in den unterstützenden Abteilungen aufrechterhalten werden könnte.

Marketing- und Verkaufsleiter

Zunächst einmal müssen Sie Ihre Anforderung zusätzlicher Mitarbeiter in Ihrer Abteilung dem stellvertretenden Geschäftsführer vorlegen. Es geht hier nur um die Gesamtzahl.

In bezug auf Ihre Anforderung und die Diskussion, die stattfinden wird, werden die folgenden Argumente wichtig sein:

- Ihre Marketingabteilung hat in der Firma keinen großen Einfluß. Wenn dieser Bereich eine ernsthafte Chance haben soll,

Einfluß auf die Organisation auszuüben, werden möglichst bald hochqualifizierte Marketing-Experten eingestellt werden müssen.

- Marketing wird immer wichtiger; die Zeiten sind vorbei, in denen dieses Unternehmen noch mit Hilfe einiger zufälliger und intuitiver Ideen des Managements überleben konnte. Mittel- und langfristige Marktchancen müssen geprüft werden; dies ist von entscheidender Bedeutung, wenn das Unternehmen überleben und sich weiterentwickeln will.
- Das Unternehmen konnte die jüngste Rezession aufgrund der enormen Bemühungen des Verkaufspersonals überstehen. Der Wettbewerb wird immer schärfer. Häufige und persönliche Kontakte zwischen Außendienstmitarbeitern und Kunden werden zur primären Bedingung, um auf diesem Markt erfolgreich zu sein.
- Auch Fachmessen werden immer wichtiger. Bis vor kurzem mußte man nur auf einigen nationalen Messen präsent sein. Heute hingegen besteht die Tendenz, solche Messen auch auf lokaler und regionaler Ebene zu organisieren.
- Infolge des Streß', verursacht durch den zusätzlichen Arbeitsaufwand, der von einer begrenzten Zahl von Außendienstmitarbeitern geleistet werden muß, sind Sie mit einer erheblichen Zunahme der Mitarbeiterfluktuation (6 Prozent) und Fehlzeiten (15 Prozent) konfrontiert.

Wirtschaftlicher und Technischer Leiter

Zunächst einmal müssen Sie Ihre Anforderung zusätzlicher Mitarbeiter in Ihrer Abteilung dem stellvertretenden Geschäftsführer vorlegen. Es geht hier um die Gesamtzahl.

In bezug auf Ihre Anforderung und die Diskussion, die stattfinden wird, werden die folgenden Argumente wichtig sein:

- Forschung und Entwicklung haben das Unternehmen zu dem gemacht, was es heute ist. Das Wachstum in den verschiedenen

Produktgruppen ist in erster Linie durch F&E angeregt worden. An diesem Punkt ist es offensichtlich, daß die Kunststoffbauteile, die von Ihrer Abteilung entwickelt wurden, potentiell die stärkste Produktlinie in der Firma sind.

- Neben der Innovation im Bereich der Kunststoffbauteile wird Ihre Politik auch darauf abzielen, der Suche nach kreativen Lösungen in bezug auf bereits bestehende Produkte mehr Aufmerksamkeit zu schenken. Tatsächlich kann Ihre Abteilung in bezug auf Innovationen viele Erfolge vorweisen.
- Sie wissen, daß dem Geschäftsführer Forschung und Entwicklung besonders am Herzen liegt. Sie sind sich sicher, daß Sie leicht seine Zustimmung für die Einstellung von *zwei Mitarbeitern* bekommen würden.
- Zunehmende Fehlzeiten (eine Zunahme von 3 Prozent in den letzten beiden Jahren) sollten durch neue Mitarbeiter kompensiert werden.
- Die Arbeitsbelastung der Instandhaltungsabteilung wird durch das Wachstum der neuen Kunststoffbauteile-Produktion stark erhöht werden. Außerdem erfordert die technische Verbesserung von bestehenden Produktlinien immer mehr Aufmerksamkeit. Es ist die Unternehmenspolitik, eine Steigerung des Produktionsvolumens durch Modernisierung der Produktionsmethoden zu erreichen.
- Die Wartungsabteilung wird infolge der Steigerung der Forschungs- und Entwicklungsaktivitäten mehr Arbeit bekommen. Zum Beispiel wird sie häufig zur Ausführung von experimentellen Konstruktionen herangezogen.

Simulation 3

Die Verschmutzung des Rheins: Eine Simulation internationaler Verhandlungen

Spielregeln

Die vier Delegationen sind übereingekommen, daß die Verhandlungen in 50 Minuten beginnen werden, nachdem sie bereits die allgemeine Vorabinformation und Informationen über ihre jeweiligen Länder erhalten haben.

Sie können diese Zeit zur Vorbereitung benutzen. Versuchen Sie, speziell Ihre Interessen im Hinblick auf Inhalt und eigene Strategie zu formulieren. Erste Kontakte mit anderen Delegationen sind möglich, falls dies gewünscht wird.

Sie haben zwei Stunden für die eigentlichen Verhandlungen Zeit. Sie dürfen während dieses Zeitraums so oft vertagen, wie Sie möchten. Nach 45 Minuten gibt es eine obligatorische Vertagung der Gespräche.

Ihr endgültiges Produkt wird ein gemeinsamer Text für einen Vertrag über den Schutz des Rheins vor chemischer Verschmutzung sein.

Beachten Sie: Es ist nicht beabsichtigt, daß Sie sich in technische Diskussionen verstricken. Die Punkte 5 und 6 der Tagesordnung müssen in jedem Fall behandelt werden.

Allgemeine Vorabinformationen

Alle Teilnehmer an den Verhandlungen sind Beamte, die direkt den verantwortlichen Ministern unterstellt sind. Die Minister sind übereingekommen, daß ein Vertrag kurzfristig abgeschlossen werden muß. Ihre Aufgabe ist es, einen Vertrag über den Schutz des Rheins vor chemischer Verschmutzung auszuhandeln.

Die Verhandlungen sind von einer internationalen Kommission von Beamten und Wissenschaftlern vorbereitet worden, die im folgenden als Internationale Kommission bezeichnet wird. Die Teilnehmerländer sind die Schweiz, Deutschland, Frankreich und die Niederlande.

Für die Niederlande hat der Abschluß eines Vertrages eine hohe Priorität. Die Verhandlungen sind auch für Deutschland wichtig, das eine große Menge Rheinwasser zur Trinkwassergewinnung für das Ruhrgebiet benötigt, jedoch auch bei weitem den meisten Schmutz in den Rhein abläßt. Frankreich hat bisher wenig Interesse am Vertrag gezeigt. Die Schweiz wird kooperieren, mißt dem Vertrag jedoch keine hohe Priorität zu. Alle Länder haben ein Interesse an einer konkreten Vereinbarung.

Bei vorbereitenden Gesprächen ist folgende *Tagesordnung* vereinbart worden:

1. Erstellen Sie eine Liste der Stoffe, für die ein Einleitverbot bestehen soll.
2. Erstellen Sie eine Liste der Stoffe, die bis zu einer vereinbarten Höchstgrenze eingeleitet werden dürfen.
3. Vereinbaren Sie die spezifischen Höchstwerte für die Stoffe unter Punkt 2.
4. Erarbeiten Sie eine Formel, wie die Höchstmengen unter den Ländern aufgeteilt werden sollen.
5. Treffen Sie Vereinbarungen über ein Überwachungssystem.
6. Vereinbaren Sie, wie der Vertrag praktisch durchgeführt werden soll.

Des weiteren wurde vereinbart, daß der Verhandlungsvorsitz abwechselnd von den einzelnen Delegationen übernommen wird. Frankreich wird den Vorsitzenden für den ersten Abschnitt der Konferenz stellen.

Zu den Punkten 1, 2 und 3 der Tagesordnung:

Der folgende Text ist ein Auszug aus einem Bericht der Internationalen Kommission.

„In der folgenden Liste werden die Stoffe genannt, die das Wasser des Rheins auf eine solche Weise verschmutzen, daß sie als gefährlich für die folgenden Zwecke erachtet werden:

1. die Gewinnung von Trinkwasser für den menschlichen Gebrauch,
2. die direkte oder indirekte Lieferung von Süßwasser für landwirtschaftliche Zwecke,
3. die Aufrechterhaltung einer annehmbaren Qualität des Meerwassers,
4. die Erhaltung der natürlichen Flora und Fauna sowie die Erhaltung der Selbstreinigungskraft des Wassers und somit verwandter Ziele wie Angeln und Wassersport.

Die Substanzen werden in einer bestimmten Reihenfolge aufgelistet. Zu Anfang werden die Stoffe genannt, die für die obengenannten Zwecke am schädlichsten sind, während die letztgenannten Substanzen geduldet werden können, solange sie die festgesetzten Grenzwerte nicht überschreiten.

Die Kommission selbst war nicht in der Lage, eine eindeutige Übereinstimmung darüber zu erzielen, welche Stoffe absolut verboten werden sollten. Sie konnten sich nur darüber einigen, daß die ersten drei Substanzen verboten werden sollten.

Die Kommission war auch nicht in der Lage, zu einer Übereinkunft über die tolerierbaren Grenzwerte zu gelangen. Für jede Substanz wird sowohl der niedrigste als auch der höchste Grenzwert, der in der Kommission von den verschiedenen Delegierten vorgeschlagen wurde, in Einheiten von Gewicht pro m^3 angegeben. Ebenso werden die derzeitigen Einleitungsmengen angegeben.“

Zu Punkt 4 der Tagesordnung:

Drei alternative Kriterien werden von der Kommission zur Aufteilung der erlaubten Einleitungshöchstwerte unter den verschiedenen Ländern angegeben.

1. Einwohnerzahl;
2. Länge des Rheinufers in diesem Land;

Tabelle 12: Liste der Schadstoffe, die von der Internationalen Kommission aufgestellt wurde

	Niedrigster Grenzwert	*Höchstgrenze*	*Gegenwärtige Einleitungsmenge*
1. Halogenverbindungen	0	0	2
2. Quecksilber und Quecksilberverbindungen	0	0	3
3. Verbindungen, von denen nachgewiesen ist, daß sie Krebs im oder durch das Wasser verursachen können	0	0	1
4. Biologisch nicht abbaubare Mineralöle und biologisch nicht abbaubare, aus Erdöl hergestellte Kohlenwasserstoffe	0	18	22
5. Zyanide	0	8	12
6. Zinn und Zinnverbindungen	0	8	6
7. Kadmium- und Kadmiumverbindungen	4	12	11
8. Anorganische Phosphorverbindungen und elementarer Phosphor	8	18	24
9. Blei- und Bleiverbindungen	5	7	18
10. Chrom- und Chromverbindungen	9	11	13
11. Ammoniak und Nitrite	3	5	10
12. Organische Siliziumverbindungen, die toxisch und biologisch nicht abbaubar sind	7	9	8

3. Ein Verhältnis, das proportional zu der Menge ist, die von jedem Land eingeleitet wird.

Zu Punkt 5 der Tagesordnung:

Zwei Vorschläge wurden gemacht, um die Durchführung und die Einhaltung des Vertrags zu überwachen.

1. *Französischer Vorschlag:* Dies wird in das Ermessen des einzelnen Landes gestellt.

2. *Niederländischer Vorschlag:* Die Internationale Kommission wird erweitert und erhält die folgenden Aufgaben:

   - Listen von allen Haupteinleitern (Städten und Unternehmen) zu erstellen und zu führen;
   - für jede Einleitung der vereinbarten Stoffe eine Genehmigung zu erhalten, mit einer begrenzten Dauer, in der die erlaubte Emission spezifiziert wird;
   - ein ständiges Messungsnetz (alle 150 km), um kontinuierliche Messungen zu ermöglichen;
   - mobile Meßeinheiten, um Probemessungen vorzunehmen, so daß die Verschmutzer genau lokalisiert werden können;
   - Vereinbarungen mit den lokalen Behörden zu treffen, damit man die notwendigen Schritte unternehmen kann, einschließlich von Sanktionen wie Strafverfolgung, falls gegen diese Vereinbarungen verstoßen wird.

Zu Punkt 6 der Tagesordnung:

Französischer Vorschlag: Sobald der Vertrag von den einzelnen Parlamenten ratifiziert worden ist, wird jedes Land daran gehen, die Vereinbarungen in die Tat umzusetzen. Einmal alle drei Jahre wird die Internationale Kommission zusammentreten, um festzustellen, inwieweit die praktische Durchführung stattgefunden hat.

Niederländischer Vorschlag: Eine Klausel soll in den Vertrag aufgenommen werden, die von jedem Land verlangt, ein nationales

Programm durchzuführen, so daß der jeweils eigene Anteil der Vereinbarung innerhalb von drei Jahren in Kraft treten wird, nachdem der Vertrag von den jeweiligen Parlamenten ratifiziert worden ist.

Deutscher Vorschlag: Wie der französische Vorschlag, doch soll die Internationale Kommission alle zwei Jahre zusammentreten; auch sollen die Länder die Vereinbarungen innerhalb von fünf Jahren in die Tat umsetzen.

Schweiz

Die Verhandlungen haben für Sie keine hohe Priorität. Ihnen ist es recht gleichgültig, was andere Länder in den Rhein einleiten. Im Hinblick auf die Gesamtmengen sind Sie nicht der größte Verschmutzer der vier; außerdem kommt höchstens die Hälfte des Rheinwassers aus der Schweiz.

Dennoch gibt es Menschen in Ihrem Land, vor allem im Bereich des Tourismus, die darauf drängen, daß Maßnahmen getroffen werden. Einige der Seen werden ziemlich stark verschmutzt. Bisher haben Unternehmen und Städte in bezug auf die Einleitung von Schadstoffen nur wenige Einschränkungen gehabt. Ihre Delegation ist zwar auch der Meinung, daß etwas geschehen sollte, aber die finanziellen Belastungen für die Industrie und die verschiedenen Staaten sollten ebenfalls in Betracht gezogen werden.

Ihre nationale Politik war von jeher darauf bedacht, gute Beziehungen zu Frankreich und Deutschland zu unterhalten. Ihre eigene Delegation ist vorwiegend französisch-schweizerisch. In Zukunft werden Sie vor allem mit den Franzosen zu tun haben. Dies wird natürlich eine Rolle spielen, aber nicht so, daß es die nationalen politischen Fragen beeinflußt, die oben erwähnt wurden.

Schließlich ist es die Politik Ihres Landes, sehr vorsichtig zu sein beim Akzeptieren internationaler Kontrollen und sich nie auf problematische Verpflichtungen einzulassen. Die nationale Autonomie ist in der schweizerischen Außenpolitik von entscheidender Bedeutung.

Frankreich

Ihre direkten Interessen an einem Vertrag zur Vermeidung der chemischen Verschmutzung des Rheins sind minimal. Sie benötigen nur sehr wenig Rheinwasser als Trinkwasser und zur Bewässerung, und die chemische Verschmutzung durch die französische Industrie ist noch immer gering, obwohl der nationale Industrialisierungsprozeß wahrscheinlich eine erhöhte Verschmutzung mit sich bringen wird. Ihre Industrie ist gegenwärtig in einer relativ schwierigen Position infolge des internationalen Wettbewerbs. Die Umweltgesetzgebung, die für den industriellen Sektor streng und kostspielig ist, liegt deshalb nicht in Ihrem Interesse.

Sie würden gerne die Einleitungsbeschränkungen so flexibel wie möglich gestalten und, wo dies keinen Erfolg hat, verzögern, wo Sie nur können. Gleichzeitig erkennen Sie, daß Sie mit dieser Politik die notwendige Vorsicht walten lassen müssen, weil Sie sonst die Deutschen und vor allem die Holländer gegen sich aufbringen werden. Wenn die Beziehungen sich zu sehr verschlechtern, könnte dies andere Gespräche und Vereinbarungen mit diesen Ländern erschweren, was nicht wünschenswert ist. Diese Beziehungen sind schon unter Druck geraten, weil es Zankereien um monetäre Ausgleichszahlungen gegeben hat.

Sie werden den Vorsitzenden für die erste Konferenzperiode stellen.

Die Niederlande

Sie sind stark an einem Rhein-Vertrag interessiert. Trinkwasser, Wasser für den landwirtschaftlichen Bedarf, saubereres Meerwasser, Freizeit- und Umweltfragen haben für Sie einen hohen Stellenwert. Nicht nur Parlament und Regierung beschäftigen sich sehr intensiv mit diesen Fragen, sondern auch in der öffentlichen Meinung herrscht große Besorgnis. Die Verhandlungen werden sehr genau verfolgt. Fernsehen und Presse haben diese Gelegenheit wahrgenommen, um ausführliche Berichte über die Bedeutung und den gegenwärtigen Zustand des Rheinwassers zu veröffentlichen.

Nach den ausführlichen Vorbereitungen, die von der Internationalen Kommission durchgeführt wurden, rechnen Sie mit konkreten Resultaten – was durchaus auch möglich sein müßte. Doch die anderen Länder sind weniger daran interessiert, eine Lösung zu finden.

Da die verantwortlichen Minister beschlossen haben, daß eine Vereinbarung getroffen werden muß, da niemand will, daß sich die ohnehin angespannten Beziehungen noch weiter verschlechtern, und da Vereinbarungen getroffen wurden und die Gespräche auf vielen anderen Gebieten weitergehen, erwarten Sie, daß die anderen Delegationen Ihrer Einstellung Sympathie entgegenbringen.

Eine gewisse Opposition wird jedoch von den Franzosen erwartet, die nicht wollen, daß ihre nationalen Prioritäten eingeschränkt werden. Außerdem brauchen die Franzosen den Rhein zur Trinkwassergewinnung, für Freizeit und landwirtschaftliche Zwecke viel weniger als Deutschland und die Niederlande. Auf der anderen Seite müssen sich die Franzosen in gewissem Maße um gute Beziehungen zu ihren europäischen Partnern bemühen, nachdem sie in jüngerer Zeit – zum Beispiel im Zusammenhang mit monetären Ausgleichszahlungen – die Beziehungen belastet haben.

Sie zählen auf ein gewisses Verständnis für die Tatsache, daß die Niederlande das größte Opfer der Verschmutzung des Rheins sind. Ihr allgemeiner Grundsatz bei finanziellen Fragen ist das Verursacherprinzip.

Deutschland

Diese Verhandlungen sind sehr wichtig für Sie. Neben einem bestimmten „gefühlsmäßigen“ Interesse an einem sauberen Rhein (im Hinblick auf Tourismus und Freizeit) dient ein großer Teil des Rheinwassers der Trinkwassergewinnung. Die chemische Großindustrie, die am Rhein angesiedelt ist, spielt eine lebenswichtige Rolle in der deutschen Wirtschaft und hat auch großen politischen Einfluß. Wenn die Kosten für den industriellen Sektor aufgrund von Umweltmaßnahmen (einschließlich möglicher Maßnahmen gegen Luftverschmutzung) zu hoch sind, könnten einige Unternehmen in andere Länder umsiedeln. Das wäre sowohl wirtschaftlich als auch beschäftigungspolitisch inakzeptabel. Doch andererseits muß man die starken Umweltschutzbedürfnisse der Wähler im Auge behalten. Ihre Regierung möchte anderen Parteien, wie zum Beispiel den Grünen, den Wind aus den Segeln nehmen, indem sie einen Erfolg im Umweltbereich verbucht.

Sie sind sich dessen bewußt, daß Frankreich an den Verhandlungen kein großes Interesse hat. Von den Franzosen wird eine gewisse Opposition erwartet, da sie nicht möchten, daß ihre nationale Selbständigkeit eingeschränkt wird. Außerdem brauchen sie den Rhein zur Trinkwassergewinnung, zur Freizeit und zu landwirtschaftlichen Zwecken in weit geringerem Maße als Deutschland und die Niederlande. Auf der anderen Seite müssen sich die Franzosen in gewissem Maße um gute Beziehungen zu ihren europäischen Partnern bemühen, nachdem sie in jüngerer Zeit – zum Beispiel im Zusammenhang mit monetären Ausgleichszahlungen – die Beziehungen belastet haben.

Sie selbst möchten auf konkrete Vereinbarungen hinarbeiten, wobei die Beziehungen zwischen den Verhandlungspartnern jedoch nicht beeinträchtigt werden sollten.

Sie können verstehen, daß die Niederländer großen Wert auf den Abschluß eines Vertrages legen. Der ganze Schmutz fließt durch ihr Delta und kommt dann an ihrer Küste wieder an die Oberfläche. Es ist daher also nicht erstaunlich, daß die öffentliche Meinung und Umweltgruppen in den Niederlanden so sehr um die Qualität des Rheinwassers besorgt sind.

Auswertungsformular 1

Verhandlungsverhalten: Kampf, Kooperation, Flexibilität

Charakterisieren Sie das Verhalten der Unterhändler, indem Sie diesem eine Punktzahl zwischen 1 bis 5 auf jeder der beiden Skalen geben:

1. Wie hält der Unterhändler die Spannung zwischen „Kooperation“ und „Kampf“ aufrecht?

kooperativ, ,jovial, persönlich, besorgt	kämpfend, Zwang ausübend, aggressiv

1 — 2 — 3 — 4 — 5

freundlich, offen	feindselig, berechnend

2. Wie flexibel in seiner Strategie ist der Unterhändler?

1 — 2 — 3 — 4 — 5

flexibel, aktiv, sucht Hintergrundinformationen, offen für Alternativen, explorierend, improvisierend, wachsam	vermeidend, eingleisig, starr, wiederholend, passiv, distanziert, ausweichend

Beachten Sie: Es ist durchaus möglich, daß jemand auf sehr aktive Weise ein vermeidendes Verhalten zeigt. Zum Beispiel, indem er immer wieder die gleichen Argumente in unterschiedlicher Form wiederholt, während er an den eigenen ursprünglichen Ausgangspunkten festhält und eine bestimmte Lösung um jeden Preis verteidigt oder das Thema zur Prinzipienfrage erhebt.

Vorschläge

Auswertungsformular 2

Verhandlungsverhalten: Flexibilität, persönliche Beziehungen, Macht

Charakterisieren Sie das Verhalten der Unterhändler, indem Sie ihm eine Punktzahl zwischen 1 bis 5 auf jeder der drei Skalen geben:

Flexibilität
(wie stark explorierend?)

1	2	3	4	5
flexibel, aktiv, suchend		ruhig, geduldig		starr, eingleisig, ausweichend

Persönliche Beziehungen
(wie stark auf das soziale Klima hin orientiert?)

1	2	3	4	5
jovial, freundlich		glaubwürdig, solide		sarkastisch, unvorhersehbar

Macht (wie stark auf Dominanz hin orientiert?)

1	2	3	4	5
verwundbar, unterwürfig		ein gewisses Gleichgewicht aufrechterhaltend		versucht zu dominieren

Vorschläge

Auswertungsforumular 3

Ihr Verhandlungsprofil

Dilemmas

1. Inhalt/Interessen:

Nachgiebig vs. starrsinnig

1	2	3	4	5
nachgiebig, macht leicht Konzessionen		hartnäckig, testend		starrsinnig

Taktikbeispiel:

Feste Präsentation von Fakten und Argumenten, aber Spielräume sind selbstverständlich. Lassen Sie zu, daß die Verhandlungen in eine Sackgasse geraten, und benutzen Sie diese als Test. Arbeiten Sie Schritt für Schritt auf einen Kompromiß hin. Setzen Sie zeitliche Grenzen.

2. Macht:

Nachgiebig vs. dominierend

1	2	3	4	5
verwundbar, unterwürfig		ein bestimmtes Gleichgewicht aufrechterhaltend		aggressiv, versucht zu unterwerfen

Taktikbeispiel:

Versuchen Sie, das Gleichgewicht mit Hilfe von Fakten und kontrolliertem Druck zu beeinflussen. Reagieren Sie auf Manipulationen mit entsprechenden Gegenmaßnahmen. Mäßiger Einsatz von Verwirrung und Überraschungseffekten.

3. Klima/Beziehungen:

Jovial vs. feindselig

1	2	3	4	5
persönlich, freundlich		glaubwürdig, solide		sarkastisch, unberechenbar

Taktikbeispiel:

Fördern Sie informelle Diskussionen, zeigen Sie Interesse an persönlichen Dingen; mäßiger Gebrauch von Humor; konsequentes Verhalten. Weisen Sie auf die gegenseitige Abhängigkeit hin: „Welche Lösung werden *wir* finden". Unterscheiden Sie Rollenverhalten von der Person.

4. Flexibilität:

Explorierend vs. vermeidend

1	2	3	4	5
suchend, aktiv		ruhig, geduldig		einseitig, ausweichend, starr

Taktikbeispiel:

Stellen Sie Fragen, machen Sie selbst oder entlocken Sie den anderen Vorschläge, bemühen Sie sich, neue Informationen zu erhalten, führen Sie ein Brainstorming durch, um provisorische Lösungen zu erhalten. Versuchen Sie, ein kreatives Package-deal zusammenzustellen.

Bitte geben Sie Ihrem eigenen Verhalten und dem Ihrer Verhandlungspartner zu diesen vier Dilemmas Punkte.

Vorschläge

Zusammenfassung 1

Persönliche Verhandlungsstile

Vier grundlegende Verhandlungsstile lassen sich unterscheiden:

1. *Der ethische Stil*, charakterisiert durch Vertrauen und den Glauben an gemeinsame Interessen, Prinzipien und Werte, die Aufstellung hoher Normen, Entwicklung von Vorschlägen im gemeinsamen Interesse, unabhängiges Denken, Festhalten an Prinzipien.

2. *Der analytisch-aggressive Stil*, charakterisiert durch sorgfältige Analyse, Präferenz für harte Fakten und Zahlen, gesunde Logik, Abwägen aller Alternativen im voraus, Einhalten von vernünftigen Verfahrensweisen, Berechenbarkeit der Dinge, Festhalten an Zielen.

3. *Der joviale Stil*, charakterisiert durch gute soziale Fertigkeiten, persönlichen Charme, Diplomatie, positive Beeinflussung des Klimas, das Bestreben, bestimmte Dinge auszuprobieren, Sensibilität gegenüber integrativen Lösungen, Flexibilität.

4. *Der flexibel-aggressive Stil*, charakterisiert durch den Wunsch, die Dinge getan zu bekommen, eine Vorliebe für Leistung, die Nutzung günstiger Gelegenheiten, das Bestreben, die Dinge am Laufen zu halten, Freude an den Herausforderungen.

Ist einer der vier Stile bei Ihnen dominant? Welcher der vier ist am stärksten in Ihrem Verhalten vertreten? Jeder Stil hat auch seine weniger effektive Seite. Lernen Sie, die weniger effektiven Aspekte Ihres Stils zu erkennen.

Der ethische Stil

Weniger produktive Aspekte, wenn im Übermaß angewendet: Wirkt leicht „predigend", zieht sich zurück und ist nicht für neue Ideen aufgeschlossen, ist zu sehr um Ideale und gemeinsame Werte besorgt, bis zu dem Punkt, an dem man unrealistisch wird.

Tendenzen in einem Konflikt: Hält an seiner Sache fest, weil er recht hat oder gibt enttäuscht nach. Wird desillusioniert und isoliert.

Der analytisch-aggressive Stil

Weniger produktive Aspekte, wenn im Übermaß angewendet: Wird eingleisig, ist zu wenig sensibel gegenüber dem Diskussionsklima, beschäftigt sich zu sehr mit Detailfragen, ist unfähig zur Improvisation.

Tendenzen in einem Konflikt: Häuft mehr und mehr Beweise an, um zu zeigen, daß er recht hat, wird starrsinnig.

Der joviale Stil

Weniger produktive Aspekte, wenn im Übermaß angewendet: Vermeidet eine Kraftprobe, leistet zu wenig Widerstand, wird ambivalent.

Tendenzen in einem Konflikt: Übermäßige Kompromißbereitschaft, gibt nach, um Harmonie und Goodwill aufrechtzuerhalten.

Der flexibel-aggressive Stil

Weniger produktive Aspekte, wenn im Übermaß angewendet: Beherrschend, gibt anderen zu wenige Chancen, wird leicht ungeduldig und impulsiv.

Tendenzen in einem Konflikt: Gibt nicht nach, selbst wenn er weiß, daß er im Unrecht ist, wird zornig, tendiert zu zwanghaftem Druck, versucht alles in seiner Macht Stehende, um sich durchzusetzen.

Ihre Auswertung

Markieren Sie die Elemente in Ihrem Stil (oder in Ihren Stilen), die Ihr Verhalten überwiegend charakterisieren.

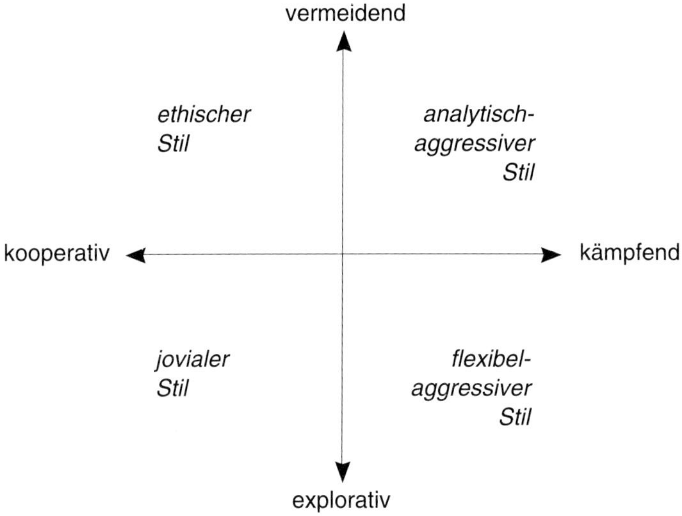

Abbildung 27: Die zwei Dimensionen des Verhandelns

Die vier Stile sind Mischungen von zwei grundlegenden Dimensionen des Verhandelns. Siehe dazu Abbildung 27.

Tragen Sie Ihre Position in diesem Achsenkreuz auf der Grundlage der Informationen ein, die Sie über Ihr Verhalten bei den Übungen gewonnen haben. Vergleichen Sie diese mit vorherigen Bewertungen Ihres eigenen Stils bei den Übungen. Abschließend vergleichen Sie zusammen mit einem oder zwei anderen Teilnehmern Ihre Bewertungen, und versuchen Sie auch, die Verhandlungsstile der anderen im Achsenkreuz einzutragen.

Zusammenfassung 2

Kooperation, Verhandeln, Kampf

- *Kooperation* ist angemessen, wenn Interessen und Ziele ähnlich sind. Es ist die naheliegendste Methode, wenn der Gewinn für

Tabelle 13: Merkmale der Kooperation, des Verhandelns und des Kampfes

Kooperation	*Verhandeln*	*Kampf*
Der Konflikt wird als gemeinsames Problem gesehen.	Der Konflikt wird als ein Aufeinanderprallen von unterschiedlichen, aber voneinander in Abhängigkeit stehenden Interessen angesehen.	Der Konflikt wird gesehen als eine Frage von „Gewinnen oder Verlieren".
Die Beteiligten präsentieren ihre eigenen Ziele so genau wie möglich.	Die Beteiligten stellen ihre eigenen Interessen übertrieben dar, aber achten aufmerksam auf mögliche Gemeinsamkeiten.	Die Beteiligten betonen die Überlegenheit ihrer eigenen Ziele.
Die gegenseitigen Schwachpunkte und persönlichen Probleme können offen diskutiert werden.	Persönliche Probleme werden verschleiert oder sehr überlegt präsentiert.	Persönliche Probleme existieren nicht.
Die gelieferte Information ist ehrlich.	Die gegebene Information ist einseitig. Die Fakten, die für die eigene Partei günstig sind, werden absichtlich hervorgehoben.	Wenn es dazu beitragen kann, den Gegenspieler zu unterwerfen, werden absichtlich falsche Informationen verbreitet.
Diskussionsthemen werden in bezug auf die zugrundeliegenden Probleme präsentiert.	Die Tagesordnung wird im Hinblick auf Lösungsalternativen formuliert.	Punkte, über die keine Übereinstimmung herrscht, werden gemäß der eigenen Lösung formuliert.

Tabelle 13 (Forts.)

Kooperation	*Verhandeln*	*Kampf*
Mögliche Lösungen werden im Hinblick auf ihre praktischen Konsequenzen und gemeinsamen Kriterien getestet.	Gelegentlich werden Lösungen mit Prinzipien verbunden, um Druck auf die Gegenseite auszuüben.	Die eigenen Lösungen werden starr mit höheren Prinzipien verbunden.
Die Befürwortung einer bestimmten Lösung wird absichtlich so lange wie möglich hinausgezögert.	Eine Präferenz für eine bestimmte Lösung wird gezeigt, aber ein Spielraum für Konzessionen ist selbstverständlich.	Eine absolute und bedingungslose Präferenz für die eigene Lösung wird bei jeder Gelegenheit zum Ausdruck gebracht.
Drohungen, Verwirrung stiften und die Fehler der anderen ausnutzen, wird als schädlich angesehen.	Gelegentlich wird mäßiger und sorgfältig kalkulierter Gebrauch von Drohungen, Verwirrung und Überraschungseffekten gemacht.	Auf Drohungen, Verwirrung, Schockeffekte etc. wird jederzeit zurückgegriffen, um den Gegenspieler in die Knie zu zwingen.
Die aktive Mitwirkung aller Beteiligten wird gefördert.	Die Kontakte zwischen den Parteien sind auf wenige Sprecher begrenzt.	Kontakte zwischen den Parteien finden indirekt über Statements statt.
Es wird versucht, die Macht so weitgehend wie möglich zu verteilen und den Dominanzaspekt keine Rolle mehr spielen zu lassen.	Gelegentlich finden Kraftproben zwischen den Beteiligten statt, oder es werden Versuche unternommen, das Machtgleichgewicht zu den eigenen Gunsten ausschlagen zu lassen.	Beide Parteien befinden sich in einem ständigen Machtkampf.

Tabelle 13 (Forts.)

Kooperation	*Verhandeln*	*Kampf*
Die Beteiligten versuchen, einander zu verstehen und sich ihre persönlichen Belange mitzuteilen.	Das Verständnis der Ansichten der Gegenseite wird als taktisches Instrument betrachtet.	Niemand macht sich die Mühe, den Gegenspieler zu verstehen.
Persönliche Irritationen werden zum Ausdruck gebracht, um die Luft von Spannungen zu reinigen, die eine weitere Kooperation behindern könnten.	Persönliche Irritationen werden unterdrückt oder indirekt zum Ausdruck gebracht (zum Beispiel durch Humor).	Irritationen bestätigen negative und feindliche Bilder. Feindseligkeit wird zum Ausdruck gebracht, um die Gegenseite in die Knie zu zwingen.
Beide Parteien sind willens, Hilfe von außen heranzuziehen, die bei der Entscheidungsfindung helfen können.	Dritte Parteien werden nur hinzugezogen, wenn die Verhandlungen völlig festgefahren sind.	Außenseiter sind nur dann willkommen, wenn sie die eigene Seite „blind“ unterstützen.

die Betroffenen direkt abhängig ist von dem Grad, in dem sie ihre Ressourcen gemeinsam nutzen können.

☐ *Verhandeln* ist die richtige Strategie, wenn Interessen unterschiedlich oder entgegensetzt sind, wenn die wechselseitige Abhängigkeit so groß ist, daß eine Übereinkunft Vorteile für beide Parteien bietet. In diesem Fall sind sich die Parteien nicht einig, aber bereit, zu einer Übereinkunft zu gelangen, da es für sie nachteilig wäre, wenn sie einerseits die Dinge treiben ließen oder andererseits kämpfen würden.

☐ *Kampf* ist die wahrscheinlichste Strategie, wenn eine der Parteien denkt, sie könne mehr durch Kämpfen als durch Verhandeln

Tabelle 14: Beispiele für den unterschiedlichen Gebrauch von Taktiken

	Kooperation	*Verhandeln*	*Kampf*
Das Erzielen inhaltlicher Ergebnisse			
• Ziele und Interessen	genau dargestellt	übertrieben dargestellt	werden als überlegen dargestellt
• Präsentierte Fakten	vollständig	einseitig	falsch
Beeinflussung des Klimas			
• Persönliche Probleme	offen diskutiert zur gegenseitigen Unterstützung	werden nicht ausgenutzt	werden benutzt, um den Gegenspieler in die Knie zu zwingen
• Allgemeine Einstellung	Ihr Interesse ist mein Interesse	Welchen Abschluß werden wir erreichen?	Was kann ich daraus gewinnen?
Beeinflussung des Machtverhältnisses			
• Machtverhältnis	horizontal, nicht in Frage gestellt	gelegentliche und kalkulierte Versuche, es zu verschieben	wird bei jeder Gelegenheit in Frage gestellt
• Drohungen und Verwirrung	werden als schädlich betrachtet	mäßig eingesetzt	werden bei jeder Gelegenheit eingesetzt

erreichen. Manchmal wird das Kämpfen aus einer ohnmächtigen Position heraus eingesetzt, um eine starke Verhandlungsposition aufzubauen. Eine Kampfstrategie will Dominanz erzielen. Man versucht, den Gegenspieler zu unterwerfen.

Die Grenzen zwischen diesen drei Verhaltensweisen sind nicht klar umrissen, sie gehen ineinander über. Es ist manchmal verblüffend, wie leicht man sich zu einer *Verlagerung auf eine Kampfstrategie* hinreißen läßt. Dieses Verhalten wird oft dadurch ausgelöst, daß man von einem *„wenig konstruktiven Verhalten" des Gegenspielers* spricht, doch der Gegenspieler hat genau die gleiche Empfindung, und somit verschlechtert sich die Situation.

Diese Art des Prozesses, in dem die Parteien schwerfällig manövrieren und so in Konflikte und Prestigekämpfe verwickelt werden, tritt oft spontan und unabsichtlich auf. Später sehen die Beteiligten zu ihrem eigenen Befremden, daß sie sich in einer Spirale der sich gegenseitig verstärkenden Feindseligkeiten befinden. Die Erkenntnis dieser „spontanen" Kräfte und ein breites Repertoire von alternativem Verhalten kann ungewollte Verlagerungen in Richtung auf destruktive Konflikte vermeiden. Die Tabellen 13 und 14 in dieser Zusammenfassung zeigen den Spielraum der Verhaltenstendenzen und taktischen Mittel, die für diese drei Strategien charakteristisch sind.

Zusammenfassung 3

Die Rolle des Vorsitzenden: Eine Checkliste

1. Nennen Sie:
   - Ziele;
   - Bedingungen (Zeit, Konsequenzen, wenn keine Entscheidung getroffen wird);
   - Verfahrensweisen.
2. Geben Sie jedem die Gelegenheit, seine Forderungen zu erklären:

- Höhe der Forderungen;
- Grund für die Forderung, Argumente;
- es findet noch keine Diskussion statt.

3. Rekapitulieren Sie, schlagen Sie Alternativen vor, um Lösungen zu finden.
4. Was beinhalten die unterschiedlichen Interessen wirklich, was sind die Konsequenzen?

   Verwandeln Sie die Informationen in integrative Vorschläge.

5. Regen Sie die Parteien an, integrative Vorschläge zu machen.
6. Verstärken Sie den Druck („Die Zeit ist um!"; „Wenn keine Entscheidung getroffen wird, wird die Konsequenz sein ...!" etc.).
7. Formulieren Sie einen „Plattform"-Vorschlag, der
   - das tatsächliche Machtverhältnis zum Ausdruck bringt;
   - ausdrückt, daß alle Parteien im gleichen Boot sitzen;
   - denjenigen Parteien einige Vorteile verschafft, die akzeptierte Kriterien anwenden.
8. Lassen Sie die Parteien den „Plattform"-Vorschlag verbessern und genauer spezifizieren.

Wie man eine Kampfsituation vermeidet

1. Durch Abbrechen *persönlicher* Attacken.
2. Indem man ein Gleichgewicht zwischen den Parteien aufrechterhält. Man darf nie zulassen, daß eine Partei zum Sündenbock wird oder als einzige Opfer erbringt.
3. Indem man vorsichtig ist, wenn Diskussionen über Prinzipienfragen geführt werden; umfangreiche Argumentationen, Bezugnahme auf höhere Werte und Normen können zu einer verstärkten Polarisierung führen.

Tabelle 15: Dynamik und mögliche Alternativen der Mächtigen und der weniger Mächtigen

	„Spontane" Dynamik	*Mögliche Alternativen*
Mächtige	• Überschätzung der eigenen Kraft. Das Gefühl: „Bei uns ist alles in Ordnung, wir brauchen uns wirklich keine Sorgen zu machen." • Unterschätzung der Abhängigkeit. Das Gefühl: „Wir brauchen Sie nicht, Sie brauchen uns." • Unterschätzung des integrativen Potentials: 1. Keine Suche nach verhandlungsfähigen Bereichen, „Wir können nicht viel tun." 2. Keine Offenheit oder spezifische Informationen über die eigenen Grenzen.	Wahrnehmung der Dynamik in Richtung Eskalation, und einiges Unbehagen darüber. Diagnose der eigenen Interessen: • Wie nachteilig sind die Konsequenzen einer Eskalation für uns? • Wie abhängig sind wir?
	Überlegener Stand in Gesprächen: • Warum vertrauen Sie uns nicht? Wir werden die Angelegenheit verantwortungsbewußt in die Hand nehmen. • Lächerlich machende, harte Haltung. „Die Leute müssen wissen, wo ihr Platz ist."	Explorative Haltung in Besprechungen: • Wie schaffen wir ein exploratives Klima? Standort, Tagesordnung, Verhalten. • Was wollen die anderen? Wo liegen unsere Interessen und Grenzen?

Tabelle 15 (Forts.)

	„Spontane" Dynamik	*Mögliche Alternativen*
	Tunnelvision: „Wir wollen das Beste, aber diese Leute sind verantwortungslos, aggressiv, kriminell etc." „Wenn sie den Kampf wollen, können Sie ihn haben. Wir können nichts dagegen tun." Eskalation in Kampfverhalten oder in eine Sackgasse mit erheblichen Verlusten für beide Parteien.	*Verhandlungen:* Die obengenannte Strategie besteht aus zwei Phasen: 1. Diagnose und Exploration, 2. Verhandlungen.
Die weniger Mächtigen	• Unterschätzung der eigenen Macht: Gefühle der Hilflosigkeit, Apathie und Abhängigkeit; Desorganisation, interne Machtkämpfe (können sehr lange dauern!). • Überschätzung der Vernunft der Mächtigen. • Kontakte mit Mächtigen provozieren moralische Empörung und Aggression. Ein Kampfgeist tritt auf, der oft aus provokativem und verletzendem	• Eine eigene Organisation aufbauen, eigene Ressourcen entwickeln. • Spezifische Vorschläge für eigene Bedürfnisse und Interessen entwickeln. • Vorbereitet sein auf unangemessenes Überlegenheitsverhalten während der Verhandlungen – spezifische Vorschläge für Grundregeln; – ein Kommentar zu den negativen Kon-

Tabelle 15 (Forts.)

„Spontane" Dynamik	*Mögliche Alternativen*
Verhalten resultiert; möglicherweise auch in besserer Organisation und mehr Führung.	sequenzen, wenn am Status quo festgehalten wird; – ein Ausdruck der eigenen Macht, zum Beispiel Demonstrationen, Störungen etc.
Tunnelvision: „Die einzige Möglichkeit, um unseren Zustand zu verbessern, besteht darin, den Mächtigen eins aufs Dach zu geben. Das ganze System muß zu Fall gebracht werden." Eskalation.	*Verhandlungen:* Diese Strategie besteht aus zwei Phasen 1. Aufbau der eigenen Stärke. Um ein ausgeglicheneres Machtverhältnis zu bekommen, muß man eine starke Koalition organisieren. Man muß manchmal kämpfen, um die eigene Macht und die bestehenden Abhängigkeiten zu beweisen. 2. Verhandlungen. Spezifische Vorschläge und eine flexible Verhandlungsstrategie entwickeln.

Zusammenfassung 4

Mächtige gegen Ohnmächtige

Tabelle 15 gibt einen Überblick über die Dynamik einer Situation, die bestimmt ist durch

- einen erheblichen Machtunterschied zwischen zwei Parteien, aber auch durch
- eine relativ starke Abhängigkeit.

Ein zweitägiger Workshop über Verhandeln

Alle Materialien, die für diesen Workshop gebraucht werden, sind im Teil 4 enthalten. Der folgende Programmvorschlag ist ein Arbeitsmodell. Teil 4 liefert genug Material, um den Workshop auf die spezifischen Erfahrungen und Bedürfnisse der Teilnehmer abzustimmen.

Dieses Programm ist ähnlich wie ein Crash-Kurs aufgebaut: Es dauert zwei Tage, einschließlich des ersten Abends.

Ziele für die Teilnehmer

1. Umfassende Grundlagen für das Verhandeln zu beherrschen, einschließlich wichtiger Verhandlungstaktiken.
2. Spezifische effiziente Verhandlungsstrategien zu verstehen und einzuüben.
3. Ein besseres Verständnis des eigenen Verhandlungsstils zu gewinnen.
4. Die Rollen des Moderatoren und des Vorsitzenden zu verstehen und einzuüben.

Hauptpunkte

1. Die grundlegenden Dimensionen des Verhandelns:
   - Erzielen von inhaltlichen Ergebnissen;
   - Förderung eines konstruktiven Klimas;
   - Überzeugungskraft und Autorität;
   - Kreativität und Flexibilität.
2. Profile der effizientesten Kombinationen spezifischer Taktiken.
3. Der Umgang mit Streß und Emotionen.
4. Stadien der Verhandlungsprozesse.
5. Funktionen der Sackgasse; lernen, wie man mit einer festgefahrenen Verhandlungssituation umgeht.
6. Persönliche Verhandlungsstile: effiziente und ineffiziente Aspekte eines jeden Stils.
7. Vorsitz und Vermittlung: Struktur des Prozesses, wichtige Taktiken.
8. Eskalierende Faktoren: Interventionen und Lösungen.

Programm

Erster Tag:
- Vorstellung des Programms
- Mini-Übung 1
- Vortrag über das „Dilemma zwischen Kooperation und Kampf“
- Kurzer Fragebogen (Fragebogen 1 oder 2)
- Gruppendiskussion

- Kurzer Vortrag über das „Dilemma zwischen Explorieren und Vermeiden“
- Mini-Übung 2
- Auswertungsformular 1 (Die Auswertungsformulare sollen von den Verhandlungsteams diskutiert werden, nachdem alle Unterhändler ihr eigenes Verhalten und das Verhalten der anderen Teilnehmer an der Übung bewertet haben.)

- Vortrag über den „Umgang mit Macht und Abhängigkeit"
- Mini-Übung 3
- Auswertungsformular 2

- Vortrag über „Verhandlungsstile"
- Zusammenfassung 1 über persönliche Verhandlungsstile

- Vortrag über „Verhandlungsprofile"
- Simulation 1: Die Grundstücksübung
- Auswertungsformular 3

Zweiter Tag:
- Überblick über den ersten Tag, Zusammenfassung der wichtigsten bereits erlernten Punkte, Bericht über persönliche Erfahrungen

- Einführung über „Vorsitz und Vermittlung"
- Simulation 2: Die London Company Übung, Auswertung
- Zusammenfassung 3: Die Rolle des Vorsitzenden

- „Entscheidungsfindung und Verhandeln innerhalb von Organisationen: „Faktoren, die zur Eskalation führen, und Lösungen"
- Mini-Übung 4 und Vortrag, mit Zusammenfassung 2 über Kooperation, Verhandeln und Kampf

- Zusammenfassung und Auswertung.

Zusätzliche Lektüre

Drei Kapitel dieses Buches bieten eine Zusammenfassung des Programmes und liefern ausführlichere Informationen.

1. Effizient verhandeln – Schlußfolgerungen (S. 87ff.). Ein Modell wird hier beschrieben, das den Verhandlungspartnern ein Verständnis des Verhandlungsprozesses ermöglicht. Es gibt einen Überblick über wichtige Verhandlungstechniken. Einige besonders effiziente Strategien werden hier beschrieben.

2. Das Verhandlungsgitter (S. 139ff.). Zwei grundlegende Aspekte des Verhandelns werden zu einem Gitter zusammengefaßt, das vier persönliche Verhandlungsstile klärt:

   - analytisch/aggressiv;
   - flexibel/aggressiv;
   - ethisch;
   - jovial.

   Die Hauptmerkmale eines jeden Stils werden dargestellt. Es werden auch Hinweise darauf gegeben, wie man verhandeln soll, wenn man mit einem bestimmten Stil konfrontiert wird.

3. Der Vorsitz bei Verhandlungen (S. 115ff.). Entscheidungsprozesse über die Zuteilung knapper Ressourcen, wie Budgets, verantwortungsvoller Aufgaben und Büroraum unterliegen in der Regel Verhandlungsprozessen. Eine sehr operationale Strategie und eine Checkliste mit Vorschlägen zur Vorgehensweise werden hier für diese Art der Entscheidungsfindung dargestellt. Die beschriebenen Fertigkeiten sind effiziente Instrumente für die Beilegung von Streitigkeiten und die Vermittlung zwischen unterschiedlichen Interessen.

Anhang

Überblick über die Literatur

Dieser Anhang enthält einen Überblick über die wichtigsten Trends, die es in der Literatur über das Thema „Verhandeln" gibt. Er bietet einen guten Ausgangspunkt für weitere Lektüre auf diesem Gebiet. Allerdings erhebt diese Zusammenstellung keinen Anspruch auf Vollständigkeit; sie will nur einen Eindruck der verschiedenen Schulen vermitteln. Für jede der einzelnen Richtungen werden mehrere Titel genannt.

In der Literatur über das Verhandeln gibt es drei wichtige Schulen:

1. Werke, die für die praktische Anwendung bestimmt sind,
2. Fallstudien,
3. mehr wissenschaftlich orientierte Arbeiten.

Werke, die für die praktische Anwendung bestimmt sind

Hierbei handelt es sich um Bücher, die unmittelbar anwendbares Wissen enthalten, primär aus Faustregeln und taktischen Empfehlungen bestehen und meist mit zahlreichen kurzen Beispielen illustriert sind. Zu den bekannten Werken zählen:

Calero, H.H.; Winning the Negotiations; New York 1979.
Coffin, R.A.; The Negotiator; A Manual for Winners; New York 1973.
Cohen, H.; You Can Negotiate Anything; New York 1982.
Karras, C.L.; The Negotiating Game; New York 1970.
Karras, C.L.; Give & Take; The Complete Guide to Negotiating Strategies and Tactics; New York 1974.
Nierenberg, G.I.; The Art of Negotiating: Psychological Strategies for Gaining Advantageous Bargains; New York 1968.
Nierenberg, G.I./Calero, H.H.; How to Read a Person Like a Book; New York 1971.
Ringer, J.J.; Winning through Intimidation; Los Angeles 1973.
Scheerer, H.; Die Kunst erfolgreich zu verhandeln; Kissing 1980.

Viele dieser Werke haben eine Tendenz, die in eine bestimmte Richtung zielt: Die Autoren zeichnen ein Bild des Erfolgs. Mit ihrem Werk wollen sie den Leser zum „Sieger“ machen. Auf dem Einband von Cohens Buch heißt es: „Der weltbeste Unterhändler zeigt Ihnen, wie Sie bekommen, was Sie wollen.“ Da ist ein Unterton überzeugter Selbstsicherheit, der Sie dazu verleiten will, nur Punkte von Ihrem Gegenüber zu sammeln, am besten, ohne daß er dieses merkt oder überhaupt etwas dagegen tun kann.

Ringer aber schlägt sie alle: Abgesehen von dem vielverspechenden Titel „Winning through Intimidation“ wird im Klappentext behauptet: „Lesen Sie dieses Buch und beginnen Sie noch heute zu gewinnen.“

Die anderen der oben aufgeführten Bücher gehen mehr auf die Abhängigkeit von Verhandlungspartnern ein und betonen die Notwendigkeit einer „Gewinn-Gewinn“-Strategie. Scheerer ist in dieser Hinsicht der extremste Autor. In seinem Buch hat sich der Unterschied zwischen harmonischer Kooperation und Verhandeln verwischt.

Diese Bücher bestehen jedoch größtenteils aus Faustregeln und praktischen Taktiken. Karras (1974) hat mit über 200 Seiten das ausführlichste Werk geschrieben. Sie enthalten auch viele Beispiele und Anekdoten, wodurch sie leicht verständlich sind und beim Leser gut ankommen. Cohen stand vier Monate lang auf der Bestseller-Liste der New York Times, Ringer acht Monate. Beide Bücher bieten eine faszinierende Lektüre und können mit Sicherheit nützliche Ideen liefern. Jedoch ist ihr Aufbau so unsystematisch, daß die praktische Umsetzung eingeschränkt wird. Wo fangen Sie an, wenn 200 Tips in alphabetischer Reihenfolge aufgeführt sind? Selbst wenn Sie sie auswendig lernen, wie sollen Sie dann wissen, in welchen Situationen sie im einzelnen angewendet werden sollen? Da kann es leicht passieren, daß man den Wald vor lauter Bäumen nicht mehr sieht. Bei dieser Liste wäre es praktikabler, wenn sie in eine begrenzte Zahl miteinander verwandter Kategorien eingeteilt werden würde – in ein Verhandlungsmodell, das eine solide Grundlage und praktische Ratschläge bietet.

Die meisten Bücher nehmen eine solche Einteilung der Taktiken in eine begrenzte Anzahl von Hauptkategorien vor. Das hilft zwar ein wenig; dennoch bleiben Kohärenz und innere Logik oft schwach. Darüber hinaus blicken die Autoren mit einem Auge auf die Verhaltenswissenschaften, um eine theoretische Basis zu gewinnen. Die Maslowsche Bedürfnishierarchie ist bei manchen von ihnen populär; Scheerer stützt sich auf die Transaktionsanalyse. Karras (1970), der besonders erfinderisch vorgegangen ist, benutzt sogar verschiedene Modelle aus der Verhaltenswissenschaft. Jedoch stehen sie zu isoliert – die Integration fehlt.

Ihren Höhepunkt hat die Methode der Kategorisierung in den folgenden beiden Titeln erreicht:

– Fisher, R./Ury, W.; Getting to Yes; Boston 1981.

Da sich die Autoren auf eine begrenzte Anzahl von grundlegenden Anweisungen beschränken, kommt ihre Botschaft klar herüber. Darüber hinaus gehen die beiden Autoren von einem klaren Ausgangspunkt aus: Verhandeln muß auf Prinzipien und Kriterien basieren.

– Schott, W.P.; The Skills of Negotiating; Aldershot 1981.

Umfassend und praktisch orientiert, enthält dieses Buch vergleichsweise viele Anweisungen, die gut organisiert sind.

Fallstudien

Viele Verhandlungsprofis, vor allem Politiker und Diplomaten, haben ihre Erfahrungen zu Papier gebracht und zahlreiche Werke verfaßt. In manchmal sehr lebhafter Sprache geben diese Bücher eine gute Vorstellung davon, was sich hinter den Kulissen abspielt. Hierzu sind die folgenden Titel zu nennen:

Abel, E.; The Missile Crisis; New York 1963.
Dean, A.H.; Test Ban Disarmament, The Path of Negotiation; New York 1966.
Golan, M.; The Secret Conversations of Henry Kissinger; New York 1976.
Robertson, T.; Crisis, The Inside Story of the Suez Conspiracy; New York 1965.
Tanter, R.; Modeling and Managing International Conflict, The Berlin Crisis; Beverly Hills 1974.
Van Thijn, E.; Dagboek van een onderhandelaar; Amsterdam 1978.
Zartman, W.; The 50% Solution; New York 1976.

In manchen Fällen wurde das Material von einem Wissenschaftler oder Diplomaten mit wissenschaftlicher Orientierung gesammelt. Solche Autoren versuchen, zu einer gewissen Ordnung zu kommen oder anderen Empfehlungen zu geben. Zartmans Buch mit dem faszinierenden Untertitel: „Wie man erfolgreich mit Flugzeugentführern, Streikenden, Bossen, Ölmagnaten, Arabern, Russen und anderen würdigen Gegnern in dieser modernen Welt verhandelt" ist ein gutes Beispiel dafür. Zu den weiteren Autoren, die versuchen, aufgrund vielfältiger Erfahrungen allgemeine Schlüsse zu ziehen, zählen:

Druckman, D.; Human Factors in International Negotiations, Social Psychological Aspects of International Conflict; London 1973.
Iklé, F.C.; How Nations Negotiate; New York 1964.
Lall, A.; Modern International Negotiation; New York 1966.
Kaufmann, J.; Conference Diplomacy; Dordrecht 1988.

Mehr wissenschaftlich orientierte Arbeiten

Bei der wissenschaftlichen Betrachtungsweise des Verhandelns gibt es zwei Hauptströmungen: empirische Detailstudien und die Entwicklung von umfassenden Theorien.

Empirische Detailstudien

Über die möglichen Beziehungen in Verhandlungssituationen sind schätzungsweise 500 Studien verfaßt worden. Die Mehrzahl wurde von Sozialpsychologen erstellt; für den interessierten Leser werden im folgenden einige dieser Studien aufgeführt. Ihre Titel geben einen guten Eindruck davon, mit welchen Arten von Fragen sich die Forscher beschäftigt haben.

Aranoff, D./Tedeschi, J.T.; Original states and behavior in the prisoner's dilemma game; *Psychonomic Science*, 1968, S. 79–80.
Baron, R.A.; Behavioral effects of interpersonal attraction, Compliance with requests from liked and disliked others; *Psychonomic Science*, 1981, S. 325–326.

Benton, A.A.; Bargaining visibility and the attitudes of negotiation behavior of male and female group representatives; *Journal of Personality and Social Psychology*, 1975, S. 661–675.

Benton, A.A./Kelley, H.H./Liebling, B.; Effects of extremity of offers and concession rate on the outcomes of bargaining; *Journal of Personality and Social Psychology*, 1974, S. 141–150.

Eisenberg, M.A./Patch, M.E.; Prominence as a determinant of bargaining outcomes; *Journal of Conflict Resolution*, 1976, S. 523–538.

Hornstein, H.A.; The effects of different magnitudes of threat upon interpersonal bargaining; *Journal of Experimental Social Psychology*, 1965, S. 282–293.

Kelley, H.H./Stahelski, A.J.; The inference of intentions from motives in the prisoner's dilemma game; *Journal of Experimental Social Psychology*, 1970 S. 401–419.

Kogan, N./Lamm, H./Tremonsdorf, G.; Negotiation constraints in the risk-taking domain: effects of being observed by partners of higher or lower status; *Journal of Personality and Social Psychology*, 1972, S. 143–156.

Pruitt, D.G./Drews, J.L.; The effect of time pressure, time elapsed and the opponent's concession rate on behavior in negotiation; *Journal of Experimental Social Psychology*, 1969, S. 43–60.

Vidmar, N.; Effects on representational roles and mediation on negotiation effectiveness; *Journal of Personality and Social Psychology*, 1971, S. 48–58.

Wall, J.A.; Intergroup bargaining: effects of opposing constituent's stance, opposing representative's bargaining, and representative's locus of control; *Journal of Conflict Resolution*, 1977, S. 459–474.

Solche Studien weisen mehrere Ähnlichkeiten auf:

- Die Zusammenhänge werden statistisch dargestellt. Dazu wird das Verhandlungsverhalten in quantitativ meßbaren Größen operationalisiert.

- Eine Erklärung für die festgestellten Zusammenhänge erhält vergleichsweise wenig Aufmerksamkeit.

- Es ist unklar, was wir mit den Zusammenhängen anfangen können. Obwohl sich aus den meisten Studien einige Empfehlungen herausdestillieren lassen, sind sie in der Regel nur für sehr vereinfachte Verhandlungssituationen gültig. (Eines der am häufigsten benutzten Forschungsmodelle ist das sogenannte „Gefangenendilemma“, ein stark stilisiertes Spiel mit nur wenigen Alternativen.)
- Andere Variablen, und davon gibt es sehr viele, werden konstant gehalten. Es ist nicht klar, was die Ergebnisse wert sind, wenn man diese Faktoren ebenfalls variieren würde.
- Der entscheidenste Mangel jedoch ist folgender: Selbst wenn wir die 500 Studien sehr ernst nähmen und ihren Empfehlungen folgten, so würde uns das keinen Schritt weiterbringen! Die Zusammenhänge, die sie herstellen, und die Ratschläge, die sie geben, sind schon allein wegen Ihres Umfangs nicht zu überblikken. Es fehlen der Gesamtüberblick, die innere Logik, die Struktur. Einige Wissenschaftler hegen die Hoffnung, daß sich alle Resultate eines Tages zusammenfügen werden wie die Teile eines Puzzles. Dies erweist sich zunehmend als undurchführbar, obwohl mehrere lobenswerte Versuche bereits unternommen wurden. Die folgenden beiden Bücher zeigen dies sehr gut.
  - Morley, J./Stephenson, G.; The Social Psychology of Bargaining; London 1977.
  - Rubin, J. L./Brown, B. R.; The Social Psychology of Bargaining and Negotiation; New York 1975.

In sich selbst sind beide Bücher kluge Zusammenstellungen einer gewaltigen Materialmenge. Doch leider bieten sie keine Integration der Ergebnisse, keine praktisch anwendbare Erklärung der Verhandlungsprozesse oder -modelle. Sie enthalten Zusammenfassungen von Forschungsmaterial, das von besonderem Interesse für Wissenschaftler ist, die sich rasch ein Bild von diesem Forschungsgebiet machen wollen.

Die Entwicklung umfassender Theorien

Einige interessante Studien sind auf diesem Gebiet bereits durchgeführt worden. Eine Zeitlang hat man große Erwartungen an die Spieltheorie geknüpft, eine mathematische Betrachtungsweise der Verhandlungsprozesse. Die Spieltheorie brachte nicht nur elegante Modelle hervor, und die Leichtigkeit, mit der sie die empirische Forschung inspirierte, ließ diesen Ansatz vielversprechend erscheinen. Ein intelligentes Werk auf diesem Gebiet ist:

- Bartos, O.J.; Process and Outcomes of Negotiations; New York 1974.

Einen Überblick bieten folgende Titel:

- Harsanyi, J.C.; Rational Behavior and Bargaining Equilibrium in Games and Social Situations; New York 1977.
- Rapoport, A.; Two-Person Game Theory; Ann Arbor 1966.
- Young, P.R.(Hrsg.); Bargaining: Formal Theories of Negotiation; Chicago 1975.

Das Interesse an der spieltheoretischen Betrachtungsweise ist offenbar im Schwinden. Ihre größten Mängel sind das hohe Abstraktionsniveau und ihre begrenzte Umsetzbarkeit in die Praxis.

Es existieren auch mehr deskriptive und qualitative Modelle der Verhandlungsführung. Sie funktionieren im allgemeinen nach zwei verschiedenen Richtlinien: Berichte von konkreten Verhandlungserfahrungen in Form von Beobachtungen und Interviews einerseits sowie ein koordinierender und strukturierender Rahmen andererseits. Meiner Ansicht nach gehört diese Betrachtungsweise zu den erfolgreicheren Ansätzen. Sie hat in vielerlei Spielarten ihren Weg in praktisch orientierte Veröffentlichungen gefunden. Das folgende ist ein Standardwerk:

- Walton, R.E./McKersie, R.B.; A Behavioral Theory of Labor Negotiations; New York 1965.

Dieser Klassiker verdient besondere Erwähnung. Ich glaube, es ist das am häufigsten zitierte Werk über Verhandeln. Obwohl das Modell, das darin vorgestellt wird, nicht wirklich Schule gemacht hat, haben einige wichtige Aspekte große Popularität erlangt; zum Beispiel der Unterschied zwischen distributivem und integrativem Verhandeln. In meinem eigenen Buch habe ich die Idee dieser Autoren – daß Verhandeln aus mehreren Arten von Aktivitäten besteht – verarbeitet.

Ein Typ des deskriptiven Modells, an dem 25 Jahre lang gearbeitet wurde, ist das Phasenmodell des Verhandlungsprozesses. Basierend auf Fallstudien, Interviews, Beobachtungen und persönlichen Erfahrungen sind wichtige Werke auf diesem Gebiet entstanden. Die folgenden Titel geben einen guten Überblick:

Albeda, W.; Arbeidsverhoudingen in Nederland (3. Kapitel); Alphen 1975.
Brock, J.; Bargaining beyond Impasse; Boston 1982.
Douglas, A.; Industrial Peacemaking; New York 1962.
Gulliver, P.H.; Disputes and Negotiations; New York 1979.
Himmelmann, G.; Lohnbildung durch Kollektivverhandlungen; Berlin 1971.
Zartman, W./Berman, M.R.; The Practical Negotiator; New Haven 1982.

Der Titel des letzten Buches zeigt, daß versucht wird, sich mit der praktischen Umsetzung dieser Modelle zu beschäftigen. Brock geht in seinem Buch so weit, daß er ein Vorgehen in Phasen empfiehlt, wobei an bestimmten Punkten von außen interveniert wird, um die Chance eines Mißerfolgs so gering wie möglich zu halten.

Interessanterweise werden in solchen Studien jedoch vorwiegend solche Verhandlungsprozesse diskutiert, die schon im Reifestadium angelangt sind, zum Beispiel auf dem Gebiet der Diplomatie oder in Verhandlungen zwischen Arbeitnehmern und Arbeitgebern. Ich meine, daß die Resultate mit einigen Modifizierungen auch für andere Verhandlungsarten recht nützlich sein können. Ich habe deshalb versucht, ihre wichtigsten Ergebnisse in mein eigenes Buch zu integrieren.

Einige neuere Bücher, die versuchen, jeweils auf eigene Weise umfassendere Theorien zu formulieren, sind:

- Bacharach, S.B./Lawler, E.J.; Bargaining; Power Tactics and Outcomes; San Francisco 1981.

Die Attraktivität, aber auch die Beschränkung dieses Buches besteht darin, daß es sich ausschließlich auf einen sehr wesentlichen Aspekt des Verhandelns begrenzt, nämlich gegenseitige Abhängigkeitsbeziehungen.

- Druckman, D. (Hrsg.); Negotiations; Social-Psychological Perspectives; London 1977.

Ein Versuch, eine große Zahl unterschiedlicher Perspektiven zu kombinieren.

- Pruitt, D.G.; Negotiation Behaviour; London 1981.

Dieses Buch beschreibt, was als „allgemeine Theorie des Verhandelns" bezeichnet wird. Pruitt gelingt es besser als Druckman, verschiedene Modelle und Betrachtungsweisen miteinander zu verknüpfen.

- Raiffa, H.; The Art and Science of Negotiation; Cambridge, Mass. 1982.

Ein umfassendes Werk mit theoretischen Erkenntnissen, Fallstudien, taktischen und strategischen Tips sowie mathematischen Modellen.

- Strauss, A.; Negotiations; Varieties, Contexts, Processes and Social Order; San Francisco 1978.

In diesem Buch wird eher eine „Philosophie" als eine Theorie des Verhandelns vorgestellt.

- Dupont, C.; La négociation; Conduite, théorie, applications. Paris 1986.

Dieses Buch gibt einen Überblick über die wichtigsten Theorien und zahlreiche praktische Stategien und Taktiken. Es ist zwar nicht umfangreich, aber doch sehr umfassend. Was es besonders interessant macht, ist, daß es außer der angelsächsischen Literatur auch französische Autoren behandelt, die uns in der Regel nicht bekannt sind.

Zwei andere Bücher, die interessant sind, weil sie zu unserem Wissen über das *Verhandeln innerhalb von Organisationen* beitragen, sind:

- Lax, D.A./Sebenius, J.K.; The Manager as Negotiator; New York 1986.
- Bazerman, M.H./Lewicki, R.J. (Hrsg.); Negotiating in Organizations; Beverly Hills 1983.

Für diejenigen, die mit den neuesten Entwicklungen Schritt halten möchten, gibt es:

- *The Negotiation Journal*, On the Process of Dispute Settlement. Plenum Publishing Corporation, 233 Spring Street, New York, NY 10013, und
- *The International Journal of Conflict Management*, 3-R Executive System, 3109 Copperfield Count, Bowling Green, KY 42104, USA.

Neuere Literatur

Seit Erscheinen der holländischen Originalausgabe ist im deutschsprachigen Raum u.a. folgende Literatur zum Thema Verhandeln publiziert worden:

Birkenbihl, Vera F.; Psycho-logisch richtig verhandeln; München 1990.

Callies, Jörg/Striegnitz, Meinfried (Hrsg.); Um den Konsens streiten, Neue Verfahren der Konfliktbearbeitung durch Verhandlungen; Rehburg-Loccum 1991.

Csuvala, Walter/Fricke, Wolfgang; Erfolgreich verhandeln; Wien 1988.

Dommann, Dieter; Strategisch überzeugend verhandeln; Hrsg. v. Schwalbe, Heinz/Zander, Ernst; Freiburg 1990.

Dommann, Dieter; Einer verkauft immer – die Kunst zu verhandeln und zu verkaufen; Frankfurt 1989.

Fisher, Roger/Ury, William/Patton, Bruce M.; Das Harvard-Konzept: Sachgerecht verhandeln – erfolgreich abschließen, Frankfurt 1991.

Havenith, Wolfgang; Phänomene des Verhandlungsverhaltens im 5-Personen Apex-Spiel, Eine systematische Analyse der Auswirkung unterschiedlicher Kommunikationsbedingungen auf Verhandlungsablauf und Endergebnisse bei Kommunikation über Terminals; Frankfurt 1991.

Kiessling, Friedrich A.; Sicher verhandeln, Checkliste und Leitfaden für die Vorbereitung und Durchführung von Verhandlungen jeder Art; Stuttgart 1989.

Ludwig, Martin H.; Praktische Rhetorik, Reden – Argumentieren – Erfolgreich Verhandeln; Hollfeld 1992.

Mohler, Alfred; Die 100 Gesetze erfolgreicher Verhandlungen, Berlin 1991.

Mudra, Peter; „Zehn x 10", Erfolgstips zum Verhandeln; Hrsg. v. Flämig, Dieter/Helias, Siegfried; Berlin 1991.

Nierenberg, Jesse S.; Verstehen und überzeugen; Techniken für einen erfolgreichen Dialog; München 1989.

Reck, Rose/Long, Brian G.; Unschlagbar verhandeln, Die beiderseitige Gewinnstrategie, München 1991.

Reineke, Wolfgang; Das Verhandlungsbrevier; Köln 1990.

Sattler, Andreas/Sanft, Erhard; So führen Sie erfolgreich Gespräche und Verhandlungen; Ehningen 1992.

Stangl, Anton; Verkaufen muß man können, Eine praktische Verkaufs- und Verhandlungsstrategie; München 1991.

Uhlich, Gerald R.; Descriptive Theories of Bargaining, An Experimental Analysis of Two- and Three-Person Characteristic Function Bargaining, Berlin/Heidelberg 1990.

Literaturverzeichnis

Folgende Literatur sollte zu der im Anhang vorgestellten herangezogen werden.

Blake, R./Mouton, J.; Building a Dynamic Corporation through Grid Organizational Development; Reading, Mass. 1969.

(Blake, Robert/Mouton, Jane; Besser führen durch GRID, Führungsprobleme lösen mit dem Grid-Konzept; Düsseldorf 1979.)

Bomers, G.B.J./Peterson, R.B. (Hrsg.); Conflict Management and Industrial Relations; Den Haag 1982.

Bryère, La; Caractères, De la Cour; Paris 1922.

Callières, F. de; De la manière de Négocier avec les souverains; Paris 1716.

(Callières, F. de; Der Staats-erfahrene Abgesandte, der Unterricht, wie man mit hohen Potentaten in Staats-sachen kluk tractieren soll. Ins Teutsche übertragen, Leipzig 1716.)

Deutsch, M.; The Resolution of Conflict; New Haven 1973.

(Deutsch, Morton; Konfliktregelung, konstruktive und destruktive Prozesse; München 1976.)

Elias, N.; Über den Prozeß der Zivilisation, Soziogenetische und psychogenetische Untersuchungen; Basel 1939.

Félice, F.B. de (1778); Des Négocier, in: Dictionnaire de justice naturelle et civile, code de L'Humanité, ou de la Législation universelle, naturelle, civile et politique comprise par une société de gens de lettres et mise en ordre alphabétique par de Félice (Yverdun); Universitäten von Neapel und Bern; übersetzt in: Zartman, W.; Negotiations, or the art of negotiations, The 50% solution; New York 1976.

Glasl, F.; Konfliktmanagement, Diagnose und Behandlung von Konflikten in Organisationen; Bern, 1980.

Horney, K.; Our Inner Conflicts, A Constructive Theory of Neurosis; New York, 1945.

(Horney, Karen; Unsere inneren Konflikte, Neurosen in unserer Zeit – Entstehung, Entwicklung und Lösung; München 1973.)

Mastenbroek, W.F.G.; Conflict Management and Organizational Development; Chichester/New York 1987.

Mastenbroek, W.F.G.; A Dynamic Concept of Revitalization, Organizational Dynamics; Frühjahr 1988.

Ouchi, W.G.; Theory Z, How American Business can Meet the Japanese Challenge; Reading, Mass., 1981.

Pascale, R.T./Athos, A.G.; The Art of Japanese Management; New York 1981.

Peters, T. J./Waterman, R. H.; In Search of Excellence, Lessons from America's Best-run Companies; New York 1982.

(Peters, Thomas J./Waterman, Robert H.; Auf der Suche nach Spitzenleistungen, Was man von den bestgeführten US-Unternehmen lernen kann; Landsberg 1988.)

Pruitt, D.G./Lewis, S.A.; Development of Integrative Solutions in Bilateral Negotation; *Journal of Personality and Social Psychology*, 31, 1975, S. 612–633.

Pruitt, D.G./Lewis, S.A.; The Psychology of Integrative Bargaining, in: D. Druckman (Hrsg.); Negotiations, Social Psychological Perspectives; London 1977.

Schulz, J.W./Pruitt, D.G.; The Effects of Mutual Concern on Joint Welfare; *Journal of Experimental Social Psychology*, 14, 1978, S. 480–491.

Schutz, W.C.; FIRO, A Three-dimensional Theory of Interpersonal Behavior; New York 1958.

Thomas, K.W.; Conflict and Conflict Management, in: D. Dunnette (Hrsg.), Handbook of Industrial and Organizational Psychology; Chicago 1975.

Van de Vliert, E.; Conflict, Prevention and Escalation, in: P.J.D. Drenth u.a. (Hrsg.); Handbook of Work and Organizational Psychology; Chicester 1984.

Walton, R.E.; Interorganizational Decision Making and Identity Conflict, in: M. Tuite, R. Chisholm/M. Radnor (Hrsg.); Interorganizational Decision Making; Chicago 1972.

Wouters, C. (1977); Informalisation and the civilising process, in: Gleichman, P.R./Goudsblom, J./Korte, H.; Human Figurations,

Stichting Amsterdams Sociologisch Tijdschrift; Amsterdam 1977.

Zaleznik, A./Kets de Vries, M.F.R.; Power and the Corporate Mind; Boston 1975.

Verzeichnis der Abbildungen und Tabellen

Abbildungen

Tabellen